Wolfsschanze

und Hitlers andere Kriegshauptquartiere

in Wort und Bild

Jan Zduniak
Agnieszka Zduniak

Wolfsschanze

und Hitlers andere Kriegshauptquartiere

in Wort und Bild

Bildnachweis
ADM, Warszawa
Główna Komisja Badania Zbrodni przeciwko Narodowi Polskiemu, Warszawa
PAP, Warszawa
Wydawnictwo PRIMA, Warszawa
A. Woronowicz, Kętrzyn
A. Zalewski, Warszawa
J. Zduniak, Karolewo
F. Blank, München
Kreisgemeinschaft Rastenburg, Flehm
F. Lenz, Berlin
G. Mangold, Ottobrunn
H. Mittmann, Stuttgart
M. Rolowski, Paris
UB, Berlin
BV, Berlin
S. Zöller, Frankfurt/Main

Karten
Mariusz Sobczyk, Olsztyn

Panorama
Wiesław Wojczulanis, Olsztyn

Kętrzyn 2006

ISBN 83-89119-18-8

Wydawnictwo / Verlag
KENGRAF
11-400 Kętrzyn, ul. Budowlana 3
Tel./Fax 089 752 40 14

Fotosatz und Druck
KENGRAF

INHALTSVERZEICHNIS

II. WOLFSSCHANZE

1. ALLGEMEINES

AUF DEM WEG ZUR WOLFSSCHANZE

Die Wolfsschanze befindet sich im Ort Gierłoż (Görlitz), 8 km nordöstlich von Kętrzyn (Rastenburg). Auf jeder genauen Landkarte ist der Ort vermerkt. Mann kann ihn aus drei Richtungen erreichen: Kętrzyn (Rastenburg), Giżycko (Lötzen) und Węgorzewo (Angerburg).

Meistens kommen die Besucher aus Richtung Kętrzyn. Im Zentrum der Stadt finden Sie leicht den Wegweiser mit der Aufschrift: Giżycko. In diese Richtung muß man sich begeben. Einige hundert Meter hinter Kętrzyn kommen wir an der Ortschaft Kruszewiec (Krauensdorf) vorbei, gleich dahinter ist ein Bahnübergang. Diese Eisenbahnlinie verband die Wolfsschanze mit Rastenburg.

Hinter dem Bahnübergang biegen wir links ab und fahren durch den Ort Karolewo (Carlshof). 1882 wurde hier eine philanthropische Heilanstalt gegründet, in der Geisteskranke, Alkoholiker, Epileptiker und Tuberkulosekranke behandelt wurden. Ab 1935 kam eine Erziehungsanstalt dazu. 1939 wurde ein Teil der Kranken nach Hause geschickt, ein anderer wurde der Euthanasie unterzogen und nach dem Tod auf dem hiesigen alten Friedhof begraben. Während des Krieges wurde in den freigewordenen Gebäuden ein Lazarett eingerichtet. Hier stand auch eine Truppenabteilung der Panzerabwehr. Im Februar 1942 wurde in der Carlshofer Kapelle der Sarg mit dem Leichnam von Dr. Fritz Todt aufgebahrt, der unter geheimnisvollen Umständen in einer Flugzeugkatastrophe gleich nach dem Start vom Flugplatz bei der Wolfsschanze sein Leben verlor. Im Lazarett von Carlshof wurden die Verwundeten des Anschlags in der Wolfsschanze vom 20. Juli 1944 behandelt. Hitler und Göring haben die Verwundeten hier besucht. 1947 wurde in den übrig gebliebenen Gebäuden eine große Landwirtschaftsschule eingerichtet.

Danach nähern wir uns dem Ort Czerniki (Schwarzstein). Etwa 1,5 km weiter fahren wir an zwei Seen vorbei. Auf der linken Seite liegt der See Moj (Moy-See), auf der rechten Siercze (Zeiser-See).

Wegweiser, der am Ende der Sembeckstraße in Rastenburg stand. Zum Hitlers Hauptquartier in Görlitz sind es 7 km. Hier findet man auch den Hinweis zur SS-Kaserne in Karlshof. Diese Aufnahme entstand im Winter 1942/1943.

Einige hundert Meter weiter fahren wir in einen Wald hinein. Er gehört schon zum Gelände der Wolfsschanze. Am Waldrand, gleich an der Chaussee, ist auf der rechten Seite das stählerne Gestell des Schlagbaums zu sehen. Hier befand sich die sogenannte Wache West, wo die Passierscheine kontrolliert wurden. Wir fahren noch 1,2 km weiter. Danach biegen wir links ab und fahren auf den für Touristen vorbereiteten Parkplatz.

Wenn Sie aus Giżycko (Lötzen) kommen, sollen Sie anfänglich in Richtung Kętrzyn (Rastenburg) fahren. Etwa 2,3 km hinter dem Ort Pożarki (Pohiebels) steht auf der rechten Seite Wegweiser mit der Aufschrift: Gierłoż 5 km. Der Weg, der in dieser Richtung führt, verband die Wolfsschanze mit dem Flugplatz, der 1 km von der Kreuzung entfernt, auf der linken Seite der Chaussee lag. Dies ist nur ein Feldweg, in sehr schlechtem Zustand. Man kann hier ausschließlich mit Geländewagen fahren, auf keinen Fall mit dem Wohnwagen oder Autobus. Wir fahren also weiter auf dem asphaltierten Weg. Nach 4 km, kurz vor dem Bahnübergang, ist eine Kreuzung. Wir biegen hier rechts ab. Einige hundert Meter weiter kommen wir durch Karolewo (Carlshof), wie oben erwähnt.

Nur selten kommen Besucher aus Richtung Węgorzewo (Angerburg). Aus diese Richtung kommend, muß man nach Parcz (Partsch) fahren. Etwa 1 km hinter diesem Ort beginnt der Wald, in dem die Wolfsschanze gelegen ist. Wir fahren noch 1 km weiter und biegen rechts ab zum Parkplatz.

PLAN „BARBAROSSA" UND DER BESCHLUSS ÜBER DEN BAU DER WOLFSSCHANZE

Nach dem Sieg über Frankreich entschloß sich Hitler, die Sowjetunion anzugreifen. Der Krieg gegen die Sowjetunion gehörte zur Verwirklichung seiner wahnsinnigen Pläne. Die bisherigen Siege bestärkten ihn in der Annahme, daß die Wehrmacht unter seiner Führung unbesiegbar sei und sie den Kampf mit jeder Armee auf der Welt aufnehmen könne. Am 18. Dezember 1940 unterzeichnete Hitler die Weisung „Barbarossa" zum Angriff auf die Sowjetunion: „Die deutsche Wehrmacht muß darauf vorbereitet sein, auch vor Beendigung des Krieges gegen England, Sowjetrußland in einem schnellen Feldzug niederzuwerfen."

Der Plan „Barbarossa" sah einen Angriff in drei Richtungen vor. Die Heeresgruppe Nord sollte in Richtung Leningrad angreifen, die Heeresgruppe Mitte in Richtung Moskau und die Heeresgruppe Süd in Richtung Kiew. Hitler äußerte sich: „Wenn »Barbarossa« steigt, hält die Welt den Atem an und verhält sich still."

Hitler vermutete, daß er die Sowjetunion innerhalb von drei, höchstens vier Monaten, besiegt haben würde, also noch vor den Wintermonaten. Deshalb ordnete er auch keine Vorbereitungen für einen Winterfeldzug an.

Hitler am Kartentisch mit Walther von Brauchitsch (links) und Wilhelm Keitel (rechts). Wolfsschanze, 6. Oktober 1941

Reichsverweser Ungarns Admiral Nikolaus von Horthy auf der Bahnstation im FHQ (6. September 1941)

Anfänglich war der Angriff auf den 15. Mai 1941 geplant, wurde dann für einen Monat aufgeschoben, da Deutschland sich zu dieser Zeit in einen Krieg auf dem Balkan engagierte. Schließlich begann der Angriff auf die Sowjetunion am 22. Juni 1941.

Die Vorbereitungen für den Krieg mit Rußland begannen schon vor Bekanntgabe der Weisung „Barbarossa". Auf Befehl Hitlers sollte in der Nähe der Grenze mit der Sowjetunion ein neues Führerhauptquartier entstehen, von dem aus man die Ostfront befehligen könnte. Das Quartier sollte vor allem vor Luftangriffen und Bombardierungen schützen. Hitler fand, es wäre am besten, das Quartier in Ostpreußen zu errichten.

Mit dem Suchen des geeignetsten Ortes befaßte sich eine Gruppe von Stabsoffizieren und Bausachverständigen. Im August 1940 kam sie nach Ostpreußen. Sie wurde geleitet von Dr. Fritz Todt, Chefadjutant der Wehrmacht bei Hitler Rudolf Schmundt und Adjutant des Heeres bei Hitler Gerhard Engel. Nach Besichtigung mehrerer Plätze, auf denen man das Führerhauptquartier erbauen könnte, entschied man sich, das Gelände in der Nähe von Rastenburg dafür vorzuschlagen. Hitler willigte ein und gab die Anweisung, sofort mit dem Bau zu beginnen und denselben bis April 1941 zu beenden.

BAU DER WOLFSSCHANZE

Den Decknamen „Wolfsschanze" gab Hitler selbst dem Quartier. Er nutzte dazu sein Pseudonym „Herr Wolf", dessen er sich in den 20er Jahren bediente, hauptsächlich in seiner privaten Korrespondenz. Das Wort „Wolf" tritt auch in den Decknamen von drei anderen Hitlerquartieren auf: „Werwolf", „Wolfsschlucht" und „Wolfsschlucht 2".

Das FHQ Wolfsschanze entstand im Forst Görlitz. Seit dem 14. Jh. war er der Rastenburger Stadtwald. Er gewährte Ruhe und Erholung. Im Wald befand sich das Kurhaus, nicht weit entfernt von den Stränden des Moy-Sees und Zeiser-Sees. Im Sommer kamen Einwohner aus Rastenburg mit dem Zug, aber auch im Winter kamen Menschen, die hier Ruhe und Kontakt mit der Natur suchten. Ab Herbst 1940 war der Rastenburger Stadtwald für die Zivilbevölkerung gesperrt. Es begann der Bau der Wolfsschanze unter dem Decknamen „Chemische Werke Askania".

Das Projekt des Quartiers wurde vom Konstruktionsbüro, geleitet vom Architekten, Ingenieur Peter Behrens, ausgearbeitet. Den Bau des neuen Führerhauptquartiers übertrug Hitler der paramilitärischen „Organisation Todt" (OT). Ihre Bezeichnung wurde vom Namen Dr. Fritz Todts abgeleitet, der die Organisation 1938 gründete und sie bis zu seinem tragischen Tod 1942 leitete. Nach Todt übernahm Albert Speer die Organisation, ihr Name aber wurde beibehalten. Diese mächtige Bauorganisation konzentrierte sich auf die Errichtung von Befestigungen und Objekten von mili-

Bauarbeiter gratuliert Hitler zum Geburtstag. In der Mitte Albert Speer (20. April 1942)

Kurhaus in Görlitz, am Moysee. Im Krieg diente es als Offizierskasino.

tärischer Bedeutung, z.B. Bunker, Wege, Eisenbahnlinien, Flugplätze, militärische Industrieobjekte. Sie erbaute u.a. den Westwall und U-Boot-Bunker an der französischen Atlantikküste. Anfänglich arbeiteten hier ausschließlich Deutsche, aber im Krieg, als es an Deutschen fehlte, wurden immer mehr Zwangsarbeiter aus den besetzten Ländern eingesetzt. Für den Bau der Wolfsschanze wurden jedoch nur die besten Spezialisten, ausschließlich zuverlässige und bewährte Leute, ausgesucht. Auf dem Gelände dieser Anlage waren also keine Zwangsarbeiter beschäftigt, diese aber arbeiteten in der Nähe beim Bau der Zufahrtsstraßen zum Hauptquartier.

Es fällt schwer, auch nur annähernd die Zahl der hier beschäftigten Arbeiter und Ingenieure festzulegen. In den bisherigen Veröffentlichungen spricht man gewöhnlich von 2000 – 3000. Diese Zahl scheint bedeutend zu niedrig angesetzt zu sein. Professor Dr. Franz W. Seidler schreibt in seinem Buch „Fritz Todt, Baumeister des Dritten Reiches", daß das Bauprogramm der Wolfsschanze die Beschäftigung von 50 000 Arbeitern vorsah. Albert Speer gibt in seinen „Erinnerungen" an, daß am 20. Juni 1944 die Gesamtzahl der an allen Hitlerquartieren Beschäftigten 28 000 betrug. An einer anderen Stelle informiert Speer, daß im Juli 1944 am Ausbau der Wolfsschanze, allein im Sperrkreis I, Hunderte von Arbeitern eingesetzt waren. Wir wissen nicht, wie viele in den beiden übrigen Zonen arbeiteten. Gewiß ist, daß die in der Wolfsschanze Beschäftigten laufend ausgewechselt wurden. Die Arbeiter waren gewöhnlich nicht länger als 3-6 Monate hier; danach wurden sie auf andere Baustellen versetzt. Wenn man alle Arbeiter und Ingenieure zählt, die in der Wolfsschanze für längere oder kürzere Zeit waren, und diejenigen dazurechnet, die Flugplätze und Zufahrtsstraßen bauten, einschließlich derer, die Baumaterialien heranschafften, kann man annehmen, daß die Gesamtzahl der an dieser Anlage Beschäftigten die Zahl 20 000 überschritten hat.

Die Arbeiter waren in Baracken an der Zuckerfabrik in Rastenburg untergebracht. Täglich wurden sie mit Zug oder Wagen herangefahren. Baumaterial wie Stahl oder Zement wurde mit der Eisenbahn aus dem Innern Deutschlands gebracht. Die Arbeiten wurden auch im Winter nicht eingestellt, obwohl er sehr streng war. Schon im Mai 1941, als die Bauarbeiten noch andauerten, war das neue Führerhauptquartier für die Aufnahme Hitlers vorbereitet.

WARUM AUSGERECHNET HIER?

Die Wolfsschanze war in Ostpreußen, im Rastenburger Stadtwald, zwischen den Orten Görlitz und Partsch gelegen. Die Wahl dieses Ortes war keine zufällige; sie war gut durchdacht. Görlitz lag nahe der russischen Grenze. Hitler konnte sich also während des Krieges mit der Sowjetunion

Wolfsschanze - Außenansicht (1944)

Allgemeiner Luftschutzbunker, Nr. 26 (April 1944)

in der Nähe der Front aufhalten und von hier aus die Kriegsoperationen leiten. Von Osten war die Große Masurische Seenplatte eine natürliche Sperre, und die Landenge zwischen den Seen sicherte die Festung Boyen in Lötzen. Überdies war ganz Ostpreußen stark befestigt. In der Nähe waren die Festungen Königsberg, Memel und Pillau, zahlreiche Bunker, Gräben, Panzergräben, Minenfelder und Stacheldrahtverhaue. Das Hauptquartier war abgelegen, weit entfernt von den Hauptverkehrsstraßen. Der direkte Zugang wurde durch drei in der Nähe gelegene Seen und zahlreiche Sümpfe erschwert. Die Wolfsschanze wurde in einem nicht großen aber dichten Mischwald errichtet, der die Tarnung erleichterte. Große Bedeutung hatte auch die Tatsache, daß es hier schon seit langem eine Eisenbahnlinie zwischen Rastenburg und Angerburg gab, sowie ein Netz guter Straßen, das den Verkehr und Transport des Baumaterials begünstigte.

DER AUSBAU DER WOLFSSCHANZE

Als das Konstruktionsbüro des Ingenieurs Behrens das Projekt für das neue Führerhauptquartier in Ostpreußen ausarbeitete, ging man davon aus, daß nach Hitlers Eintreffen die Wolfsschanze weiterhin ausgebaut würde.

In der **ersten Bauphase**, in den Jahren 1940-1941, entstanden vor allem kleine Bunker aus Beton und Ziegel, außerdem mehrere Häuser und Holzbaracken. Nicolaus von Below schreibt in seinem Buch „Als Hitlers Adjutant", daß, als er zusammen mit Hitler im Juni 1941 zur Wolfsschanze kam, hier 10 Luftschutzbunker mit Betonwänden von 2 m Stärke standen. Nur ein Teil solch eines Bunkers war gegen eventuelle Bombardierungen gefeit. In diesem Teil waren Schlafräume eingerichtet. Der vordere Teil war von leichterer Konstruktion, schützte nur vor Splittern. Er diente als Arbeitsraum.

Die **zweite Bauphase** fällt in die Jahre 1942-1943. Zu dieser Zeit wurden den schon bestehenden Luftschutzbunkern geräumige und helle Anbauten zugefügt. Sie dienten als Büro- und Wohnräume und garantierten bessere Arbeitsbedingungen. Außerdem wurde eine Reihe leichter Gebäude aus Beton oder Ziegel errichtet. Diese waren ausgestattet mit Fenstern, die durch Stahlläden geschützt waren. An Hitlers Bunker wurde zu dieser Zeit ein großer, geräumiger Sitzungssaal angebaut.

Die letzte, **dritte Bauphase** fällt in das Jahr 1944. Die zu dieser Zeit schon bestehenden Bunker wurden mit einem neuen, fensterlosen Mantel aus Stahlbeton umgeben. Auf diese Weise wurden u.a. der Führerbunker, der Gästebunker, zwei Nachrichtenbunker und Bormanns Bunker befestigt. In dieser Bauphase entstanden der mächtige Göringbunker und der Luftschutzbunker südlich der Straße.

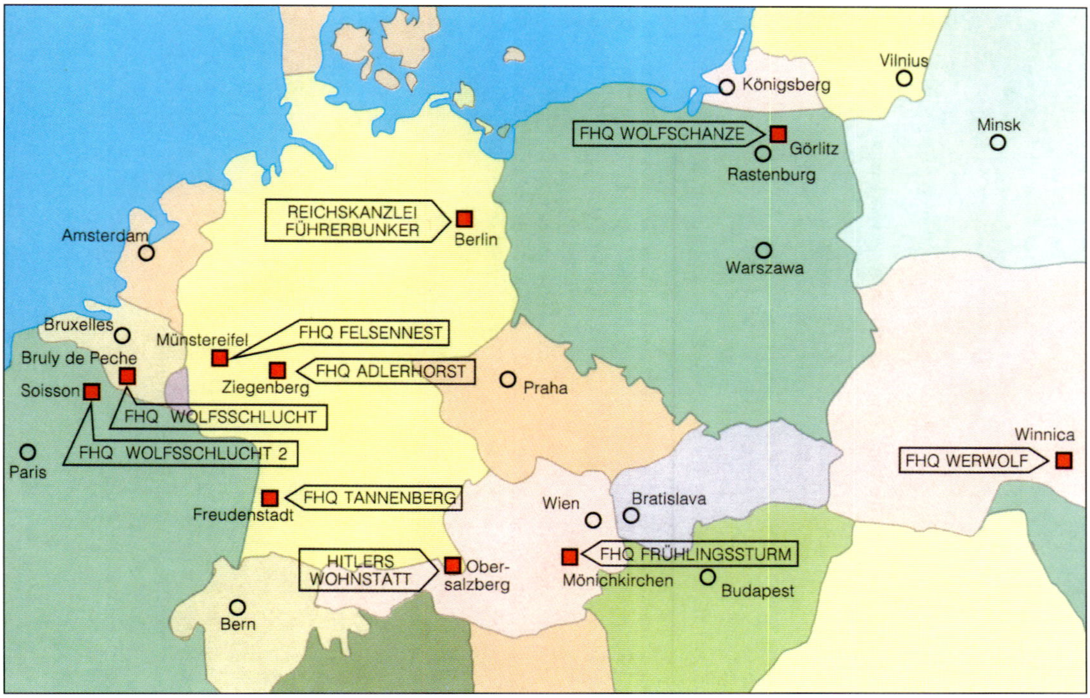

Ehemalige Führerhauptquartiere in Europa

EINE KLEINE STADT FÜR SICH

Die Wolfsschanze war eine kleine Stadt für sich, ihr Gelände umfaßte 2,5 km^2. Sie war in drei konzentrisch gelegene Sperrkreise eingeteilt.

Sperrkreis I befand sich nördlich der Eisenbahnlinie. Hier waren die Bunker von Hitler, Bormann, Keitel, Göring, Dr. Dietrich und Jodl. Ebenso waren hier auch die Bunker des Heerespersonalamts, der Persönlichen Adjutantur und der Wehrmachtadjutantur, des RSD, des SS-Begleitkommandos. Hier wohnten Ärzte, Stenographen, Sekretärinnen, Chauffeure. Den Bewohnern des Sperrkreises I standen zwei Kasinos, zwei Teehäuser, Kino und Sauna zur Verfügung. Nicht zuletzt waren hier: zwei allgemeine Luftschutzbunker, ein Heizhaus sowie Bunker mit Telefonzentrale.

Sperrkreis II umgab den Sperrkreis I. Der weitaus größte Teil der Objekte in dieser Zone befand sich südlich der Eisenbahnlinie und der Straße Rastenburg – Angerburg. Besonders bewacht und speziell eingezäunt war der südwestliche Teil des Sperrkreises II. Hier waren in der Hauptsache einstöckige Beton- und Backsteinhäuser des Wehrmachtführungsstabes und des Kommandanten des Führerhauptquartiers. Hier befanden sich ebenfalls Fernschreibzentralen, Offizierskasino und Heizhäuser. Im südöstlichen Teil des Sperrkreises II befanden sich u.a. ein mächtiger Luftschutzbunker, Verbindungsstellen der Luftwaffe und Marine, der Bunker von Fritz Todt, Albert Speer, sowie Bunker für das Führerbegleitbataillon.

Sperrkreis III umfaßte das Gelände, das von allen Seiten die Sperrkreise I und II umgab, aber innerhalb des äußeren Zaunes. Hier waren Unterkünfte des Führerbegleitbataillons sowie Stellungen von Panzerabwehrkanonen, Flakgeschütze und Maschinengewehre.

Insgesamt gab es in der Wolfsschanze **über 80 Gebäude**: acht der schwersten Luftschutzbunker mit 5-8 m dicken Betonwänden und Decken, mehrere kleinere Bunker mit etwa 2 m dicken Betonwänden, viele Beton- und Backsteinhäuser, deren Fenster durch Stahlläden geschützt worden sind und schließlich einige Holzbaracken.

Minenfelder und Stacheldrahtverhaue, die das Hauptquartier umgaben, waren nur an drei Stellen passierbar: durch die Wache West aus Richtung Rastenburg, Wache Ost aus Richtung Angerburg und Wache Süd aus Richtung Flugplatz. In der Wolfsschanze befanden sich: Post- und Kurierstelle, Wirtschaftsbaracken, Wasserreservoire, Hydranten. Schließlich waren hier zwei Flugplätze, einer am Rand der Anlage, der zweite in 5 km Entfernung.

Hitler in Begleitung von Albert Speer im Gelände der Wolfsschanze (23. März 1942)

Wolfsschanze. Parkplatz

Gästebunker (Nr. 6)

Die zum Flugplatz führende Straße und Überreste der Außenwache Süd

Gebäude, in dem der Wehrmachtführungsstab untergebracht war (Sperrkreis II)

MINENFELDER

Das ganze Führerhauptquartier war mit Minenfeldern umgeben. **Ihre Gesamtlänge betrug 10 km.** Die Minenfelder auf offenem Gelände waren 100-150 m breit und erstreckten sich auf einem 4 km langen Abschnitt. Dagegen waren die im Wald oder in Sumpfgebieten angelegten Minenfelder 6 km lang und 50-80 m breit.

Auf beiden Seiten der Minenfelder waren Stacheldrahtverhaue und ein hohes Netz, das die Tiere aus dem Wald daran hinderte, auf Minen zu laufen.

Das System der Minensperre war sehr kompliziert. Die Minen waren in unterschiedlichen Systemen ausgelegt. Es waren Minen unterschiedlicher Art: Panzerabwehrminen, Minen gegen Infanterie und Signalminen. Manche von ihnen gehörten zur Standartausrüstung der Wehrmacht und waren relativ leicht zu entschärfen. Angewandt wurden aber auch kombinierte Minen, die von Pionieren ohne entsprechende Kenntnisse nur schwer zu entschärfen waren.

Die russischen Pioniere, die 1945 zur Wolfsschanze kamen, überprüften nur, ob die Wege durch die Anlage nicht vermint waren. Später arbeiteten hier polnische Pioniere. In den Jahren 1952/53 wurden die Minen aus dem offenen Gelände entfernt. Am schwersten war es, die im Wald und in Sumpfgebieten gelegten Minen zu entschärfen. Es war sehr schwer, sie nach so langer Zeit dort ausfindig zu machen. Die Entschärfung dieser Minen wurde erst in den Jahren 1954/55 durchgeführt. Polnische Pioniere beseitigten insgesamt über **54 000 Minen**. Beim Entminen verunglückten einige Pioniere tödlich, einige wurden verletzt.

Erst zehn Jahre nach dem Krieg, im Jahre 1955, waren die Entminungsarbeiten beendet, und das Gelände der Wolfsschanze konnte als sicher angesehen werden. Alle Minen wurden entfernt, bis auf den heutigen Tag ist kein Unfall passiert.

DAS BESTBEWACHTE SPERRGEBIET DER WELT

> "Am 20. Juli 1944 fiel der erste Verdacht auf Arbeiter der Organisation Todt, und Goebbels fragte, was denn Schutzmaßnahmen für einen Zweck hätten, wenn es so leicht sei, in das bestbewachte Sperrgebiet der Welt einzudringen."
>
> (P. Hoffmann, *Die Sicherheit des Diktators*)

Die **äußere Sicherheit** der Wolfsschanze gewährleistete das Führer-Begleit-Bataillon (FBB). Im Falle eines Angriffs auf das Hauptquartier war es jederzeit bereit, schnell zu intervenieren. Das Bataillon war vollständig motorisiert, verfügte über schnelle Kraftfahrzeuge, Motorräder, Panzerfahrzeuge, Panzer- und Fliegerabwehrwaffen. Nicht weit von Goldap,

Wache vor Hitlers Bunker (1941)

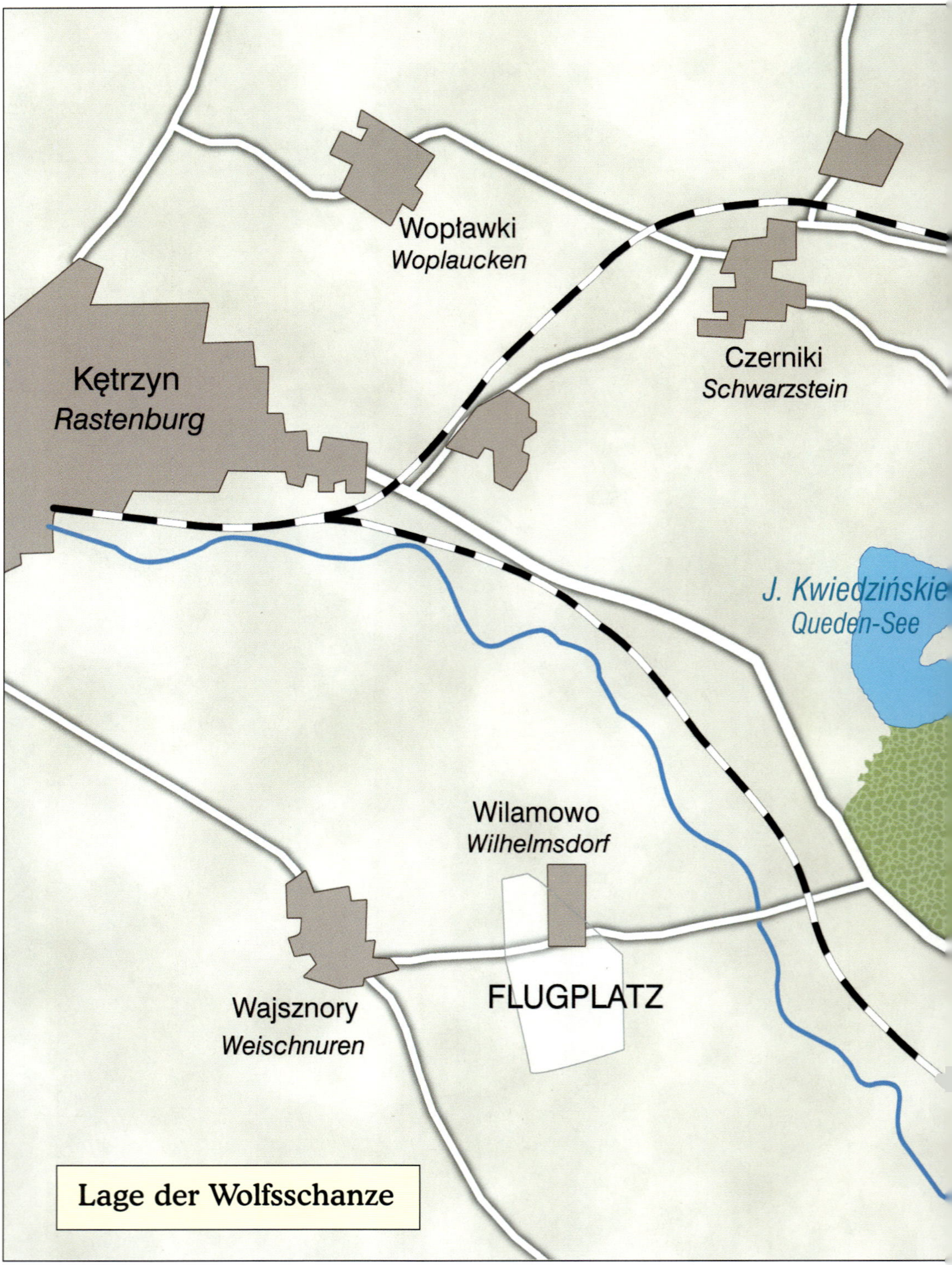
Wopławki
Woplaucken
Czerniki
Schwarzstein
Kętrzyn
Rastenburg
J. Kwiedzińskie
Queden-See
Wilamowo
Wilhelmsdorf
Wajsznory
Weischnuren
FLUGPLATZ
Lage der Wolfsschanze

jez. Moj
Moy-See
FHQ WOLFSSCHANZE
jez. Siercze
Zeiser-See
Gut
Görlitz
Gierłoż
Parcz
Partsch
RASTENBURGER STADTWALD
wiedzina
Queden
jez. Tuchel
Gr. Tauchel-See
Pożarki
Pohiebels

70 km vom Führerhauptquartier entfernt, war ein Bataillon Luftlandetruppen stationiert. Im Falle eines Überraschungsangriffs auf die Wolfsschanze sollten seine Abteilungen sofort hier landen. Etwas später wurde bei Insterburg ein Bataillon Fallschirmjäger einquartiert, das eine ähnliche Aufgabe zu erfüllen hatte. Dem Kommandanten des FHQ unterstand die SS-Panzerjäger-Schule in Karlshof, das Polizei-Bataillon Hochwald, die Feldunteroffiziersschule in Arys und andere Militäreinheiten, die sich in der Nähe befanden. Das ganze Gelände im Umkreis von 80 km wurde systematisch bewacht.

Für die **Sicherheit innerhalb der Wolfsschanze** waren Führer-Begleit-Bataillon und Reichssicherheitsdienst (RSD) verantwortlich. Dienst an Drahthindernissen am Rande aller drei Zonen versahen drei Wachkompanien des FBB. Für die persönliche Sicherheit Hitlers war die Dienststelle I des Reichssicherheitsdienstes-Kriminalbegleitkommando in Zusammenarbeit mit dem SS-Begleitkommando verantwortlich.

Obwohl an allen Rändern des Sperrkreises I Wachposten aufgestellt waren, die genau die Passierscheine der Eintretenden überprüften, befanden sich vor dem Hitlerbunker Tag und Nacht zwei Männer: 1 RSD-Beamter und 1 Mann des SS-Begleitkommandos.

Unbefugten Personen war es nicht erlaubt, sich dem Führerbunker zu nähern. Wenn Hitler einen Spaziergang unternahm, durfte niemand ohne seine Erlaubnis an ihn herantreten. Er hatte ständig Angst um sein Leben, obwohl die Wolfsschanze so gut bewacht war. „Auch in der Heimat, meinte Hitler Mitte November 1942 gegenüber Schmundt, Jodl und Engel, seien Gruppen tätig, um ihn und sein Werk zu zerstören, er wisse auch, daß man ihm nach dem Leben trachte; bisher habe er es aber seinen Häschern sauer gemacht. Das traurige sei, daß dies nicht etwa fanatische Kommunisten seien, sondern in erster Linie Intelligenz, sogenannte Priester und auch hohe Offiziere."[2]

Hitler fürchtete nicht nur einen Bombenanschlag oder ein Attentat mit einer Waffe. Er hatte auch Angst, vergiftet zu werden. Als der rumänische Marschall Jon Antonescu ihm einmal Süßigkeiten und Kaviar schenkte, befahl er, diese Sachen schnell zu vernichten. Alle für Hitler bestimmten Sendungen und Dokumente wurden seiner Ordonnanz ausgehändigt und sehr genau überprüft.

Die ständigen Wachposten waren nicht nur vor Hitlers Bunker aufgestellt, sondern auch vor allen anderen Objekten, in denen er sich aufzuhalten pflegte, wie Lagebaracke oder Teehaus. Sie wurden auch dann überwacht, wenn Hitler in ihnen nicht verweilte. Die Hitler begleitenden Mitglieder des Sicherheitsdienstes waren eingehend unterwiesen, wie sie sich in den verschiedensten Situationen zu verhalten haben. Wenn Hitler sich beim Spaziergang mit anderen Personen unterhielt, mußte der RSD-Beamte sich in solcher Entfernung aufhalten, daß er nicht hören kon-

Kaminzimmer in der Wolfsschanze (1943)

Kaminzimmer im Haus von Albert Speer in der Wolfsschanze (2000)

Bormanns Luftschutzbunker (Nr. 11)

Schornstein

Bormanns Luftschutzbunker (Nr. 11), Nordseite

Reichsmarschallhaus (Nr. 15)

Gebäude des Führer-Begleit-Bataillons (Nr. 27)

nte, worüber gesprochen wurde, und gleichzeitig so nah, daß er im Notfall sofort eingreifen konnte.

Die Sicherheitsvorkehrungen wurden nach der Niederlage bei Stalingrad noch verschärft. Am 31. Juli 1943 gab der Chefadjutant bei Hitler, Rudolf Schmundt, die Verordnung heraus, in der er an die bedingungslose Pflicht erinnerte, alles, was in der Wolfsschanze vor sich ging, streng geheim zu halten: „Der Führer hat befohlen, daß über Themen, die beim Führer bei den Lage- und sonstigen Besprechungen behandelt werden, im Kasino nicht gesprochen werden darf. Außerdem wünscht der Führer, daß alle im Führerhauptquartier anwesenden Herren nochmals auf besondere Geheimhaltung auf allen Gebieten, besonders auf dem militärischen und politischen Sektor, hingewiesen werden. Es wird gebeten, von diesem Befehl des Führers Kenntnis zu nehmen und ihn allen Herren des jeweiligen Dienstbereichs zu übermitteln."[3]

Um die Zahl derjenigen Personen, die Zugang zu Hitler hatten, zu begrenzen, wurde am 20. September 1943 innerhalb des Sperrkreises I ein neuer **Sperrkreis A** eingerichtet. Er umfaßte nur einige Objekte: Bunker Führers, Keitels, Bormanns, der Persönlichen Adjutantur, des Heerespersonalamtes, der Wehrmachtadjutantur des Führers und das Kasino I mit Teehaus. Sperrkreis I durften nur Personen betreten, die hier ständig wohnten oder arbeiteten. Personen, die hier nicht für längere Zeit wohnten, bekamen Passierscheine nur vom Kommandanten des Führerhauptquartiers sofern dies vom Chefadjutant der Wehrmacht beim Führer, Schmundt und Obergruppenführer Schaub gebilligt wurde. Einmalige Passierscheine konnte der Wachkommandant herausgeben. Dieses aber nur im Falle, wenn einer der Adjutanten Hitlers sich damit einverstanden erklärte. Einfahrt mit Kraftwagen in den Sperrkreis A hatten ausschließlich: Reichsminister, Reichsführer, Feldmarschälle.

Ab 14. Juli 1944 wurde die Zahl der zu Hitler Zugang habenden Personen durch den sog. **Sondersperrkreis** weiter eingeschränkt. Das Absichern des Führerhauptquartiers wurde u.a. deshalb verschärft, weil man mit der Möglichkeit rechnete, daß in der Nähe, ja sogar in seinem Zentrum, alliierte Fallschirmspringer landen könnten. »Noch am 15. Juli 1944 brachte Himmler in einer Besprechung einen „Angriff durch Fallschirmspringer auf FHQ" als drohende Gefahr zur Sprache. In einer Lagebesprechung am 17. September 1944 in der Wolfsschanze gab Hitler seinen Sorgen wegen der Gefahr eines Handstreiches auf das Hauptquartier Ausdruck. Der Führer: „Die Sache ist immerhin so gefährlich, daß man sich klar sein muß: Wenn hier eine Schweinerei passiert – hier sitze ich, hier sitzt mein ganzes Oberkommando, hier sitzt der Reichsmarschall, es sitzt hier das OKH, es sitzt hier der Reichsführer SS, es sitzt hier der Reichsaußenminister! Also, das ist der Fang, der sich am meisten lohnt, das ist ganz klar. Ich würde hier ohne weiteres zwei Fallschirmdivisionen

Hitler und Großadmiral Karl Dönitz

Gebäude, in dem der stenographische Dienst untergebracht war (Nr. 7)

Bahnstation

riskieren, wenn ich mit einem Schlag die ganze russische Führung in die Hand kriegte." Keitel: „Die ganze deutsche Führung!"«[4]

Nach dem Attentat auf Hitler am 20. Juli 1944 wurden Aktentaschen von Offizieren und anderen Personen, die den Sperrkreis I betraten, kontrolliert, was vorher nicht üblich war. Selbst Taschen der Ärzte, die Hitler aufsuchten, wurden überprüft. Als man zwei Tage nach dem Attentat Dr. Giesing aus dem Reservelazarett Lötzen kommen ließ, wurde der Inhalt seiner Tasche genau untersucht: „...sogar die Birne der Ohrenuntersuchungslampe wurde herausgeschraubt und wieder eingeschraubt."[5]

Auf einer Sitzung in der Wolfsschanze im Oktober 1944 wurde die Möglichkeit erörtert, Röntgenstrahlen anzuwenden, um Sprengstoff, der in Paketen und anderen Sendungen für das Hauptquartier verborgen sein könnte, ausfindig zu machen.

All diese komplizierten Sicherheitsmaßnahmen erwiesen sich jedoch manchmal als unzuverlässig. **Einige Personen drangen zufällig in das „bestbewachte Sperrgebiet der Welt" ein.** Im Jahre 1942 fuhr ein Oberst mit dem Zug zum Hauptquartier des OKH „Mauerwald". In der Annahme, er sei an Ort und Stelle, verließ er auf dem Bahnhof in der Wolfsschanze den Zug. „Er wanderte unbehelligt in den Sperrkreis I, suchte ein Kasino und wurde beim Frühstück sitzend von Hitlers Marineadjutant, Konteradmiral von Puttkamer, entdeckt. Er wollte nicht glauben, daß er in der Wolfsschanze sei, und ließ sich erst überzeugen, als Puttkamer ihm aus einiger Entfernung den leibhaftigen Führer zeigen konnte, der sich bemühte, seinen Hund zum Überspringen eines kleinen Hindernisses zu überreden."[6]

An einem Augustabend 1943 – wie Professor Hoffmann schreibt – ging eine Polin längs der Eisenbahnlinie, den kürzesten Weg von Partsch nach Rastenburg. Unbemerkt durchkreuzte sie längs der Gleise das ganze Hauptquartier; erst an der Wache West wurde sie festgenommen.

Der alliierte Geheimdienst wußte, daß die Wolfsschanze sich bei Rastenburg befand. Im Buch von Professor P. Hoffmann lesen wir: „In einer Zusammenstellung des Nachrichtendienstes des amerikanischen War Department über die Kriegsgliederung des deutschen Heeres vom Februar 1944 heißt es: Das Feldhauptquartier des OKW... ist als Führerhauptquartier bekannt... Es befindet sich jetzt (Januar 1944) wahrscheinlich bei Rastenburg in Ostpreußen. Auch der schweizerische Geheimdienst wußte spätestens 1944 über die Lage des Hauptquartiers Bescheid."[7]

Laut anderen Informationen, wußte man schon bedeutend früher über das Bestehen des Führerhauptquartiers bei Rastenburg. In der Wolfsschanze arbeiteten Tausende von Bauarbeitern, Tausende Soldaten erfüllten hier ihren Dienst. Es kamen zahlreiche Gäste aus Deutschland und aus dem Ausland. Der alliierte Geheimdienst war sehr sorgfältig aufgebaut. Diese Anlage geheim zu halten, war einfach unmöglich.

BEWOHNER DER WOLFSSCHANZE

In der Wolfsschanze hielten sich insgesamt **über 2100 Offiziere, Soldaten und Zivilpersonen** auf.

Hitler hielt sich in der Wolfsschanze über 800 Tage auf. Zwei Tage nach Beginn des Krieges mit der Sowjetunion, am 24. Juni 1941, traf er hier ein. Oft fuhr er für kurze Zeit fort, meistens nach Berlin oder auf den Obersalzberg. Er verließ die Wolfsschanze am 20. November 1944 und kam nie mehr hierher zurück.

Aus dem Bericht Nicolaus von Belows, der fast acht Jahre hindurch, von 1937 bis 29. April 1945, Hitlers Adjutant war, erfahren wir, daß Hitler vor dem Krieg in der Reichskanzlei und seiner Wohnung täglich viele Gäste empfing. Es waren dies Reichsminister, Botschafter, Leute aus Wirtschaftskreisen, Künstler sowie auch mit ihnen befreundete Familien. In gesellschaftlichen Kontakten vermied man Gespräche über aktuelle politische Ereignisse. Man sprach über Wissenschaft, Geschichte und Kunst. An Abenden, in Gesellschaft mehrerer Personen, sah sich Hitler irgendeinen interessanten Film an. Damals fand er immer Zeit für Theaterbesuche, Musik und Bücherlesen.

Je näher der Krieg kam, desto seltener empfing er Zivilpersonen, mehr und öfter Generäle und Rüstungsexperten; auch die Gesprächsthemen änderten sich. Below erinnert sich, daß zu dieser Zeit Hitler sich seinen Gästen gegenüber, sowohl zivilen als auch militärischen, zuvorkommend und natürlich verhielt, sie fühlten sich bei ihm ungezwungen.

Im ersten Jahr seines Aufenthaltes in der Wolfsschanze, als alles nach seinen Wünschen verlief, änderte er seine Lebensweise nicht. Auch weiterhin lud er viele Gäste zum Mittag- und Abendessen ein, zu Gesprächen am Kamin, hörte Musik, sah sich Filme an, vor allem die Wochenschau. Gern ließ er sich filmen und fotografieren, war immer gut gelaunt. Oft empfing er Frontoffiziere, auch niedrigeren Ranges, und anhand ihrer Berichte bildete er sich eine Meinung über die Lage an der Front, den Stabsoffizieren traute er nicht allzusehr. Hitler rühmte sich gern mit seiner Kenntnis von Waffen und Munition, technische Angaben über Kampfgeräte und statistische Informationen über die Rüstungsproduktion kannte er auswendig. Es freute ihn immer, wenn es sich erwies, daß sich der General der Artillerie in diesen Angelegenheiten schlechter auskannte als er.

Im Jahre 1941 und in der ersten Hälfte des Jahres 1942 wurden während der Lagebesprechungen authentische Diskussionen geführt, oft gab Hitler seinen Gesprächspartnern recht, zumal wenn es gute Sachverständige waren. Ruhig hörte er sich alle Vorbehalte von Untergeordneten an. Wenn er glaubte, daß er recht hatte, bemühte er sich, seine Gesprächspartner davon zu überzeugen.

Ab Herbst 1942, als die Lage an der Front immer schwieriger wurde,

Hitler im Gespräch mit Göring, Keitel und Himmler

begann sich Hitler allmählich zu ändern. Es änderte sich auch seine Einstellung gegenüber den Mitarbeitern. Wenn jemand in einer Sache nicht mit ihm einverstanden war, konnte er dies nur ganz vorsichtig äußern. Kritische Bemerkungen nahm er nur von Sachverständigen an, die von außerhalb des Hauptquartiers kamen. Er wurde ungehalten, wenn jemand der in der Wolfsschanze wohnenden Mitarbeiter einen Vorbehalt äußerte.

Als die Armee Generals Paulus bei Stalingrad eingekesselt wurde und später in den ersten Februartagen 1943 kapitulierte, herrschte in der Wolfsschanze Niedergeschlagenheit. Man ging umher und sprach nicht miteinander. Die Bewohner der Wolfsschanze konnten nicht verstehen, wie das geschehen konnte unter den Befehlen des Führers, eines Mannes – wie man sie jahrelang vergewisserte – von übermenschlichen Fähigkeiten. 1943 erlebte Hitler nicht nur die Niederlage bei Stalingrad, sondern auch die Kapitulation seiner Soldaten in Tunis, das Bombardieren deutscher Städte, die Räumung der deutschen U-Boote aus dem Atlantik. Damals ist es ihm gewiß bewußt geworden, daß der Krieg für ihn verloren war. Während der Lagebesprechungen brachte er seinen Optimismus und Glauben an den Sieg zum Ausdruck, aber gewiß glaubte er selbst nicht mehr an ihn. Er wurde immer unzugänglicher und einsamer. Albert Speer erinnert sich: „Da erst wurde mir klar, daß Hitlers Leben mit dem eines Gefangenen viel Ähnlichkeit hatte. Sein Bunker, damals zwar noch nicht von den mausoleumsartigen Ausmaßen, die er im Juli 1944 annehmen sollte, hatte die dicken Wände und Decken eines Gefängnisses, eiserne Türen und eiserne Läden schlossen die wenigen Öffnungen, und auch die kärglichen Spaziergänge innerhalb des Stacheldrahtes brachten ihm nicht mehr Luft und Natur als der Rundgang im Gefängnishof einem Gefangenen."[8]

Zu dieser Zeit faßte Hitler selbst alle Beschlüsse und befaßte sich mit den kleinsten Einzelheiten. Seine Mitarbeiter konnten höchstens die Aufgabe eines Beraters erfüllen. Er nutzte nicht mehr die von seinen Stabsoffizieren ausgearbeiteten Pläne, Material und Lageuntersuchungen. Er begab sich nicht mehr an die Front, wußte nicht, wie die russischen Wege aussehen, unter welchen Bedingungen die deutschen Soldaten an der Front kämpfen müssen.

Er las keine Bücher mehr, und Musik war in der Wolfsschanze verboten. An den Abenden flüchtete er vor der Wirklichkeit in die Welt der Träume. Als die deutschen Städte, einer effektiven Fliegerabwehr beraubt, sich in Schutt und Trümmer verwandelten, studierte er Pläne ihres architektonischen Ausbaus. Er beherrschte sich nicht mehr, wurde aufbrausend. Oft schrie er ohne Grund. Bei den Lagebesprechungen beschimpfte er Offiziere des Generalstabs als Feiglinge, Hinterhältige, Faulenzer, Lügner, Betrüger und demütigte sie.

Reichsminister für Rüstung und Kriegsproduktion Albert Speer und Generalfeldmarschall Erhard Milch

Nach dem Attentat vom 20. Juli 1944 zog Hitler sich aus dem öffentlichen Leben zurück, verließ das Hauptquartier nicht mehr und zeigte sich auch nicht mehr in Berlin. Er wurde mißtrauisch und nervös, alterte sichtbar. Seine Gesundheit verschlechterte sich zusehends. Grund dafür waren nicht die Verletzungen, die er bei der Bombenexplosion in der Lagebaracke erlitt, denn diese heilten schnell. Der schlechte Gesundheitszustand hatte vor allem psychische Gründe. Angesichts der Niederlage brach Hitler physisch und psychisch zusammen.

Die Lebensweise Hitlers in der Wolfsschanze war für die Menschen in seiner Umgebung eine große Belastung. Offiziere, die den Führer bis zu den späten Nachtstunden begleiten mußten, klagten über Übermüdung. Die, die hier wohnten, hatten weder Zerstreuung noch Erholung.

Hitler stand täglich ziemlich spät auf. Das Frühstück nahm er allein ein. Anschließend machte er sich mit den wichtigsten Berichten über die Lage an den Fronten und den nächtlichen Fliegerangriffen auf deutsche Städte vertraut. Wie Albert Speer sich erinnert, machten die Informationen über Opfer unter der Zivilbevölkerung auf ihn keinen größeren Eindruck. Mehr betrübte ihn, daß manche wichtige Bauten zerstört wurden.

Um 9 Uhr begann Hitler seinen einstündigen Spaziergang. Henry Picker schreibt in seinem Buch *Hitlers Tischgespräche im Führerhauptquartier:* Wenn Hitler über die Wege der Wolfsschanze spazierenging, konnte mit seiner Erlaubnis jeder, sogar der letzte Wachsoldat, sich mit seinen persönlichen Sorgen an ihn wenden. „Als zum Beispiel der Obersteward unseres Kasinos – Vater von sieben Kindern – von Bormann fristlos entlassen worden war, weil er entgegen den Sicherheitsbestimmungen eine Kiste ohne Nachprüfung ihres Inhalts in den Kasinokeller hatte bringen lassen, konnte er noch vor der Abreise Hitler sein Pech klagen. Hitler gab ihm einen Trostposten in der Reichskanzlei, bis sich das Unwetter verzogen hatte und sich seine Zurückbeorderung aufgrund seiner Geschicklichkeit von selbst empfahl."[9]

Meistens spazierte Hitler mit seinem Hund Blondi. Auf einer kleinen Wiese in der Nähe des Bunkers dressierte er ihn. Er befahl ihm, zu apportieren und über Hindernisse zu springen.

Um 12 Uhr begann die Mittags-Lagebesprechung. Gewöhnlich dauerte dieselbe zwei Stunden. An der Besprechung nahmen teil: Hitler, seine Adjutanten, Offiziere des Wehrmachtführungsstabes, des Oberkommandos des Heeres, sowie Verbindungsoffiziere der Marine, Luftwaffe und SS. Sie waren meistenteils im Range eines Obersten oder Majors, gewöhnlich nahmen auch Keitel und Jodl teil. In der Mitte des Raums, in dem die Lagebesprechung stattfand, war ein großer Tisch mit ausgebreiteten Landkarten. Albert Speer, der manchmal an den Lagebesprechungen teilnahm, erinnert sich, daß die Teilnehmer sich um den Tisch scharten, während Hitler auf einem anspruchslosen Sessel saß. Nur Göring, der sel-

Boris III., König der Bulgaren, in der Wolfsschanze. Von links: Hitler, Boris, Ribbentrop, Keitel, Bormann, Jodl (26. März 1942)

Der bulgarische Kriegsminister Generalleutnant Michoff im FHQ (13. Januar 1943)

ten bei den Besprechungen dabei war, war es erlaubt, neben Hitler auf einem Hocker zu sitzen. Diese Auszeichnung war wohl eher seiner Korpulenz zuzuschreiben.

Die Lagebesprechung begann gewöhnlich mit der Erörterung der Lage im Osten; danach schilderte Generaloberst Jodl die Entwicklung der Lage im Westen. Anschließend besprach man die Operationen der Kriegsmarine und Luftwaffe. Zum Schluß unterzeichnete Hitler Dokumente, die seine Befehle und Anordnungen enthielten. Während der Besprechung bestimmte Hitler über alles, traf Entscheidungen selbst in geringsten Angelegenheiten und duldete keine Widerrede.

Wenn sich die Mittags-Lagebesprechung nicht in die Länge zog, begann um 14 Uhr das Mittagessen. Anfänglich nahm Hitler die Mahlzeiten im Speiseraum des Kasinos I in Gesellschaft seiner nächsten Mitarbeiter, manchmal auch der eingeladenen Gäste, ein. Man nahm Platz an einem langen Tisch für 20 Personen. In der Mitte saß Hitler, auf seiner rechten Seite Otto Dietrich, auf der linken Alfred Jodl. Auf der gegenüberliegenden Seite saß Wilhelm Keitel, neben ihm Martin Bormann und Karl Bodenschatz. Wenn an der Besprechung Gäste teilnahmen, so saßen sie immer neben Hitler. An Mittagsmahlzeiten in Anwesenheit Hitlers nahmen ebenfalls Rudolf Schmundt, Nicolaus von Below, Walther Hewel, Gerhard Engel, Theodor Morell und andere teil.

Wenn keine besonders wichtigen Angelegenheiten zu erledigen waren, zogen sich die Mahlzeiten in die Länge, manchmal bis zu zwei Stunden. Beim Essen hielt Hitler öfters lange Selbstgespräche.

Ab September 1942 aß Hitler nur noch in Gesellschaft einiger Personen aus seiner nächsten Umgebung oder allein. „Oft nahm Hitler, wenn sich kein ihm genehmer Gast im Hauptquartier befand, seine Mahlzeiten allein, nur in Gesellschaft seines Schäferhundes, ein... Der Schäferhund spielte im privaten Leben Hitlers vermutlich die wichtigste Rolle; er war wichtiger als selbst seine engsten Mitarbeiter."[10]

Nach dem Mittagessen ruhte Hitler gewöhnlich. Manchmal empfing er zu dieser Zeit Gäste, die ins Hauptquartier kamen, auch zivile, aber die Gespräche betrafen immer Militärangelegenheiten.

Um 18 Uhr begann die einstündige Abend-Lagebesprechung, sie fand im engen Kreis und in der Regel im Bunker Hitlers statt. Berichterstatter war meistens Alfred Jodl.

Um 19 Uhr nahm Hitler das Abendessen ein. Nach 20 Uhr lud er manche Bewohner der Wolfsschanze zum sog. Abendtee ein. Teil nahmen daran seine nächsten Mitarbeiter, Adjutanten, Ärzte, Sekretärinnen, manchmal auch Gäste, die gerade im FHQ weilten. Hitler traf sich mit ihnen zu jeder Tageszeit, manchmal im Kreis mehrerer Personen, ein andermal allein. In Gesprächen vermied er es, über die Lage an der Front zu sprechen. Er erzählte bekannte Witze, gedachte seiner Jugendzeit,

Im Frisiersalon in der Wolfsschanze

Görings Luftschutzbunker (Nr. 16). Maschinengewehrstellung

äußerte sich über Kultur und Kunst, stellte Betrachtungen über Religion und Kirche an, über die Notwendigkeit der Judenbeseitigung, über seinen Kampf mit der Bürokratie und legte seine Friedenspläne dar. Diese Gespräche verwandelten sich häufig in Monologe Hitlers. Die Rolle seiner Gesprächspartner beschränkte sich auf das Zuhören.

Die Abendtees zogen sich in die Länge, oft dauerten sie bis 3 Uhr, sogar 4 Uhr morgens. Hitler wollte sich nicht früher hinlegen, da er an Schlaflosigkeit litt. Die geladenen Gäste nahmen diese nächtlichen Zusammenkünfte als unangenehme Pflicht hin. Sie waren gelangweilt, wagten aber nicht, zu protestieren. Albert Speer schreibt: „Uns wenige Teilnehmer belastete die bleierne Schwere der frühen Morgenstunden. Nur Höflichkeit und Pflichtgefühl konnten uns dazu bringen, daran teilzunehmen, obwohl wir nach anstrengenden Sitzungen während der eintönigen Gespräche kaum noch die Augen offenhalten konnten."[11]

Zu den ständigen Bewohnern des Hauptquartiers, die sich hier so lange aufhielten wie Hitler, gehörte sein Sekretär **Martin Bormann**. Hitler hatte großes Vertrauen zu ihm und beauftragte ihn mit der Erledigung vieler wichtiger Angelegenheiten. Bormann entschied meistens darüber, wer beim Führer Audienz bekommen durfte. Bormann befürchtete, daß in seiner Abwesenheit jemand seine Position streitig machen könnte, deshalb bemühte er sich auch, immer um Hitler zu sein. Niemals nutzte er den ihm zustehenden Urlaub. Wenn er dienstlich verreisen mußte, kam er so schnell wie möglich zurück.

Ständig weilten im Hauptquartier ebenfalls der Chef des Oberkommandos der Wehrmacht Feldmarschall **Wilhelm Keitel**, der Chef des Wehrmachtführungsstabes Generaloberst **Alfred Jodl** und sein Stellvertreter General Walter Warlimont. Während der ganzen Zeit seines Aufenthaltes in der Wolfsschanze standen Hitler zur Verfügung: Adjutanten, Dienstpersonal, Kraftfahrer, Piloten, Ärzte, Stenographen und Sekretärinnen. Für kürzere Zeit lebte hier Reichsmarschall **Hermann Göring**, der während seines Aufenthaltes in Ostpreußen lieber in seinem Jagdhaus in der Rominter Heide wohnte.

Sehr oft zu Gast waren Reichsführer SS Heinrich Himmler, der seinen Sitz in Großgarten, unweit der Wolfsschanze, hatte und Reichsaußenminister Joachim von Ribbentrop, der im Schloß Steinort seinen Wohnsitz hatte. Sehr oft kam mit Flugzeug **Fritz Todt** zur Wolfsschanze und nach seinem Tod **Albert Speer**. Ihre Besuche dauerten gewöhnlich ein paar Tage. Selten kam der sich ständig in Berlin aufhaltende Reichspropagandaminister Dr. Josef Goebbels.

Hitler hatte einige vertraute **Kammerdiener**, die sich rund um die Uhr immer zu zweit im Dienst in seinem Bunker ablösten. Wenigstens einer von ihnen mußte sich stets im Stimmbereich seines Vorgesetzten aufhalten. Alle Kammerdiener, die Hitler in der Wolfsschanze begleiteten, gehörten der

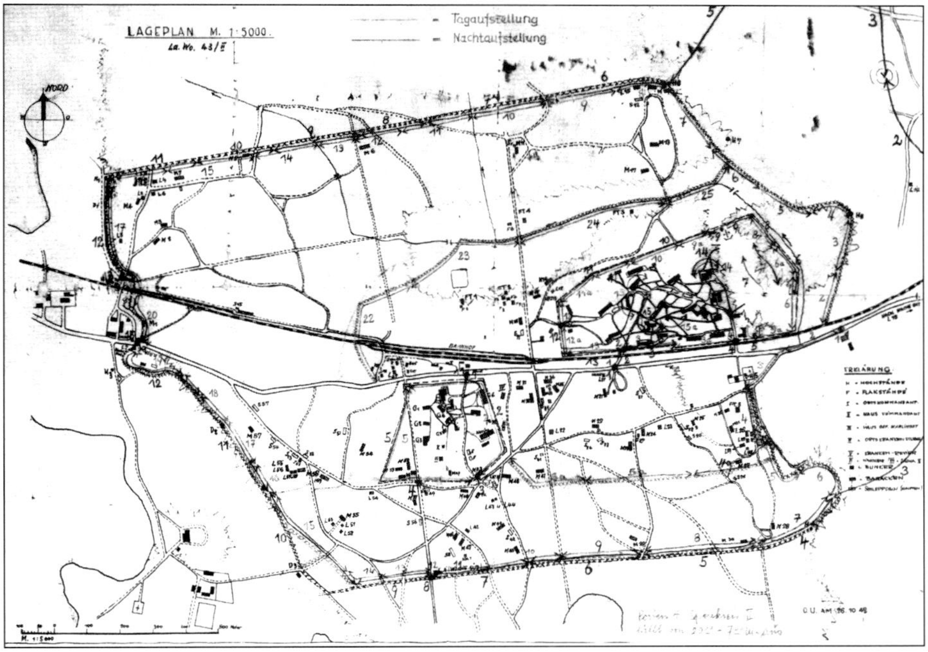

Lageplan der Wolfsschanze (1943)

Hermann Göring, Hans Jeschonnek und Kurt Zeitler im Führerhauptquartier (7 August 1943)

SS-Leibstandarte „Adolf Hitler" an und waren zugleich Mitglieder seiner persönlichen Leibwache.

Der bekannteste von ihnen war Heinz Linge, Absolvent einer Hotelschule, der bei seinem Chef bis zum bitteren Ende ausharrte. Er war im Bunker unter der Reichskanzlei, als Hitler sich das Leben nahm. Hitlers Liebling war Wilhelm Arndt, der zuvor in einer Schule für Bedienstete zur Kammerdienerlaufbahn fachmännisch vorbereitet worden war. Drei Jahre lang diente Hans Junge Hitler als Kammerdiener, der mit seinen 189 cm seinen Vorgesetzten im Wuchs um etliches überragte. 1943 wurde er zu der Waffen-SS delegiert und fiel ein Jahr später an der Front.

Die Wolfsschanze bewohnten nicht mehr als 20 Frauen. U.a. waren es Stenotypistinnen und Schreibkräfte, die im Gebäude des Stenodienstes arbeiteten. Die freundschaftlichsten Beziehungen hegte Hitler aber zu seinen **Sekretärinnen**, von denen er Johanna Wolf, die seit 1930 mit ihm zusammenarbeitete, am meisten schätzte. Im FHQ Wolfsschanze weilte sie aber nicht lange, da sie oft kränkelte. Während ihrer Abwesenheit wurde sie von Christa Schröder vertreten, deren Assistentin Gerda Daranowski war. Erst seit 1943 arbeitete in der Wolfsschanze Hitlers jüngste Sekretärin, Traudl Junge. Nach der Arbeit wurden alle oft von ihrem Chef zu Gesellschaftskränzchen eingeladen. Darauf waren zahlreiche Offiziere eifersüchtig, und deshalb erfreuten sich die Sekretärinnen nicht ihrer Sympathie. Christa Schroeder schrieb: „Gewissen Leuten ist es ein Dorn im Auge, daß der Chef auch im Kriege seinen persönlichen Stab um sich hat, insbesondere natürlich, daß darunter zwei weibliche Wesen sind. Eine Ordonnanz erzählte mir von diesbezüglichen Äußerungen, die in vorgerückter Stunde (im Suff) im Kasino I gefallen sind und die mich maßlos erbost haben. (...) Denn wir sind ja nicht aus freien Stücken hier, sondern nur deshalb weil der Chef es wünscht und behauptet, er könne nur mit uns arbeiten. Er hat mehr als einmal in Gegenwart dieser Herren betont, daß er ohne uns (Dara und mich) aufgeschmissen wäre. Und da finde ich es anmaßend und dumm von diesen Herren, unsere Existenz anzugreifen. (...) Wahrscheinlich war es für sie keine angenehme Situation, als gerade ein paar Tage nach der gefallen Äußerung, der Chef den Wehrmachtsadjutanten fragte, ob für das nächste Quartier für seine Damen auch ein Zelt vorgesehen sei. Auf die Antwort: »Nein!« ordnete der Führer entrüstet an, daß sofort noch eine Möglichkeit geschaffen werden müsse für unsere Unterkunft. »Ja, sie hätten gedacht, es handle sich doch nur um einen kurzen Aufenthalt von wenigen Tagen im Zeltlager, so daß wir nicht benötigt seien.« Aus all' diesen Ausflüchten sprach der Wunsch, uns abzuservieren."[12]

Unter jenen Personen, die von Hitler öfter zum Kaffee eingeladen worden waren, befand sich auch seine **Diätköchin.** In den ersten Monaten des Jahres 1943 begann Hitler auf seine wachsenden Magenbeschwerden zu

Hitler und Keitel im Führersonderzug

Speiseraum im Kasino I. An der Wand eine erbeutete sowjetische Fahne (1943)

klagen. Während seines Treffens mit dem rumänischen Marschall Antonescu vertraute er ihm seinen Kummer an. Der Marschall entgegnete, daß er unlängst selbst identische Schwierigkeiten mit seiner Gesundheit gehabt habe, bei deren Überwindung ihm Marlenevon Exner, Assistentin der Wiener Universitätsklinik geholfen habe. Auf Hitlers Anweisung wandte sich sein Leibarzt, Prof. Morell, an diese Klinik und verpflichtete Fräulein Exner zur Arbeit in der Wolfsschanze. In einem am Führerbunker gelegenen Raum wurde eine kleine Diätküche eingerichtet. Hitler war von seiner Köchin und den von ihr zubereiteten Mahlzeiten begeistert. Sie waren schmackhaft, abwechslungsreich und so gesund, daß die Magenbeschwerden bald nachließen.

Für das junge, attraktive und überaus intelligente Fräulein Exner begann sich Hitlers Adjutant, Friedrich Darges, zu interessieren. Im Januar 1944 verlobten sich die beiden. Da doch Darges SS-Offizier war, wurde vor der Trauung der Stammbaum der Verlobten gründlich überprüft. Es stellte sich heraus, daß ihre Urgroßmutter Jüdin war. Als Hitler dies erfuhr, schmeckten ihm plötzlich die Mahlzeiten der Wiener Köchin nicht mehr, sie wurde zwangsläufig beurlaubt. Um den Verlobten zu trösten, schlug Hitler ihm vor, Eva Brauns Schwester, Margarete, zu heiraten. Darges sagte jedoch ab, wofür er anfangs den Adjutantenposten einbüßte und in Kürze an die Front geschickt wurde.

Als im März 1944 Fräulein Exner definitiv entlassen wurde, wiederholten sich bei Hitler die Magenbeschwerden. Daraufhin wurde im Juli eine neue Diätköchin in der Wolfsschanze angestellt, die zuvor in einem Sanatorium bei Berchtesgaden beschäftigt gewesen war. Fräulein Constanze Manziarly – so ihr Name – kam aus Tirol. Es war eine hohe, hübsche Brünette mit Musiktalent. „Ich habe eine Köchin mit einem Mozartnamen", wiederholte Hitler des öfteren.

Adjutant von Martin Bormann, Dr. Henry Picker, schrieb: „Hitler war Frauen gegenüber ein Charmeur, beschenkte sie gern mit Blumen, war ein unermüdlicher Bewunderer ihrer Schönheit, ihrer Eleganz und ihres Esprits. Er küßte bei der morgendlichen Begrüßung selbst seinen Sekretärinnen mit alt-österreichischer Grandezza die Hand. Aber obwohl ihm zahllose Frauen Avancen machten, blieb er... seiner Eva seit Weihnachten 1932 uneingeschränkt treu."[13]

Eva Braun war nie in der Wolfsschanze. Hitler erhielt dagegen von ihr Briefe, und sie führten Telefongespräche: „Hitlers einziger Luxus und sein bestes Lebenselixier war sein nächtliches Telefonat mit Eva Braun. In ihr hatte er sein Frauenideal gefunden, eine moderne, sportliche, lebensgewandte und dabei doch nicht intellektuelle Eva. Ganz offensichtlich liebte er sie zärtlich."[14]

Nach Speers Ansicht herrschten im Hauptquartier Verlogenheit und Heuchelei. In gesellschaftlichen Kontakten waren die Menschen nicht

Rastenburgs Kinder überreichen Hitler anläßlich seines 53. Geburtstags Blumen (20. April 1942)

Das Haus am Moy-See, am Rande der Wolfsschanze, oft als Villa von Eva Braun bezeichnet. In Wirklichkeit ist Hitlers Geliebte nie in Ostpreußen gewesen.

aufrichtig zueinander. Sie fürchteten die Folgen einer Denunziation bei Hitler. Intrigen und Kampf um Vorrang wurden geführt. Die Offiziere bemühten sich, beim Führer beliebt zu sein. Sie hofften auf Auszeichnungen, Orden und Beförderungen. Bormann, Keitel und Lammers bemühten sich, den Zugang anderer zu Hitler einzuschränken. Nur sie konnten ihm Anordnungen zur Unterschrift vorlegen, und sie bestimmten auch, welche Informationen ihn erreichen durften.

Im Gegensatz zu Millionen Deutschen, die nur von Zeit zu Zeit den Führer auf Versammlungen oder im Kino sehen und hören konnten, sahen die Bewohner der Wolfsschanze ihn täglich. Oft erlebten sie Enttäuschungen: „Die Stenographen, die unverhofft in dieses Tollhaus geraten waren, trugen vielleicht noch vor wenigen Monaten in sich das Idealbild von Hitler und seinem überlegenen Genie, wie es Goebbels sie gelehrt hatte. Hier mußten sie nun einen Blick in die Wirklichkeit tun. Ich habe sie noch deutlich vor Augen, wie sie fahlen Angesichts mitschrieben, wie bedrückt sie in ihrer freien Zeit im Hauptquartier auf- und abgingen. Sie kamen mir vor wie Abgesandte des Volkes, die verurteilt waren, als Zeugen das Trauerspiel aus nächster Nähe mitzumachen"[15] – erinnert sich Albert Speer.

Trotzdem waren die Bewohner des Hauptquartiers Hitler bis zum Schluß treu. Als es offensichtlich war, daß er den Krieg nicht gewinnt und Deutschland in die Katastrophe führt und man ihn beseitigen mußte, wagte es keiner der Bewohner, ihn umzubringen. Diese Aufgabe mußte Claus Stauffenberg übernehmen, ein Mensch von außen. Das erschwerte ihm die Aufgabe bedeutend.

"ICH FÜHLE MICH HIER FATAL!"

Im Vergleich zu den exklusiven Hitler-Residenzen auf dem Obersalzberg oder in Berlin überraschte die Wolfsschanze durch ihre Bescheidenheit, ja sogar Primitivität. Der italienische Außenminister, Graf von Ciano, schrieb nach einer Visite in der Wolfsschanze: „Man sieht nicht einen einzigen farbigen Fleck, nicht einen einzigen lebhaften Ton. Die Vorzimmer sind voll von rauchenden, essenden und plaudernden Leuten. Geruch von Küchen, Uniformen, schweren Stiefeln."[16] Joachim Fest nannte Hitlers Umzug aus der Reichskanzlei in den Rastenburger Wald einen „Rückzug in die Höhle".

Schon die Festlegung des Quartierstandpunktes schien verfehlt zu sein. Hitler klagte öfter, daß dazu „das sumpfigste, mückenreichste und klimatisch ungünstigste Gebiet" gewählt worden sei. Ironisch ergänzte er, daß hier wahrscheinlich das billigste Grundstück in ganz Ostpreußen angeboten worden sei. Mit der Wahl dieses Standpunktes war auch General Jodl unzufrieden. Er meinte, es wäre schwierig gewesen, eine hoff-

Hitler empfing Generalmajor Otto-Ernst Remer

„Es ist aber alles trotzdem schön bis auf eine ganz verdammte Mückenplage. (...) Die Männer sind durch ihre langen Lederstiefel und die dicke Uniform vor den infamen Stichen besser geschützt als wir. Ihre einzige verwundbare Stelle ist der Nacken. Einige laufen daher ständig mit einem Moskitonetz herum."

Ch. Schroeder, *Er war mein Chef*, München 1992, S. 111-112

nungslosere Umgebung zu finden – ringsum nur Laubwälder, sumpfige Tümpel, Sandboden und Seen mit abgestandenem Wasser. Allgemein klagte man auf die auf diesem feuchten Gebiet zahlreichen Fliegen und Mücken. „Es ist aber alles trotzdem schön – schrieb Christa Schroeder – bis auf eine ganz verdammte Mückenplage. Meine Beine sind schon total zerstochen und mit dicken Quaddeln bespickt. Die uns zugeteilten Mücken-Abwehrmittel wirken leider immer nur kurze Zeit. Die Männer sind durch ihre langen Lederstiefel und die dicke Uniform vor den infamen Stichen besser geschützt als wir. Ihre einzige verwundbare Stelle ist der Nacken. Einige laufen daher ständig mit einem Moskitonetz herum. Ich habe es einen Nachmittag lang auch getragen, finde es aber auf die Dauer zu lästig. In den Räumen ist es nicht so schlimm mit den kleinen Biestern. Wo sich eine Mücke zeigt, wird sofort Jagd auf sie gemacht... Die schreckliche Mückenplage macht auch Hitler sehr zu schaffen. (...) Inzwischen sind auch Fliegenklatschen aus Draht eingetroffen, und wer nicht gerade anderweitig beschäftigt ist, geht auf Mückenjagd. Man sagt, das die kleinen Mücken Ende Juni von einer weit unangenehmeren Sorte abgelöst werden sollen. Die Stiche sollen noch heftiger wirken. Gnade uns Gott!"[17]

Hitler versuchte sogar zu scherzen, indem er meinte, die Luftwaffe solle sich mit dem Abschuß der Mücken befassen.

Einen interessanten Versuch, gegen die Mücken vorzugehen, beschreibt in seinen Erinnerungen Hitlers Chefpilot, Hans Baur: „In unmittelbarer Nähe von Hitlers Unterkunft gab es auch eine Anzahl Pfützen. In ihnen lebten eine Menge Frösche, die abends und in den Nächten ein mächtiges Konzert anstimmten. Eines Tages blieb es stumm. Es dauerte einige Zeit, bis Hitler das Gequake der Frösche vermißte, und er ließ nachfragen, was da los sei. Es wurde ihm gemeldet, daß man der Mückenplage zu Leibe gegangen sei. In die Tümpel waren einige hundert Liter Petroleum geschüttet worden, und das hatten die Frösche nicht überstanden – sie waren eingegangen, das Konzert war zu Ende. Sicherlich waren auch viele, viele Mückenlarven vernichtet worden, aber viele, viele Mücken waren geblieben, ihr Nachschub war unheimlich. Hitler machte gehörigen Lärm: »Hat man solche Idioten schon gesehen? Die Frösche haben sie uns beseitigt, die Mücken sind geblieben! Die Frösche fangen uns doch täglich Tausende von Mücken weg!« - Die mit Petroleum verseuchten Pfützen wurden in mühseliger Arbeit wieder gesäubert, frisches Wasser eingefüllt, und es wurden – wieder Frösche eingesetzt."[18]

Die Bewohner der Wolfsschanze waren von der Welt durch Minenfelder, Stacheldrahtverhaue und dichte Postenkette des Führerbegleitbataillons abgeschnitten. Ihr Quartier nannten sie einen Drahtkäfig. Sie hatten das Gefühl einer Abgeschiedenheit, der fehlenden Freiheit und des Platzmangels. Christa Schröder hatte ständig den Eindruck, daß dieser sie allerseits umringende Wald auf sie zukomme und sie bedränge.

Am Kartentisch. Von links: Walther von Brauchitsch, Adolf Hitler und Franz Halder

Martin Bormann, Hitler und Heinrich Heim im Gelände der Wolfsschanze

Diese Sekretärin, unzufrieden mit dem langen Aufenthalt in der Wolfsschanze, klagte in einem Brief von August 1941: „Unser Aufenthalt hier im Quartier zieht sich immer mehr in die Länge. Zuerst dachten wir, Ende Juli wieder in Berlin sein zu können, dann redete man von Mitte Oktober und jetzt spricht man bereits davon, daß wir vor Ende Oktober – evtl. sogar noch später – hier nicht wegkommen. Es ist schon sichtlich herbstlich kühl hier und wenn es unserem Chef einfallen sollte, den Winter über hier zu bleiben, werden wir mächtig frieren. Gesund ist dieses lange im-Bunker-leben bestimmt für keinen von uns. Der Chef sieht auch gar nicht gut aus, er kommt halt zu wenig an die frische Luft..."[19]

Die Räume in den Bunkern und Baracken waren klein und eng. Die Schlafkammern der Sekretärinnen hatten die Ausmaße eines Bahnabteils. In den Zimmern standen gewöhnliche hölzerne Möbel.

Alle klagten über die zu laut arbeitenden Ventilatoren: „Da uns das Geräusch des Ventilators im Bunker störte und die Zugluft dauernd um unseren Kopf strich, was ich besonders fürchte, wegen der schon so oft gehabten rheumatischen Schmerzen, so veranlaßten wir seine Ausschaltung über Nacht, was zur Folge hat, daß wir in der nun weniger guten Luft schlafen und dafür aber den ganzen Tag über eine bleierne Schwere in den Glidern mit uns herumtragen."[20]

Der ständige Aufenthalt in den schlecht durchlüfteten Räumen verursachte eine rasche Verschlechterung von Hitlers Gesundheit, der über Schwindel und immer wiederkehrende Atembeschwerden klagte. „Ich fühle mich hier fatal", wiederholte er immer wieder.

LETZTE TAGE IN DER WOLFSSCHANZE

Als im Jahre 1944 der Gesundheitszustand Hitlers sich entschieden verschlechterte, drangen die Ärzte auf seine Abreise aus der Wolfsschanze und auf eine Klimaveränderung. Professor Karl Eicken, Laryngologe, schlug vor, daß Hitler sich auf den Obersalzberg begeben und dort ausruhen möge. Hitler jedoch wollte Ostpreußen nicht verlassen. Er begründete das damit, daß, wenn er von hier fortginge, Ostpreußen für Deutschland verloren sei. Auf die Abreise Hitlers aus der Wolfsschanze drangen auch Generäle, die das Führerhauptquartier nach Berlin verlegen wollten.

Als die Rote Armee im Oktober 1944 an den Grenzen Ostpreußens stand, wurde diese Angelegenheit zu einer dringenden. Christa Schroeder notierte: „Gegen Ende 1944 wurde der Aufenthalt im FHQ Wolfsschanze immer beängstigender. Täglich überflogen feindliche Flieger das Hauptquartier. Hitler erwartete ständig einen überraschenden Angriff und mahnte die Unvorsichtigen, die Luftschutzbunker aufzusuchen."[21] Auch weiterhin war Hitler nicht bereit, von hier wegzugehen trotz des Drängens

Der finnische Marschall Mannerheim (links) in der Wolfsschanze. Rechts neben Hitler Generalfeldmarschall Wilhelm Keitel

Mussolini, Göring, Hitler und Keitel auf der Bahnstation im Führerhauptquartier

Keitels und Jodls. Erst am Nachmittag des **20. Novembers 1944, als die Front immer näher rückte, fuhr Hitler mit einem Sonderzug nach Berlin**. Als offizieller Grund wurde angegeben, daß Hitler die neue deutsche Offensive in den Ardennen leiten müsse. Tatsächlich, nach kurzem Aufenthalt in Berlin begab sich Hitler zu seinem FHQ „Adlerhorst" im Westen Deutschlands, von wo aus er die Kriegsoperationen in den Ardennen leitete. Aber der wirkliche Grund für das Verlassen Ostpreußens, wie Walter Warlimont schreibt, war die Furcht vor der sich nähernden russischen Front.

"INSELSPRUNG"

Schon zwei Tage nachdem Hitler und die Feldstaffel des Wehrmachtführungsstabes die Wolfsschanze geräumt hatten, gab Keitel den Befehl, Vorbereitungen für eine eventuelle Sprengung dieser Anlage zu treffen. Diesem Unternehmen wurde der Deckname „Inselsprung" gegeben. Für die Vorbereitung und Durchführung war General Jacob verantwortlich.

Gleichzeitig jedoch sollte die Wolfsschanze ständig für eine Rückkehr Hitlers vorbereitet sein. Davon zeugte die Anordnung Keitels vom 4. Dezember 1944. Im Dezember 1944 und selbst in den ersten Januartagen des Jahres 1945 arbeitete noch eine Spezialfirma an der Verbesserung der Gasschutzanlage im Führerbunker in der Wolfsschanze. Aber Hitler kehrte nicht mehr zurück.

Am 24. Januar 1945, als die Rote Armee in Angerburg einmarschierte, **sprengten deutsche Pioniere alle Objekte in der Wolfsschanze in die Luft**. Wie später berechnet, wurden für die Sprengung eines Schwerbunkers ungefähr 8 Tonnen Explosionsstoff gebraucht. Mächtige, bis zu mehreren Tonnen schwere Betonklötze fielen im Umkreis von 50 – 70 m herab. Nicht alle Objekte wurden gleichzeitig vernichtet. Es gab mehrere, aufeinander folgende Explosionen.

Drei Tage später erreichten die ersten Einheiten der Roten Armee das nahegelegene Rastenburg und die Wolfsschanze. Sie nahmen das Gelände ohne Kampf ein. Es verblieben nur Ruinen des ehemaligen FHQ Wolfsschanze. **Seit 1959 kommen Touristen hierher.**

Tarnung in der Wolfsschanze (1942)

Besuch von Benito Mussolini in der Wolfsschanze

2. BESICHTIGUNGSTOUR

PRAKTISCHE HINWEISE

Touristen, die zum ehemaligen FHQ Wolfsschanze mit Bus, Pkw, Motorrad oder Fahrrad kommen, steht ein Parkplatz zur Verfügung. Hier sollte man sein Fahrzeug abstellen. Parken an der Chaussee vor dem Parkplatz oder im Wald ist nicht erlaubt. Der Parkplatz ist nicht abseits gelegen, er befindet sich im Zentrum des Hauptquartiers. Von hier aus beginnen wir die Besichtigung. Das ganze FHQ wurde 1945 gesprengt, also besichtigen wir nur Ruinen. Nur der erste Teil der Besichtigungstour führt über Asphaltwege. Im weiteren Verlauf des Weges liegen noch Betonstücke und stählerne Bewehrungsstäbe. Es ist also Vorsicht geboten.

Während der Besichtigung nutzen Sie bitte die Karte von der vorletzten Seite des Umschlags. Um die Besichtigung zu erleichtern, sind die Wege markiert. Auf Bäumen angebrachte bunte Zeichen geben die Richtung der Besichtigung an. Auf den Bunkern befinden sich Nummern. Man kann verschiedene Wege wählen: rot, gelb oder blau.

Außerhalb dieser Besichtigungswege befindet sich der ganze südwestliche Teil der Wolfsschanze. Er ist relativ wenig attraktiv für eine Besichtigung, da alle hier befindlichen Objekte vernichtet wurden. Diesen Teil des Hauptquartiers kann man auch besichtigen, obwohl er nicht markiert ist.

AUF DEM PARKPLATZ

Die wichtigsten Objekte der Wolfsschanze befanden sich im Sperrkreis I und Sperrkreis II. Beide Zonen waren durch einen Zaun getrennt. In den Sperrkreis I konnte man nur von der Chaussee aus durch zwei Tore gelangen. Hier wurden die Passierscheine genau überprüft. Die Zahl derjenigen, die hier Zutritt hatten, war sehr begrenzt. Die Passierscheine wurden des öfteren ausgewechselt. Personen, die den Wachposten nicht bekannt waren, wurden eingehend kontrolliert.

Wir befinden uns im nördlichen Teil des FHQ. Der Parkplatz, von dem aus wir unseren Spaziergang durch die Wolfsschanze anfangen, wurde erst nach 1959 eingerichtet, als die Anlage für Besichtigungen freigegeben

Tarnung in der Wolfsschanze. Aufnahme aus dem Jahre 1946

Görings Luftschutzbunker (Nr. 16). Eufgang zum Bunkerdach

wurde. Im Krieg wuchsen hier Bäume, die eine natürliche **Tarnung** bildeten. Außerdem gab es noch eine künstliche Tarnung. Auf dem kleinen Dach, das am Parkplatz den Lageplan deckt, sehen wir ein Stück Tarnnetz aus dem Jahre 1941. Es besteht aus Draht, an dem künstliche Blätter aus Bakelit befestigt sind. Es gab sie in vier Farben: dunkelgrüner, hellgrüner, brauner und grauer. Solche Netze waren über Bunker, Baracken und Wege gespannt. Während der Bauarbeiten für das Hauptquartier wurden viele Bäume gefällt, um die Zufuhr des Baumaterials zu ermöglichen. An ihrer Stelle wurden künstliche Bäume aufgestellt; Baumstämme und Kronen waren aus Stahl, die künstlichen Blätter aus Bakelit.

Die Mehrzahl der Gebäude hatte grünbemalte Wände, manche Objekte hatten anders getarnte Wände. Gegenüber dem Lageplan sehen wir die Ruinen solch eines Bunkers. Er schützte das Schöpfwerk für Trinkwasser. Der Putz ist aus Zementmörtel, vermischt mit Seegras, Holzspänen und grüner Farbe. Die Tarnung der Wolfsschanze wurde von der Stuttgarter Gartengestalterfirma „Seidenspinner" ausgeführt.

Wir begeben uns ca. 50 m weiter und bleiben vor einem Gebäude stehen. In dessen erstem Stock waren Unterkünfte für die Offiziere des **SS-Begleitkommandos und Reichssicherheitsdienstes ❶**.* Im Erdgeschoß waren Garagen. Gegenwärtig ist im ersten Stock ein Hotel eingerichtet und im Parterre ein Restaurant. Es ist dies eins der wenigen gut erhaltenen leichten Objekte.

Im Falle einer Bombardierung des Hauptquartiers konnten die hier wohnenden Offiziere im kleinen Luftschutzbunker, dessen Ruinen sich gegenüber befinden, Schutz suchen. Von diesem Bunker ist nur das Betondach geblieben. Die Wände sind zerfallen; sie wurden durch die Explosion weit geschleudert.

Wir gehen ein Stück weiter des Weges. Auf der linken Seite sehen wir ein leichtes Gebäude, in dem ebenfalls **Unterkünfte für das SS-Begleitkommando und RSD ❷** waren. Relativ gut erhalten blieb allein die Fassade des Gebäudes. Leute, die sich hier aufhielten, konnten im Falle eines Fliegerangriffs den Luftschutzbunker aufsuchen, dessen Überreste gegenüber zu sehen sind. Der Bunker ist vollständig zerstört.

LAGEBARACKE ❸

Wir gehen 80 m weiter. Hier, auf der rechten Seite, sind die Ruinen der Lagebaracke (Nr. 3), in der das Attentat auf Hitler verübt wurde. Anfänglich war es eine Holzbaracke, aber noch vor dem Attentat, ähnlich

---

* Die ab hier beginnende Numerierung (s. z.B. oben ❶) bezieht sich auf den Lageplan und auf das Panorama der Wolfsschanze (s. S. 240). Dieselbe Nummern befinden sich an den Ruinen der Bunker.

In diesem Gebäude waren Unterkünfte für Offiziere des SS-Begleitkommandos und Reichssicherheitsdienstes (Nr. 1).

Gebäude, in dem Unterkünfte für RSD-Beamten waren (Nr. 2)

wie einige andere Bauten dieses Typs, wurde sie befestigt und von außen mit Ziegelwänden umgeben. Von oben wurde die Baracke durch eine Decke aus Stahlsaitenbeton abgesichert. Während des Attentats wurde dieselbe von innen teilweise zerstört. Die Außenwände dagegen waren in gutem Zustand. Ein halbes Jahr später wurde die Lagebaracke, zusammen mit anderen Objekten, von deutschen Pionieren gesprengt.

Auf den Ruinen wurde eine **Gedenktafel** in Form eines aufgeschlagenen Buches angebracht, mit Aufschriften in polnischer und deutscher Sprache:

HIER STAND DIE BARACKE,
IN DER AM 20. JULI 1944
CLAUS SCHENK GRAF VON STAUFFENBERG
EIN ATTENTAT AUF ADOLF HITLER UNTERNAHM.
ER UND VIELE ANDERE, DIE SICH GEGEN DIE
NATIONALSOZIALISTISCHE DIKTATUR ERHOBEN HATTEN,
BEZAHLTEN MIT IHREM LEBEN.

Diese Tafel wurde von der polnischen Künstlerin Ewelina Szczech-Siwicka ausgeführt und beim Erklingen der deutschen Nationalhymne, gespielt von einem polnischen Militärorchester, enthüllt. Die Gedenktafel wurde vom deutschen Botschafter in Polen, Dr. Franz Bertele, am 20. Juli 1992, also am 48. Jahrestag des Attentats enthüllt. Zu den Feierlichkeiten kamen drei Söhne Stauffenbergs zur Wolfsschanze: Franz, Heimeran und Berthold.

Dem Attentat auf Hitler vom 20. Juli 1944 ist das nächste Kapitel der vorliegenden Veröffentlichung gewidmet.

Gegenüber der Gedenktafel stehen zwei gut erhaltene Bauten ❹ und ❺. Hier waren die Personen untergebracht, die für den **persönlichen Schutz** Hitlers zuständig waren.

GÄSTEBUNKER ❻

Wir gehen diesen Weg ca. 50 m weiter und verweilen beim Gästebunker (Nr. 6). Es ist dies der erste der acht Schwerbunker in der Wolfsschanze. Sein doppeltes Dach hat knapp 6 m Stärke, die Fundamente sind über 5 m tief. Es gab hier keine unterirdischen Räume. Gut erhalten blieben nur zwei Außenwände. Innen sind die Räume vollständig zerstört. Dieser Bunker hatte keine Fenster. Er bestand aus Beton. Als er schon fertig war, im Herbst 1944, wurde vor ihm mit der Errichtung eines Nebengebäudes aus Ziegeln begonnen. Aber kurz danach verließ Hitler die Wolfsschanze, und der Bau wurde nie beendet. Am Giebel sind eiserne Bogen sichtbar. Sie dienten der Befestigung von Tarnnetzen, die zwischen

Gedenktafel für Oberst Claus Schenk Graf von Stauffenberg

Drei Söhne von Claus Stauffenberg: Berthold (in Uniform), links von ihm Heimeran und Franz. Wolfsschanze, 20. Juli 1992

Bunker und Bäumen aufgespannt waren. Die oben sichtbaren Rohre leiten das Wasser vom Flachdach ab. Die Innenräume, nur oberirdische, waren 2 m hoch und nicht groß.

Unter den Gästen, die Hitler in der Wolfsschanze aufsuchten, waren u.a. der italienische Ministerpräsident Benito Mussolini, König Boris von Bulgarien, der bulgarische Kriegsminister Generalleutnant Michoff, der französische Regierungschef Pierre Laval, der Staatsführer Rumäniens Jon Antonescu, der Reichsverweser von Ungarn Admiral Nikolaus von Horthy, der italienische Außenminister Graf Conte Galeazzo Ciano, der finnische Feldmarschall Carl Gustav Frhr. von Mannerheim, der slowakische Staatspräsident Dr. Jozef Tiso. Ebenfalls besuchten Hitler deutsche Minister, Generäle, Rüstungsexperten und andere Personen.

Wenn wir uns links des Gästebunkers vor dem Eingang zum Korridor befinden, sehen wir auf der linken Seite des Eingangs einen durch die ganze Höhe des Bunkers sich erstreckenden Spalt, der ihn in zwei Teile trennt. Der linke Teil entstand früher, der rechte wurde später dazugebaut.

Manche Bunker waren mehrmals umgebaut. Anfänglich waren sie Leichtbunker, versehen mit Fenstern und Stahlläden, die aber im Falle eines Bombenangriffs nur vor Splittern schützten. Später, als die Alliierten immer schwerere Bomben einsetzten, und die Gefahr eines Fliegerangriffs auf das Führerhauptquartier immer realer wurde, befestigte man die Bunker allmählich. So geschah es auch mit dem Gästebunker. Erst im Frühjahr 1944 wurde er mit einer neuen, einige Meter breiten Betonschicht umbaut. Sie machte ihn widerstandsfähig selbst gegen die schwersten Bomben, die im Zweiten Weltkrieg abgeworfen wurden.

Die Wolfsschanze, deren Bau im Herbst 1940 begann, war ein ständiger Bauplatz, auch dann, als Hitler hier wohnte. Im Frühjahr 1944 wurde ebenfalls der Führerbunker umgebaut. Er wurde durch mächtige Betonwände und eine Betondecke gestärkt. Am 23. Februar 1944 begab sich Hitler auf den Obersalzberg bei Berchtesgaden. Als er am 14. Juli 1944 zur Wolfsschanze zurückkehrte, waren die Bauarbeiten an seinem Bunker noch nicht beendet; daher bezog auch er den Gästebunker. Um sich von den am Führerbunker und anderen Objekten im Sperrkreis I tätigen Arbeitern zu separieren und die Sicherheit zu stärken, wurde der sog. Sondersperrkreis geschaffen. Er war speziell eingezäunt. Im Sondersperrkreis befanden sich: Gästebunker, Lagebaracke sowie der vom SS-Begleitkommando und RSD bewohnte Leichtbunker (Nr. 2). Der Sondersperrkreis bestand bis zum 1. Oktober 1944, als Hitler zu seinem Bunker (Nr. 13) zurückkehrte.

Ein paar Meter hinter dem Gästebunker steht ein **Ziegelbau ❽, in dem Hitlers Leibwachenchef Hans Rattenhuber wohnte und arbeitete.**

DEUTSCH - ITALIENISCHE AUSGABE

L'ILLUSTRAZIONE ITALIANA

Direktor
ENRICO CAVACCHIOLI

NEUE SERIE DER DEUTSCHEN AUSGABE Nr. 121

LXX. Jahrgang
21. APRIL 1943-XXI

Der Duce und der Führer begegneten einander vom 7. bis 10 April 1943. Der Duce war vom italienischen Generalstabschef Armeegeneral Ambrosio, vom Staatssekretär für Aeusseres Bastianini, von Funktionären des italienischen Aussenministeriums und von Offizieren des italienischen Heeres-Oberkommandos, begleitet. An der Seite des Führers waren bei der Begegnung zugegen Reichsmarschall Hermann Göring, der Reichsaussenminister von Ribbentrop, der Chef des Oberkommandos der Streitkräfte des Reichs Feldmarschall Keitel, der Oberkommandant der Kriegsmarine Grossadmiral Doenitz und der Generalstabschef des Heeres General Zeitzler. Desgleichen anwesend waren der Gesandte des Reichs in Rom von Mackensen und der Kgl. Gesandte Italiens in Berlin Dino Alfieri. Im Verlauf der eingehenden Besprechungen wurden sowohl die allgemeine politische Lage wie alle Fragen geprüft, die sich auf die gemeinsame Kriegsführung beziehen. Bezüglich aller zu ergreifenden Massnahmen wurde vollstes Einverständnis erzielt. Der Duce und der Führer haben ihre und die Entschlossenheit ihrer Völker wiederbestätigt, den Krieg unter vollster Inanspruchnahme aller Energien bis zum definitiven Sieg und bis zur vollständigen Elimination jeder Gefahr fortzuführen, welche den europäisch-afrikanischen Raum von Westen und von Osten in Zukunft bedrohen könnte. Neuerlich wurden die von den Achsenmächten verfolgten gemeinsamen Ziele zur Verteidigung der europäischen Kultur, sowie zur freien Entwicklung und zur Zusammenarbeit der Nationen bekräftigt. Der Sieg der im Dreimachtbund vereinten Nationen wird Europa einen Frieden sichern, der die Zusammenarbeit aller Völker auf Grund ihrer gemeinsamen Interessen garantiert und zu einer gerechten Verteilung der wirtschaftlichen Hilfsquellen der Welt führen wird. Die Gespräche des Duce und des Führers verliefen im Geist grösster Herzlichkeit.

Titelblatt der italienischen Zeitschrift. Hitler und Mussolini am Kartentisch im Führerhauptquartier

STENOGRAPHENBARACKE ❼

Wir gehen ungefähr 70 m weiter. Hier ist ein relativ gut erhaltener Bau, in dem seinerzeit der von Hitler geschaffene stenographische Dienst (Nr. 7) untergebracht war. „Hitler fand, daß seine mündlichen Äußerungen und Befehle oft unrichtig zitiert und ausgelegt wurden, sowohl die beim Essen als auch die bei den Lagebesprechungen geäußerten, und daß seine Befehle manchmal einfach ignoriert wurden. Deshalb ließ er durch M. Bormann einen Stenographendienst einrichten, damit jedes von ihm oder anderen in den militärischen Konferenzen gesprochene Wort genau festgehalten würde."[22]

Die Stenographen, Ministerialrat Dr. Heinrich Heim, Dr. Henry Picker, Dr. Heinrich Berger und andere sowie ihre Schreiberinnen wurden vereidigt und verpflichtet, den Inhalt der aufgezeichneten Gespräche und Selbstgespräche Hitlers geheim zu halten. Der Bau war mit einem hohen Zaun umgeben, dazu Tag und Nacht von der RSD-Wache überwacht. Außer den hier Beschäftigten durften das Gebäude nur die vertrautesten Mitarbeiter Hitlers betreten, wie Martin Bormann, Julius Schaub, Gerhard Engel, Theodor Morell, Nicolaus von Below und einige andere.

Den Aufzeichnungen seiner Äußerungen maß Hitler großen Wert bei: „ So hat er sich dahin geäußert, daß für das, was er anordne, die Verantwortung vor der Nachwelt übernehme und deshalb alles mitstenographieren lasse. Aus diesem Grunde wurden die Protokolle auch nicht nachträglich redigiert oder sonstwie verändert..."[23]

Fast alle Akten des stenographischen Dienstes wurden Anfang Mai 1945 durch einen Beauftragten der SS verbrannt. Erhalten blieben nur wenige Fragmente, die weniger als 1% aller Dokumente ausmachen.

Die Fenster des Gebäudes der Stenographen waren durch Stahlläden abgesichert. Die Decke ist aus Stahlsaitenbetonträgern, die in Hamburg hergestellt und per Zug zur Wolfsschanze befördert wurden. An einem der Dachelemente ist die Aufschrift: „HOYER-STAHLSAITENBETON-TRÄGER". Das ist der Name der Firma, die diese Bauteile produzierte. Die Räume waren mit Parkettfußböden ausgelegt. Wie in fast allen Objekten gab es auch hier Kanalisation, Toiletten, Badezimmer, Zentralheizung und Strom.

Schon im November 1944, als Hitler die Wolfsschanze verließ, wurden aus dem Hauptquartier alle Dokumente weggebracht. Im Januar 1945, vor der Sprengung des FHQ, transportierten deutsche Soldaten die hier befindlichen Waffen und Militärgeräte ab. Der größte Teil der Gegenstände, die hier verblieben, wurde zerstört oder verbrannte, als die deutschen Pioniere das Führerhauptquartier in die Luft sprengten. Nach dem Krieg konnte man hier noch Kabel, Rohre, Heizkörper der Zentralheizung, Bretter, Schienen, Drahtnetze, Ziegel und andere Sachen

Hitler-Bunker (Nr. 13), Nordseite

Hitler-Bunker (Nr. 13), Südseite

auffinden. Sie dienten der ansässigen Bevölkerung als Baumaterial für den Aufbau der im Krieg zerstörten Häuser. Obwohl die Arbeiten am Entminen des FHQ erst 1945 beendet wurden, kamen schon früher, gleich nach Beendigung der Kriegshandlungen Menschen, die in der Nähe wohnten. Sie wollten diese Anlage, über die schon sagenhafte Erzählungen im Umlauf waren, sehen. Manche von ihnen traten hier auf Minen und bezahlten ihre Neugier mit dem Leben.

LAGERRAUM FÜR VORRÄTE ⑩

Wir begeben uns nun ca. 30 m weiter. Auf linker Seite sehen wir den Eingang zum Lagerraum für Vorräte (Nr. 10). Er besteht aus zwei Räumen von einer Gesamtfläche von 80 m^2, die sich unter einer Erdschicht befinden.

In der Wolfsschanze gibt es noch mehrere ähnliche Räume, die als Lager für Munition, Waffen oder Lebensmittel dienten. In solchen Räumen waren auch Kesselhäuser der Zentralheizung und verschiedene technische Einrichtungen. Unter der Erde verliefen Kanäle und Kanalisationsrohre, sowie Kanäle, in denen sich Rohre der Zentralheizung, Energie- und Telefonkabel befanden. Alle diese Kanäle waren höchstens 1,4 m hoch. Nur schwer konnte man in ihnen einige hundert Meter gehen.

In der Wolfsschanze **gab es weder unterirdische Wohnräume noch unterirdische Verbindungen zwischen den Bunkern.** Der Hauptgrund: das Quartier liegt im Sumpfgebiet, rundum sind an manchen Stellen Moraste, in der Nähe drei Seen. Der Grundwasserstand ist hier sehr hoch. Es wäre sehr schwierig gewesen, größere unterirdische Räume zu erbauen, zumal in einer so kurzen Zeit.

BORMANNS LUFTSCHUTZBUNKER ⑪

Wir begeben uns 20 m weiter. Links liegt ein zerstörtes Dach einer Sauna. Auf der rechten Seite steht der Luftschutzbunker von Martin Bormann (Nr. 11). Bormann war ab 1941 Leiter der Parteikanzlei und Sekretär des Führers. Walter Schellenberg, der Bormann gut kannte, schildert ihn in seinen „Aufzeichnungen" so: „Er war ein stämmiger, untersetzter Typ mit vorgeschobenen runden Schultern und einem Ansatz zum Stiernacken. Den Kopf hielt er stets ein wenig nach vorn, so als ob der Widerstand der Nackenmuskeln zu stark wäre. Ich mußte bei seinem Anblick oft an einen Boxer denken, der mit vorgeschobenem Oberkörper und schnellem Augenspiel seinen Gegner belauert und dann plötzlich auf ihn losgeht".[24]

Über die Einstellung Hitlers gegenüber Bormann lesen wir in den Erinnerungen Heinrich Hoffmanns, dem Fotografen Hitlers: „Hitler spürte

Leiter der Parteikanzlei und Sekretär des Führers Martin Bormann (links) mit Hitler und Ribbentrop. Wolfsschanze, August 1943

„Im Hauptquartier lief das Leben nach gleichbleibenden, eher eintönigen Regeln und Riten ab. Während Hitler für sich persönlich einen relativ bescheidenen Lebensstil beanspruchte, führten vor allem der Reichsleiter, aber auch einige wenige hohe Wehrmacht- und SS-Offiziere ein ausschweifendes, luxuriöses Leben. Bormann holte sich ständig besonders attraktive Damen als Sekretärinnen in seinen Bunker, von denen er die meisten nach kürzerer oder längerer Zeit wieder auswechselte. Ob er sie wegen Schwangerschaft ablösen ließ, wie Gerüchte besagten, kann ich nicht mit Sicherheit bestätigen."
Alfons Schulz, *Drei Jahre in der Nachrichtenzentrale des Führerhauptquartiers*, Stein am Rhein 1997, S. 103

Keller im Hitler-Bunker (Nr. 13)

Flakbunker (Nr. 12), Maschinengewehrstellung

hinter meinen Worten die Anklage gegen Bormann. Unvermittelt sagte er: »Verstehen Sie mich richtig, und sagen Sie das auch Ihrem Schwiegersohn: ich brauche Bormann, um den Krieg zu gewinnen! Ich gebe zu, er ist rücksichtslos und brutal. Ein Bulle! Alle haben in der bedingungslosen Ausführung meiner Befehle versagt – er nie!« Hitler redete immer lauter. Er starrte mich an, als wären seine Worte mir persönlich zugedacht: »Jeder, ganz gleich wer, muß wissen: wer gegen Bormann ist, ist gegen den Staat! Ich lasse alle an die Wand stellen! Und wenn es Tausende oder Zehntausende wären! Genauso wie alle, die vom Frieden sprechen! Es ist besser, solch Erbärmliche zu liquidieren, als ein Volk von 70 Millionen zugrunde zu richten!« So ausfallend hatte ich Hitler noch nie sprechen gehört. Und noch nie sah ich so viel Haß in seinen Augen."[25]

Es blieb ein Korridor erhalten, durch den man in das Innere des Luftschutzbunkers von Bormann gelangt, aber er ist zerstört, und ein Eindringen ist gefährlich. Zum Korridor gab es drei Eingänge. Gegenüber dem Eingang, vor dem wir stehen, ist ein zweiter und auf der rechten Seite der dritte. Sie waren durch keine Türen abgesichert. Zwischen Korridor und Innenräumen waren dicke Stahltüren. Die Decke ist 7 m dick, die Wände 6 m.

Wir gehen weiter und beschauen uns den Bunker von anderer Seite. Von hier aus ist zu sehen, daß das Innere des Bunkers vollständig vernichtet ist. Die Decke fiel herunter und liegt genau an der Stelle, in der sich die Innenräume befanden. Das Sprengen solch eines mächtigen Bunkers war nur von innen möglich.

Die schräg über die Erde ragende Wand stürzt nicht ein, da ein großer Teil von ihr in der Erde steckt. Es ist dies nicht die ganze Wand, sondern nur eine der drei vertikalen Schichten. **Jede Wand dieses Bunkers hatte eine dicke Außenschicht aus Beton und eine etwas schmalere Betonschicht von innen. Zwischen beiden Schichten war ein 50 cm breiter Füllraum mit Basaltschotter.** Ähnlich war die Decke gebaut: ihre obere Schicht war von der unteren durch Schotter abgetrennt, der die Rolle eines Stoßdämpfers erfüllte.

Beachten Sie bitte die im oberen Teil sichtbaren Belüftungsrohre und die direkt an der Wand wachsenden Bäume; sie tarnten den Bunker. Er war, ähnlich wie andere Schwerbunker in der Wolfsschanze, vollständig bombensicher gegen alle im Zweiten Weltkrieg abgeworfenen Typen von Fliegerbomben. „Nur theoretisch wäre es möglich gewesen, durch anhaltende Bombardierung mit 10-Tonnen-Bomben unmittelbar neben den Bunkern so große Krater entstehen zu lassen, daß die Bunker hineingekippt, die unterirdischen Fernmeldekabel zerstört und so die Bunkerinsassen lebendig begraben worden wären. Aber dafür lag die Wolfsschanze zu weit von den alliierten Operationsbasen entfernt, und der dichte Flak-Ring um das Hauptquartier hätte das Eindringen vieler

Bomber wohl verhindert. Jedoch wurde der Versuch gar nicht unternommen."[26]

Dieser Schwerbunker konnte Bormann nur im Falle eines Fliegerangriffes dienen. Etwa 25 m hinter diesem Bunker sind die Ruinen eines vollständig zerstörten Objektes mittlerer Größe, in dem Bormann ständig wohnte.

FÜHRERBUNKER ⑬

Wir begeben uns 70 m weiter, um den Führerbunker zu sehen (Nr. 13). Er wurde mehrmals umgebaut. Anfänglich, im Jahre 1941, bestand er aus einem Betonteil als Schlafzimmer, ohne Fenster, mit Wänden und Decke von 2 m Stärke und einem Raum mit Tageslicht, mit 60 cm dicken Wänden. Allmählich wurde der Bunker befestigt und vergrößert. Das letzte Umbaustadium fiel auf Frühjahr und Sommer 1944. Der Führerbunker wurde mit einem mächtigen Betonmantel umbaut, und zwar ohne Fenster. Seine Fundamente waren bis zu 7 m tief in der Erde. Hier ist ein Stockwerk unter der Erde. In ihm waren verschiedene technische Einrichtungen, die für das Funktionieren des Bunkers vonnöten waren. Die Tiefe dieses Stockwerks beträgt etwa 3 m. Wohnräume waren ausschließlich über der Erde und nur 2 m hoch, die Decke war 8 m dick.

Albert Speer schreibt über Hitlers Bunker so: „Von außen einer altägyptischen Grabstelle ähnlich, war er eigentlich nur **ein großer Betonklotz ohne Fenster, ohne direkte Luftzufuhr,** im Querschnitt ein Bau, dessen Betonmassen den nutzbaren Raum um ein vielfaches überstiegen. In diesem Grabbau lebte, arbeitete und schlief er."[27]

Nach der Sprengung des Hitlerbunkers durch deutsche Pioniere am 24. Januar 1945 blieb nur eine Wand stehen. Zwei sichtbare Eingänge führen zum Korridor, von dem aus man zur Wohnung Hitlers gelangt.

Vor der Wand des Führerbunkers, die nicht ganz zerstört wurde, stehen alte Eichen, an denen noch die Überreste der Tarnung zu erkennen sind. Einige Meter über der Erde sind die Baumstämme mit Drahtringen umgeben, an die Tarnnetze befestigt wurden. Um die Bäume zu schützen, wurden unterhalb der Drahtringe Dauben angebracht. So ein typischer Ring ist auf einer der Eichen auf der rechten Seite des Führerbunkers noch zu sehen.

Interessant ist, daß Bäume nicht nur zwischen den Bunkern wuchsen, sondern auch auf Dächern. Man sieht sie auch auf dem Hitlerbunker. Hier, wie auch an anderen Bunkern, war die Kante jeder Wand etwas höher als das Dach. Auf dem Dach war eine Schicht Erde, in die man kleine Bäumchen und Sträucher pflanzte und Gras säte. Von Zeit zu Zeit wurden Luftaufnahmen gemacht, um zu überprüfen, ob die Tarnung des Hauptquartiers Bedenken hervorrufen könnte.

Adolf Hitlers Bunker (Nr. 13) erhob sich 11 m über die Erde. Seine vier Seiten, jede 36 m lang und 6 m dick, trugen eine schwere, 8 m dicke Decke. Bewohner und Gäste des Hauptquartiers brachten den Bau mit einer ägyptischen Pyramide in Zusammenhang; Albert Speer nannte den Bunker altägyptisches Grabmal, Mausoleum des Führers. Hitler bewohnte diesen Betonblock, der kein Tageslicht zuließ. Mit einem überraschenden Luftangriff auf das Hauptquartier rechnend, hatte er Angst, in einem Anbau mit Fenstern zu verweilen.

Gebäude, in dem der Wehrmachtführungsstab seine Unterkunft hatte (Nr. 17)

An dieser Stelle befand sich die Außenwache West

Görings Luftschutzbunker (Nr. 16)

Munitionslager

Flakstellung auf dem Luftschutzbunker von Hermann Göring

Rechts des Bunkers befindet sich ein Anbau, in dem u.a. die Küche eingerichtet war; er bestand aus Keller und Parterre. Es blieben Rohre und ein Heizkörper der Zentralheizung. „Die Mahlzeiten richteten sich nach den Verpflegungssätzen der Wehrmacht und bestanden aus Suppe, Fleischgang und Nachtisch. Hitler hatte seinen eigenen fleischlosen Speisezettel, den er morgens beim Frühstück bestimmte."[28]

Hitlers Bunker hatte einen eigenen Kesselraum für die Zentralheizung. Der Eingang ist auf der linken Seite zu sehen. Es gab hier auch einen großen Kohlenkeller.

Bevor wir uns diesen Bunker von der anderen Seite ansehen, lohnt es sich, auf dem engen Pfad einige Meter nach links zu gehen. Hier ist der Eingang zum unterirdischen Depot, mit einer Fläche von 150 m^2. Etwas weiter sind die Ruinen des **Flakbunkers** ⓬ . Sichtbar sind hier zwei Maschinengewehrstellungen, die sich auf dem Dach des kleinen Bunkers befanden.

Etwas weiter, auf der rechten Seite, ist ein **Löschwasserbecken** ⓮. Interessant ist, daß es nicht gesprengt worden und eigentlich in gutem Zustand ist. Die gewaltigen Stahlbetonklötze im Becken sind Teile des nahe gelegenen Flakbunkers. Ein Kubikmeter dieses Betons wiegt über 2,5 Tonnen. Man kann sich also vorstellen, wie gewaltig die Explosionskraft gewesen sein muß. Wir begeben uns 120 m nach rechts, um den Führerbunker von einer anderen Seite zu betrachten. Auf der rechten Seite ist ein großer Betonblock mit schwarzer Oberfläche zu sehen. Dies ist keine Wand sondern ein Dachteil des Bunkers. Wir gehen weiter und sehen dann links einen Betonturm, der hier vom Dach herunterfiel.

Nach einigen Metern biegen wir rechts ab, um an **die Stelle** zu kommen, **wo das Innere des Führerbunkers war**. Die Wohnung von Hitler bestand aus einem Arbeitszimmer, Schlafzimmer, Flur, Badezimmer und WC. Sie war entsprechend funktional, aber bewußt bescheiden eingerichtet. Alfons Schulz, der in der Wolfsschanze als Funker arbeitete, schrieb in seinen Memoiren: »Ich war bereits fünf Tage früher in die Wolfsschanze beordert worden. Hitler befand sich noch in Werwolf. Da bot sich mir eine einmalige Gelegenheit, den Schlafraum des „Chefs", wie Hitler intern oft genannt wurde, zu besichtigen. Es war nach dem Nachtdienst, als ich am Führerbunker vorbeikam und bemerkte, wie dieser im Moment nur von einem SS-Offizier des Sicherheitsdienstes, den ich inzwischen ziemlich gut kennengelernt hatte, bewacht wurde. Ich überredete ihn, ich weiss heute nicht mehr wie, mich für einen Augenblick in Hitlers Schlafraum zu führen. Natürlich riskierten wir beide dabei, wie man so schön sagt, „Kopf und Kragen". Hitlers Schlafzimmer war spartanisch eingerichtet. Ich sah nur ein Feldbett, darüber ein Regal mit zwei Büchern, einen Schrank, eine Waschecke, einen Tisch und und zwei Stühle. Mich interessierte, mit welcher Literatur sich „mein Führer"

In dem kleinen Besprechungszimmer im Führerbunker (Nr. 13). Von links: Hitler, Reichsaußenminister Joachim von Ribbentrop, Vertreter des Reichsaußenministers im Führerhauptquartier Walther Hewel, der kroatische Marschall Slavko Kvaternik und Chef des Oberkommandos der Wehrmacht Generalfeldmarschall Wilhelm Keitel (20. Juli 1941)

Heinz Linge,
Hitlers Kammerdiener

Gerda Daranowski,
Hitlers Sekretärin

Traudl Junge,
Hitlers Sekretärin

Genau an dieser Stelle befand sich die Wohnung Hitlers.

Görings Luftschutzbunker (Nr. 16)

beschäftigte. Enttäuscht stellte ich fest, dass es sich um zwei Werke über Magenerkrankungen handelte.«[29]

Der Architekt Hermann Giesler erinnerte sich an seinen Besuch im Führerbunker: „Adolf Hitler lag auf einem Feldbett in einer fensterlosen Zelle seines Bunkers. Am Kopfteil des Bettes stand ein niedriger Tisch, darauf ein Stapel von Berichten, Meldungen, Lagekarten, einige Bücher, ein Telefonapparat. Darüber strahlte eine bewegliche Wandlampe, die weißgrauen Betonwände reflektierten das Licht und gaben dem kleinen Raum die Unwirklichkeit einer Grabkammer. Die Frischluft der leise surrenden Ventilation kämpfte gegen den typischen Betongeruch des Bunkers."[30]

Die hier sichtbaren Träger aus Eisen und Blech sind ein Teil der Decke aus der Wohnung Hitlers. Unterhalb dieser Stahlteile gab es eine zweite Decke aus Holz, die vor Feuchtigkeit schützte und dem Raum ein geschmackvolleres Aussehen verlieh. Im Hintergrund ist ein Dachteil mit Teerüberzug. Die Dachkonstruktion, speziell der Teil, auf dem sich eine Erdschicht befand, ist von hier aus am besten zu sehen.

KASINO I

Wir gehen weiter auf dem markierten Weg. Nach etwa 20 m liegen auf beiden Seiten Wandteile, die mit weißer Glasur ausgekleidet waren. Es sind die Teile des Kasinos I, das sich ungefähr 20 m links von dieser Stelle befand. Im Kasino waren zwei Speiseräume. Der erste diente Hitler und seinen engsten Mitarbeitern, der zweite war für andere Personen bestimmt, die im Sperrkreis I wohnten. Die Räume „... waren mit naturfarbenen Eichenmöbeln ausgestattet und bis zur halben Höhe hell getäfelt, hatten Naturholzboden und als Wandbeleuchtung halbe verglaste Laternen. In Hitlers Speiseraum standen 20 helle Eichenholzsessel mit reithbezogenen Rückenlehnen und Sitzflächen um einen großen, blankgescheuerten Eichentisch gruppiert, an dessen Fensterbreitseite Hitler seinen Platz in der Mitte hatte. An den Wänden hingen Holzschnitte von Götz von Berlichingen, Heinrich I, Ulrich von Hutten und so weiter und – Hitlers Platz gegenüber – eine große Landkarte, vor der ein Volksradio (VE 301 Telefunken) auf den Empfang der neuesten Rundfunknachrichten wartete. In der einen Ecke des Raumes befand sich ein kleiner runder Tisch, an dem wir Jüngeren meist saßen. Und ihm schräg gegenüber in der entgegengesetzten Ecke sah man den kleinen Abstelltisch, auf dem Tag und Nacht unbewacht die Flasche mit Hitlers Magenelixier herumstand, ein deutliches Dokument seiner während meiner Führerhauptquartiers-Zeit noch auffallend geringen Vorsicht vor Attentaten. Jeder FHQu-Angehörige oder FHQu-Gast hätte Hitler damals ohne Schwierigkeiten umbringen können, wenn er es gewollt hätte. Aber Hitlers seinerzeit noch bestehendes legendäres Ansehen war ein einzigartiger Schutz für ihn"[31] – erinnerte sich Dr. Henry Picker, Adjutant von Martin Bormann.

NEUES TEEHAUS

Kasino I hatte direkte Verbindung mit dem sog. Teehaus, über das Albert Speer schrieb: „In Rastenburg war im Sperrkreis I ein Teehaus gebaut worden; seine Einrichtung stach von der Nüchternheit dieses Hauptquartiers angenehm ab. Hier traf man sich gelegentlich zu einem Wermut, hier warteten Feldmarschälle auf den Beginn ihrer Besprechung mit Hitler. Aber er selbst mied diesen Raum und damit die Begegnung mit den Generalen und Stabsoffizieren des Oberkommandos der Wehrmacht. Einige Tage aber, nachdem am 25. Juli 1943 in Italien der Faschismus klanglos geendet war und Badoglio die Regierung übernommen hatte, saß Hitler dort mit vielleicht zehn seiner militärischen und politischen Mitarbeiter, unter ihnen Keitel, Jodl und Bormann, nachmittags beim Tee zusammen. Unvermittelt platzte Jodl plötzlich heraus: »Eigentlich ist der ganze Faschismus wie eine Seifenblase geplatzt«. Erschrecktes Schweigen folgte, bis irgend jemand ein anderes Thema anschnitt, während Jodl, sichtlich selbst erschrocken, einen roten Kopf bekam."[32]

Sollten Sie nun keine Zeit oder Lust für eine weitere Besichtigung haben, dann biegen Sie bitte rechts ab, um auf dem kürzesten, mit gelber Farbe markierten Weg zum Parkplatz zurückzukehren. Nach 300 m bekommt man noch den **Nachrichtenbunker** ㉑ zu Gesicht. Es lohnt sich, hier kurz zu verweilen. Hier kann man die charakteristischen doppelten Wände und die doppelte Decke sehen. Der Basaltschotter, der hier liegt, befand sich seinerzeit zwischen zwei Betonschichten. Wir biegen jetzt rechts ab, vorbei am Gästebunker, den wir schon zu Beginn besichtigten, und kehren auf den Parkplatz zurück.

ADJUTANTUR DES FÜHRERS ⑳

Wenn Sie sich die nächsten Objekte ansehen wollen, biegen Sie links ab. Gleich nach der Kreuzung sind die Ruinen eines Baues zu sehen, in dem die Persönliche Adjutantur des Führers, Adjutantur der Wehrmacht und Heerespersonalamt (Nr. 20) untergebracht waren. Hier waren die Büroräume von Chefadjutant der Wehrmacht bei Hitler und Chef des Heerespersonalamtes Generalleutnant Rudolf Schmundt, Adjutant der Luftwaffe bei Hitler Oberst Nicolaus von Below, Adjutant der Kriegsmarine bei Hitler Konteradmiral Karl-Jesco von Puttkamer, Adjutant des Heeres bei Hitler (ab September 1943) Generalleutnant Gerhard Engel, Adjutant des Heeres bei Hitler (ab Oktober 1943) Oberstleutnant Heinrich

Hitlers Arbeitszimmer in der Wolfsschanze

"Im Arbeitszimmer Hitlers, gegenüber der Fensterfront, war ein breiter Kamin und um den davor stehenden runden Tisch standen Sessel mit Binsengeflecht. Hier versammeln sich zum Tee in der Regel um den Chef ein Arzt, ein militärischer und ein persönlicher Adjutant, Martin Bormann, wir zwei Mädchen und Heim, Bormanns Adjutant. Dieser war von Bormann beauftragt, »heimlich« Hitlers Gespräche nach dem Tee zu Papier zu bringen. 1980 sind sie unter dem Titel »Monologe im Führerhauptquartier 1941-1944« von Werner Jochmann herausgegeben worden."

Christa Schroeder, *Er war mein Chef*, München 1992, S. 116

Friedhof im Sperrkreis II

Allgemeiner Luftschutzbunker (Nr. 26)

Borgmann, persönlicher Adjutant Hitlers SS-Sturmbannführer Otto Günsche, persönlicher Adjutant Hitlers Obergruppenführer Julius Schaub.

KEITELS BUNKER ⑲

Ungefähr 60 m weiter ist der völlig zerstörte Bunker des Chefs des Oberkommandos der Wehrmacht, Feldmarschall Wilhelm Keitels (Nr. 19) zu sehen. Er war einer der engsten Mitarbeiter Hitlers und blieb ihm bis zum Schluß treu.

Heinz Guderian schrieb in seinem Buch Erinnerungen eines Soldaten, daß Keitel ein ehrbarer Mensch und sich bewußt war, daß die Befehle Hitlers den Grundsätzen des internationalen Rechts und der Moral zuwider waren. Anfänglich versuchte er, in manchen Sachen Einspruch zu erheben, aber mit der Zeit unterlag er den Einflüssen Hitlers, verzichtete auf eine eigene Meinung und ordnete sich ihm unter, er war immer bemüht, ihm zu schmeicheln.

Keitel nahm keinen größeren Einfluß auf den Verlauf der Kriegshandlungen, über alles entschied Hitler. Viele Offiziere zweifelten an die Führungsfähigkeiten Keitels, man warf ihm Inkompetenz vor. Albert Speer erinnert sich, daß während einer Vorführung neuer Waffen in der Wolfsschanze Keitel ein 75 Millimeter Panzerabwehrgeschütz für eine Feldhaubitze hielt. Dadurch wurde er dem Gespött Hitlers ausgesetzt. In den Jahren 1943-1944 versuchte der Chef des Heerespersonalamtes Schmundt mehrmals, Keitel durch den Generalfeldmarschall Albert Kesselring zu ersetzen, Hitler jedoch erwiderte, daß er Keitel nicht auswechseln wolle, denn er sei ihm „treu wie ein Hund".

GÖRINGS LUFTSCHUTZBUNKER ⑯

Hinter Keitels Bunker biegen wir links ab, um den großen Luftschutzbunker Görings (Nr. 16) zu betrachten. Der Bunker ist relativ gut erhalten. Die doppelte Decke ist gut zu erkennen. Der sich durch das Ganze ziehende Spalt ist ein mit Basaltschotter ausgefüllter Zwischenraum. Zum Korridor führten drei durch keine Tür geschützte Eingänge. Dagegen führte vom Korridor ins Innere ein Eingang mit Stahltür.

Im Korridor ist eine Leiter. Sie war der Aufgang zum Bunkerdach für die Soldaten, die hier zwei Fliegerabwehrgeschütze, ein Maschinengewehr und zwei Flugabwehrscheinwerfer bedienten.

Wir begeben uns etwas weiter und besehen uns den Bunker von einer anderen Seite. Hier von Seiten der Eisenbahnlinie ist die charakteristische Konstruktion am besten sichtbar. **Schwerbunker hatten im Prinzip eine „Ummantelung".** Der schon früher bestehende kleine Bunker wurde von allen Seiten und oben mit einem dicken Betonmantel ummauert.

Zwischen den alten und neuen Wänden, sowie zwischen der alten und neuen Decke, blieb immer ein freier Raum, der mit Basaltschotter ausgefüllt wurde. Auf diese Weise entstand ein **„Bunker im Bunker"**. Der Bunker Görings wurde erst 1944 von Grund auf errichtet; trotzdem blieb das Prinzip der „Ummantelung" bestehen. Es lohnt sich auch, den Bunker aus einer größeren Entfernung von Seiten der Gleise zu betrachten. Eine zweite Leiter, die zum Dach führt, dicke Belüftungsrohre und Stahlrinnen sind hier gut zu sehen.

Dieser Bunker bot Göring und seinen Mitarbeitern Schutz im Falle eines Fliegerangriffs. Görings Wohnung befand sich an anderer Stelle. Um sie zu sehen, begeben wir uns ca. 40 m weiter entlang der Gleise.

REICHSMARSCHALLHAUS ⓯

In der Nähe des Luftschutzbunkers von Göring steht das Reichsmarschallhaus (Nr. 15). Es war bedeutend besser und bequemer eingerichtet als andere Objekte. Auf der gegenüberliegenden Seite war eine Terrasse, im Innern sind Überreste eines Kamins. Unter der Decke sind Reste der Holzverkleidung, die beim Sprengen verbrannte.

Hermann Göring, Schöpfer und Chef der Luftwaffe, war ein rücksichtsloser Mensch. Er hatte sehr viel Macht. Anfänglich führte er ein Leben mit großem Aufwand. Er sammelte antike Kunstwerke, Gemälde alter Meister, Edelsteine. Wie Heinz Guderian schreibt, trug Göring immer eine vorschriftswidrige Uniform. Zu den Beratungen bei Hitler erschien er in viel zu langen Hosen und Ballackschuhen, parfümierte sich und schminkte sein Gesicht, an den Fingern trug er goldene Ringe mit großen Edelsteinen.

Als im Krieg die Luftwaffe erste Niederlagen erlitt, fing sein Stern an zu sinken. Hitler kritisierte ihn und warf ihm Faulheit und Inkompetenz vor. Göring änderte sich, brach mit seinem extravaganten Lebensstil, kleidete sich bescheiden. Schließlich legte er seine Orden und seinen Marschallstab ab, um auf diese Weise gegen die Kritik der Luftwaffe zu protestieren.

Gleich hinter dem Reichsmarschallhaus, links an den Bahngleisen, sind Reste einer Asphaltstraße. Hier war im Krieg ein Bahnübergang und eines der Einfahrtstore zum Sperrkreis I, wo die Passierscheine kontrolliert wurden.

WEHRMACHTFÜHRUNGSSTAB ⓱

Ungefähr 50 m weiter befindet sich der Bau, im dem der Wehrmachtführungsstab (Nr. 17) seine Unterkunft hatte. Sein Chef war Generaloberst Alfred Jodl, der die Operationen aller deutschen Streitkräfte leitete. Er unterstand Hitler direkt. Jodl war verantwortlich für die Planung mili-

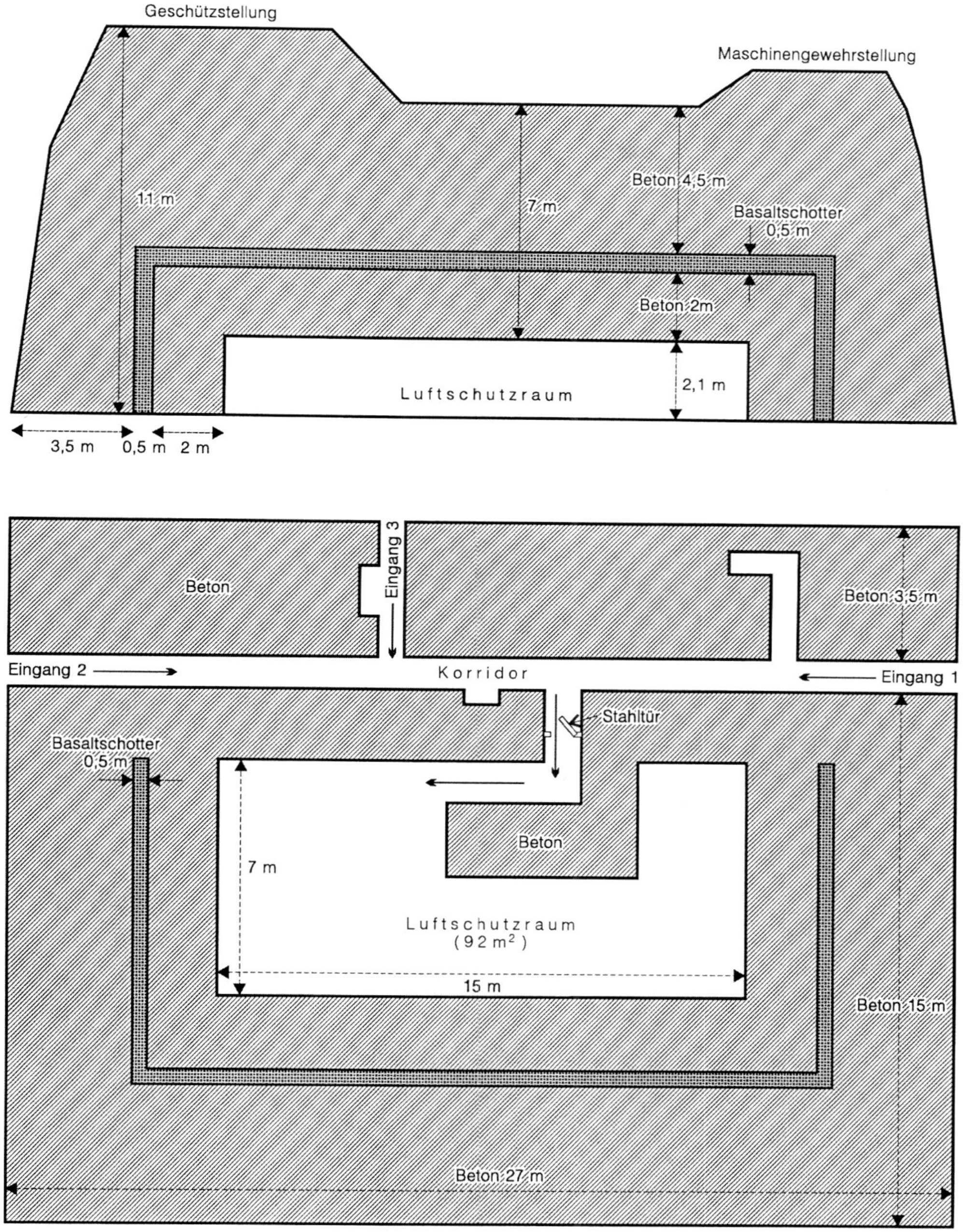

Luftschutzbunker von Hermann Göring. Längsschnitt (oben) und Querschnitt (unten)

tärischer Operationen. Er koordinierte die einzelnen Truppengattungen und informierte Hitler über die Lage an der Front. Zu seinen Aufgaben gehörte auch die Ausarbeitung von Befehlsentwürfen Hitlers bezüglich militärischer Operationen.

Jodl war nicht wie Keitel Hitler voll und ganz unterwürfig. Er scheute sich nicht, seine eigene Meinung darzulegen. Er widersetzte sich Hitler nicht aus moralischen oder politischen Gründen. Jodl nahm die von Hitler begangenen taktischen Fehler wahr. Er war sich der Irrealität vieler Befehle und Forderungen des Führers bewußt.

Heinz Guderian ist der Meinung, daß Keitel und Jodl viel Unglück hätten verhindern können, wenn sie sich gemeinsam Hitler widersetzt hätten. Beide jedoch fanden dazu nicht genügend Kraft und Mut. Sie bezahlten dafür später einen hohen Preis. Der Nürnberger Gerichtshof verurteilte sie zum Tode. Beide wurden hingerichtet.

Das Gebäude des Wehrmachtführungsstabes ist in gutem Zustand. Beim Sprengen wurde es nur leicht beschädigt. Nach dem Krieg wurde es mehrmals ausgebessert und angestrichen, da bis zum Jahre 1992 eine der ortsansässigen Handelsfirmen es als Lager nutzte.

Bis zum 16. Juli 1942 fanden in diesem Bau, im Kartenzimmer des Chefs des Wehrmachtführungsstabes, täglich Lagebesprechungen statt. Nach einem Streit zwischen Hitler und Jodl wurden die Besprechungen in den Sitzungssaal des Führerbunkers verlegt, der sich neben der Privatwohnung Hitlers befand. Im Sommer 1944, als der Führerbunker im Umbau war und Hitler im Gästebunker wohnte, fanden die Besprechungen in der Lagebaracke statt, in der das Attentat verübt wurde.

In allen Räumen, in denen Lagebesprechungen abgehalten wurden, stand in der Mitte ein 4 m langer Eichentisch. Auf ihm wurden die Karten ausgebreitet, meistens vom Format 2,5 x 1,5 m. Speer schreibt: Im verhältnismäßig kleinen Raum hielten sich längere Zeit viele Personen auf. Hitler erlaubte nicht, die Fenster zu öffnen. Daher war es im Lageraum sehr schwül. Es gab hier zwar eine Belüftungsanlage, aber sie wurde nur vor und nach der Besprechung eingeschaltet, da Hitler erklärte, daß die summenden Ventilatoren ihm Kopfschmerzen bereiten. Die Vorhänge an den Fenstern waren meistens zugezogen. Die Karten waren von bewe- glichen, langarmigen Bürolampen beleuchtet.

Gewöhnlich nahmen nicht alle im Lageraum anwesenden Offiziere gleichzeitig an den Besprechungen Teil. Am Tisch neben Hitler standen gewöhnlich nur einige Personen. Die anderen standen abseits und unterhielten sich ziemlich laut über andere Themen, was Hitler nicht störte.

Das nächste Gebäude ist das **Kasino II** ⓲. Hier befanden sich Speiseräume für die Einwohner des Sperrkreises I, die nicht zum engsten

In der Wolfsschanze (1941). Im Vordergrund: Hitlers Chefadjutant Karl Bodenschatz (rechts), Reichsmarschall Hermann Göring (in der Mitte) und Generalbauinspektor Dr. Fritz Todt (links)

Hitler zeichnet SS-Sturmbannführer Leon Dergelle aus (1942)

Kreis von Hitlers Mitarbeitern gehörten. Nach dem Krieg befand sich hier ein Lagerraum für Kunstdünger. Etwas weiter sieht man einen **Schornstein** - Teil des ehemaligen Heizhauses. An seinen Wänden sind noch Reste der künstlichen Tarnung erkennbar.

Das nächste Objekt sind gut erhaltene **Garagen** (22). Hier stand u.a. Hitlers Mercedes, mit dem er nur in die Umgebung der Wolfsschanze gefahren ist. Nach Berlin fuhr Hitler immer mit seinem Sonderzug, auf den Obersalzberg und in die Ukraine, wo sich sein anderes Quartier Werwolf befand, flog er mit dem Flugzeug.

*

Um den Sperrkreis II zu sehen, muss man auf den Parkplatz zurückkehren, dann an der Kasse vorbei zum Einfahrtstor auf die Chaussee hinausgehen und sich entlang der Chaussee in die Richtung Węgorzewo begeben. Rechts von der Chaussee biegt man in einen Betonweg aus dem Jahre 1940 ein, mit dem der mit Blau markierte Weg beginnt.

VERBINDUNGSSTAB OBERKOMMANDO DER LUFTWAFFE (24)

Es lohnt sich, den Weg zu verlassen und in linker Richtung zu gehen, um aus der Nähe den Bau zu sehen, in dem sich der Verbindungsstab der Luftwaffe beim OKW (Nr. 24) befand.

Beachtung erwecken die auf dem Objekt wachsenden Bäume. Eine Erdschicht, in die kleine Bäume, Sträucher und Gras zur Tarnung angepflanzt wurden, gab es nicht nur auf den Schwerbunkern, sondern auch auf Objekten leichterer Konstruktion. Innen gut erkennbar sind Rohre der Zentralheizung, Haken, an denen Heizkörper befestigt waren, Energiekabel und unter der Decke Überreste von Beleuchtungskörpern.

Gleich hinter diesem Objekt befand sich ein **Friedhof**. Heute ist er schon verfallen und zugewachsen, manche Grabplatten sind jedoch noch lesbar. Aus den Aufschriften geht hervor, daß auch im Krieg, in den Jahren 1940-1942, hier Bestattungen stattfanden. Der Friedhof lag innerhalb der Wolfsschanze, im Sperrkreis II. Jedoch gegen allen Anschein wurden hier keine Bewohner des Hauptquartiers begraben. Er diente den Dorfeinwohnern von Partsch und bestand schon viele Jahre vor dem Krieg. Als die Wolfsschanze erbaut wurde, fand sich der Friedhof auf ihrem Gelände vor. Trotzdem wurden die in Partsch Verstorbenen auf dem alten Friedhof beerdigt. Es war dies also auch noch eine Art der Tarnung.

Zu diesem Thema schreibt Professor P. Hoffmann: „Natürlich versuchte man, den Ort des neuen Führerhauptquartiers geheimzuhalten, wie über-

Verbindungsstab der Luftwaffe (Nr. 24)

Reichsleiter Martin Bormann, Generalfeldmarschall Wilhelm Keitel, Oberst Nicolaus von Below, Hitler und Prof. Theodor Morell im Gelände der Wolfsschanze (25. Juli 1941)

haupt den ganzen Aufmarsch gegen die Sowjetunion. Aber ebenso wie sich Hitler klar war, daß die Vorbereitungen zum Feldzug gegen Rußland nicht verborgen bleiben würden..., konnten auch der Bau des Hauptquartiers und sein Zweck nicht völlig geheim bleiben, schon weil so viele Menschen für die Arbeiten eingesetzt werden mußten. Doch wahrte man möglichst lange den Schein der Chemischen Werke »Askania« und mit den Vorbereitungen befaßte Angehörige der Hauptquartiertruppe erhielten Zivilpässe. Andererseits wurden in einem kleinen Friedhof innerhalb der Anlage noch am 4. Januar 1942 – lange nachdem Hitler eingezogen war – Verstorbene beerdigt; die Grabsteine sind noch zu sehen."[33]

VERBINDUNGSSTAB DER KRIEGSMARINE ㉕

Ca. 50 m weiter befinden sich zwei Objekte, in denen der Verbindungsstab der Kriegsmarine beim OKW (Nr. 25) war. Die Objekte sind auf beiden Seiten des Weges gelegen. Das größere ist vollständig zerstört, besser erhalten blieb das kleinere.

Wir nähern uns der Kreuzung zweier Betonwege. Gegenüber der Kreuzung ist ein großer Betonuntersatz sichtbar, auf dem der Kontrollturm aufgestellt war. Hinter ihm, etwa 100 m abseits vom Weg, war der Fieseler-Storch-Landeplatz. Es war dies nur ein kleiner Reserveflugplatz. Der Hauptflugplatz befand sich 5 km von hier entfernt, in der Nähe von Weischnuren.

ALLGEMEINER LUFTSCHUTZBUNKER ㉖

Wir gehen weiter nach rechts. Hier sehen wir den gewaltigen allgemeinen Luftschutzbunker (Nr. 26). Im Falle einer Bombardierung des FHQ konnten in ihm diejenigen Schutz suchen, die sich im Sperrkreis II aufhielten. Es war dies der größte Bunker in der Wolfsschanze. Gut erhalten blieb allein seine Frontwand. Der Bunker ist deutlich in zwei Teile aufgeteilt. Im Krieg standen sie zusammen und bildeten ein Ganzes, nach Sprengen des Objektes hat sich eine Wand verschoben.

Die an der Wand sichtbaren Stahlleitern führten zum Bunkerdach, auf dem Stellungen von Fliegerabwehrgeschützen, Maschinengewehren und Scheinwerfern waren. Stellungen von Fliegerabwehrgeschützen gab es nicht nur auf Schwerbunkern, sondern auch um die Anlage herum, im Wald, im Gelände des Sperrkreises III.

Weiter gehen wir auf dem Betonweg. Unterwegs eine interessante Kleinigkeit: 50 m hinter dem Luftschutzbunker, den wir uns ansahen, sind im Beton abgedrückte Fußspuren eines in der Organisation Todt Beschäftigten, der das Hauptquartier erbaute. Am besten sind sie nach einem Regen zu erkennen, wenn der Beton naß ist.

Der finnische General Harald Öhquvist im Gespräch mit Hitler in der Wolfsschanze. Links Keitel und Hewel, rechts Ribbentrop und Matzky (30. Juli 1941)

Leichter Bunker im Sperrkreis II

Eingang zum Führerbunker (Nr. 13). Gegenwärtiger Stand

Der Oberbefehlshaber der Luftwaffe Reichsmarschall Hermann Göring und Feldmarschall Walther von Brauchitsch im Führerhauptquartier (18. September 1941)

Ein Stückchen weiter verlassen wir den Betonweg, um aus der Nähe das Gebäude zu betrachten, in dem das **Führer-Begleit-Bataillon** ㉗ untergebracht war.

DAS HAUS VON ALBERT SPEER ㉘

Weiterhin gehen wir auf dem engen Pfad, in derselben Richtung. Wir nähern uns dem Objekt, in dem Reichsminister für Rüstung und Kriegsproduktion Albert Speer wohnte und arbeitete (Nr. 28). Sein Vorgänger auf diesem Posten war Fritz Todt, der in der Nähe von Rastenburg unter ungeklärten Umständen seinen Tod fand.

Dr. Fritz Todt weilte zwar nicht ständig im Führerhauptquartier, aber sein Name ist mit dieser Anlage untrennbar verbunden. Er war Schöpfer und Leiter der sog. „Organisation Todt", die die Wolfsschanze baute. Er übte auch einige andere wichtige Ämter im Dritten Reich aus, u.a. war er seit 1940 Minister für Bewaffnung und Munition. Ein Jahr später wurde er Generalinspektor für Wasser und Energie. Während seiner Besuche in der Wolfsschanze hielt er sich im sog. Sommerhaus der OT auf, am Moy-See, ungefähr 2 km von hier entfernt. Es lag schon außerhalb der Wolfsschanze, war aber gleich stark bewacht.

Am 7. Februar 1942 empfing Hitler Fritz Todt in der Wolfsschanze und führte mit ihm lange Gespräche. Noch am gleichen Tag traf im FHQ Albert Speer ein, der zu dieser Zeit Generalbauinspektor für die Reichshauptstadt Berlin war. Er kehrte gerade von einer Dienstreise aus der Sowjetunion zurück. Nach einem Zusammentreffen mit Hitler plante er, nach Berlin weiterzureisen.

Am Abend trafen sich Todt und Speer beim Abendessen bei Hitler. Todt sprach davon, daß er sich am nächsten Morgen mit seinem Flugzeug nach München begeben würde. Unterwegs würde das Flugzeug in Berlin zwischenlanden. Da im Flugzeug Todts noch ein freier Platz war, wollte Speer die Gelegenheit nutzen und nach Berlin mitfliegen. Sie wollten sich beide morgens auf dem Flugplatz treffen. Todt plante, schon um 12 Uhr in München zu sein, da er am Nachmittag mit seiner Frau zum Konzert verabredet war.

Um 23 Uhr endete das Gespräch zwischen Hitler und Todt. Am Teeabend, der von 23.00 – 1 Uhr nachts andauerte, nahm Todt nicht teil. Etwa um 23.00 kehrte er in seine Wohnung zurück und legte sich schlafen. Nach dem Gespräch mit Hitler konnte sich Todt nicht beruhigen. Bis 2.00 konnte er nicht einschlafen. Speer nahm zu dieser Zeit am Teeabend teil. Etwa um 1.00 nachts wurde er zu Hitler gerufen. Ihr Gespräch zog sich bis 3.00 morgens hin. Nach dem Gespräch sagte Speer seinen Flug mit Todt ab. Er entschuldigte sich, er sei müde und habe die Absicht, lange zu schlafen.

Hermann Görings Bunker (Nr. 16) im Jahre 1944. Rechts stehen noch künstliche Bäume aus Holz, Stahl und Bakelit. Im Hintergrund das Haus des Reichsmarschalls (Nr. 15).

Haus von Albert Speer (Nr. 28)

Am 8. Februar 1942 morgens überprüfte der persönliche Pilot des Ministers Todt, Leutnant Albert Hotz, die Maschine, danach führte er einen 15 Minuten dauernden Probeflug durch. Alles war in Ordnung. Das Flugzeug „Heinkel – 111" war startbereit.

Trotz schlechten Wetters startete das Flugzeug um 9.37 Uhr. Zu Beginn flog es normal. Die Flugplatzwartung hatte es noch nicht aus den Augen verloren, als es plötzlich eine heftige Kehrtwendung machte und in Richtung Flugplatz zurückflog. Gewaltsam drosselte es die Höhe, um so schnell wie möglich landen zu können. Bis zum Flugplatz waren es nur noch 700 m, als aus dem vorderen Teil der Maschine eine starke Flamme emporschoß, wahrscheinlich infolge einer Explosion. Aus 20 m Höhe stürzte das Flugzeug ab. Es stürzte auf den rechten Flügel und explodierte. Dr. Todt und sein Pilot kamen ums Leben. Es war dies der einzige Unglücksfall, zu dem es auf dem Flugplatz bei der Wolfsschanze kam, obwohl hier täglich viele Flugzeuge starteten und landeten. Mit allen Posten, die Todt innehatte, betraute Hitler Speer.

Die Todesursache von Fritz Todt ist bis heute nicht geklärt. War es ein Unglücksfall oder Attentat? Ganz gewiß war es keine von Ausländern verübte Sabotage. Die gerichtliche Untersuchung schloß dies aus. Viel weist darauf hin, daß auf Anweisung Hitlers auf Todt ein Attentat verübt wurde. Gleichzeitig erinnern sich Leute aus der Umgebung Hitlers, daß der Führer aufrichtiges Bedauern nach dem Tode des Ministers äußerte. „Xaver Dorsch, mit dem Todt ein paar Wochen vorher ein vertrauliches Gespräch über die Kriegslage geführt hatte, geht davon aus, daß Hitlers Psyche nicht mit normalen Maßstäben gemessen werden konnte. Hitler sei in der Lage gewesen, ein Attentat zu befehlen und trotzdem echte Trauer zu zeigen. Ein Mord aus Staatsräson ließ sich mit persönlicher Anteilnahme vereinbaren."[34]

Der Nachfolger Todts, Albert Speer, erwies sich als sehr guter Organisator und bewirkte eine bedeutende Steigerung der Rüstungsproduktion. Seit Februar 1942 belegte Speer den Südflügel dieses Objektes. Im Innern der von ihm eingenommenen Räume ist bis heute ein gut erhaltener Kamin.

Von östlicher Seite kann man die Räume sehen, in denen Küche und Bad eingerichtet waren. Auf ihren Wänden ist weiße Glasur zu sehen. Im selben Objekt, von Norden, waren im ersten Stock Zimmer für Gäste, die sich nur kurze Zeit im Führerhauptquartier aufhielten. Zu den oberen Zimmern gelangte man über Treppen. Sie sind noch zu sehen. Unten waren Garagen.

Generalbauinspektor Dr. Fritz Todt

Die uniformierten Arbeiter der „Organisation Todt“

Adolf Hitler und Albert Speer

RÜCKKEHR ZUM PARKPLATZ

Wir kehren jetzt auf dem für Touristen markierten Weg zum Parkplatz zurück. Unterwegs, ca. 50 m weiter, können wir von weitem auf der rechten Seite das Gebäude sehen, in dem sich der **Verbindungsstab des Reichsaußenministers** befand ㉙ .

Wir kommen zur Chaussee. Von hier aus sind es 300 m bis zum Parkplatz. Vor Betreten des Parkplatzes überqueren wir die Eisenbahnlinie. Beim Überschreiten der Bahngleise sollten Sie noch einen Blick nach links werfen. Auf der linken Seite der Gleise, etwa 200 m von hier, war der **Bahnhof.** Es war hier auch ein Anschlußgleis, auf dem der **Führersonderzug** „Amerika" stand. Seit dem 1. Februar 1943 war seine Bezeichnung auf „Brandenburg" umgeändert. Über dem Zug war ein Tarnnetz gespannt, daher war er von oben nicht zu sehen.

*

Die Besichtigung des ehemaligen Hitlerquartiers „Wolfsschanze", die wir nun beenden, bewegt zum Nachdenken: vergessen wir nicht, daß von dieser Stelle verbrecherische Befehle ausgingen. Von hier aus wurden die Kriegsoperationen geleitet, die viele Millionen Soldaten an der Front das Leben kosteten. Hier, in der Wolfsschanze, wurden Entscheidungen über die Exterminnation der Zivilbevölkerung in den besetzten Gebieten und den Zwangseinsatz von Kriegsgefangenen und politischen Häftlingen in der deutschen Rüstungsindustrie getroffen. Auf den Befehl Hitlers und seiner Mitarbeiter wurden in Konzentrationslagern Menschen getötet.

Die Ruinen der Wolfsschanze sind für uns eine Warnung vor dem Faschismus, vor seinen Gefahren, an die sie uns erinnern.

Reichsminister für Rüstung und Kriegsproduktion Albert Speer und Adolf Hitler im Gelände der Wolfsschanze (12. Mai 1943)

Wiener Illustrierte

Preis 20 Pf.
Zuzüglich 2 Pfennig bei Hauszustellung

63. Jahrgang Nr. 19 / Wien, 10. Mai 1944

Hitler begrüßt den Duce („Wiener Illustierte", Nr. 19, 1944)

Im Gelände der Wolfsschanze

Wachposten vor dem Eingang zum Führerbunker (Nr. 13); Blick durch den Vorbau, der mit Drahtgittern zum Schutz vor Mücken versehen ist.

Hitlers Geburtstag im Hauptquartier. Glückwünsche übermittelt Walther Buhle; im Hintergrund Alfred Jodl, linkerseits Wilhelm Keitel (20. April 1942)

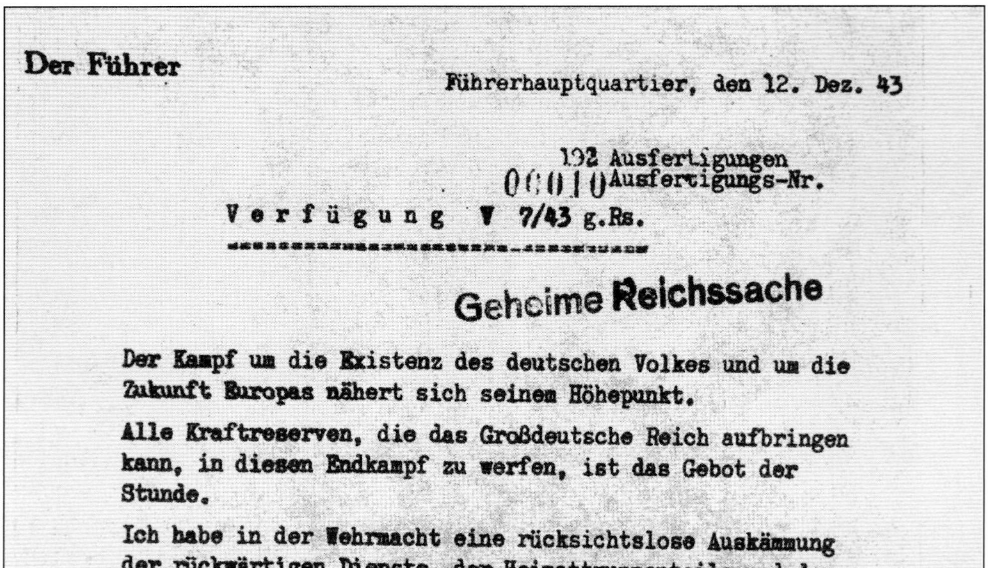

Der Führer

Führerhauptquartier, den 12. Dez. 43

192 Ausfertigungen
00010 Ausfertigungs-Nr.

V e r f ü g u n g V 7/43 g.Rs.

Geheime Reichssache

Der Kampf um die Existenz des deutschen Volkes und um die Zukunft Europas nähert sich seinem Höhepunkt.

Alle Kraftreserven, die das Großdeutsche Reich aufbringen kann, in diesem Endkampf zu werfen, ist das Gebot der Stunde.

Ich habe in der Wehrmacht eine rücksichtslose Auskämmung der rückwärtigen Dienste, der Heimattruppenteile und der Stäbe befohlen, um der kämpfenden Truppe, deren Reihen durch Tod, Verwundung und Krankheit stark gelichtet sind, die dringend erforderlichen Kräfte zuzuführen.

Schreiben vom 12. Dezember 1943

Staatspräsident der Slowakei Dr. Tiso in der Wolfsschanze (Oktober 1941)

Görings Luftschutzbunker (Nr. 16)

Hitler empfing im Führerhauptquartier hohe türkische Offiziere.

Hitler begrüßt die Reichsleiter und Gauleiter. Wolfsschanze, 4. August 1944

Hitler im Gespräch mit Benito Mussolini

Im Gelände der Wolfsschanze

Adolf Hitler, Alfred Jodl und Wilhelm Keitel in der Wolfsschanze (1942)

Verbindungsstab des Reichsaußenministers (Nr. 29)

Hitler mit Leutnant Hans Strelow anläßlich der Auszeichnung mit dem Eichenlaub zum Ritterkreuz; im Hintergrund der persönliche Adjutant Julius Schaub und Adjutant der Luftwaffe Oberst Nicolaus von Below (von links). Wolfsschanze, März 1942

Hitler im Gespräch mit Heinrich Himmler. Martin Bormann (links) hält sich wie üblich im Hintergrund bereit (1943)

Der kroatische Marschall Slavko Kvaternik mit Hitler im Gelände der Wolfsschanze. Im Hintergrund Joachim von Ribbentrop, Walther Hewel und Wilhelm Keitel

Adolf Hitler und Benito Mussolini in der Wolfsschanze

Rastenburgs Kinder gratulieren Hitler zum Geburtstag (20. April 1942).

Hitler mit Sepp Dietrich (6. August 1944)

Hitler mit Hermann Fegelein (rechts) und Heinrich Himmler (links)

Hermann Göring mit General Hans Jeschonnek (1941)

Auf einer kleinen Wiese in der Wolfsschanze dressierte Hitler seinen Hund Blondi

Oberbefehlshaber der Luftwaffe Reichsmarschall Hermann Göring (in der Mitte) und Luftwaffe-offiziere

Der italienische Außenminister Conte Galeazzo Ciano in der Wolfsschanze

Hitler im Lageraum

Hitler und Mussolini in der Wolfsschanze am 29. August 1941

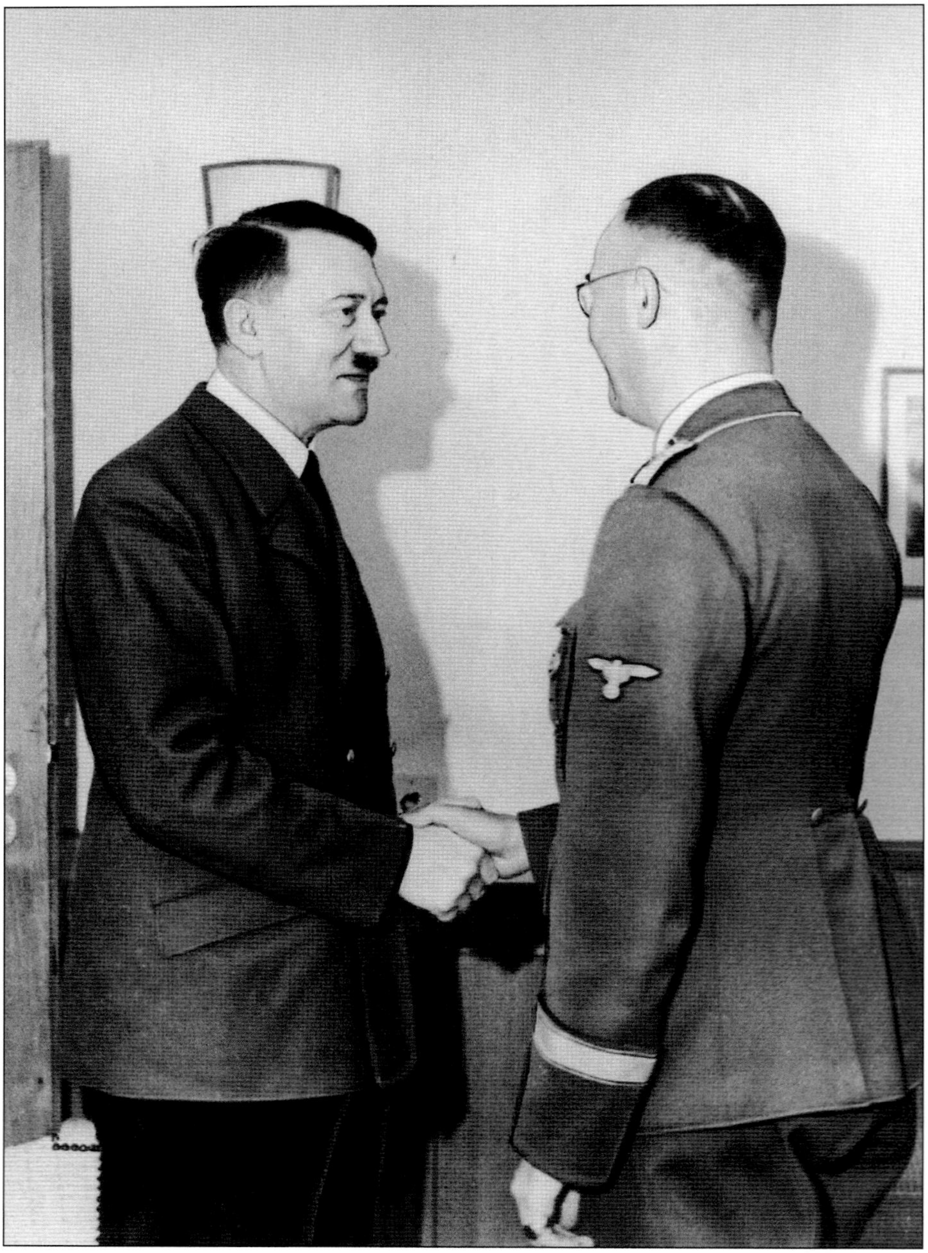

Hitler mit Heinrich Himmler

Hitler, Albert Speer (rechts) und Otto Günsche (links) im Gelände der Wolfsschanze

Verlag „Die Wehrmacht" K.-G. Berlin SW 68, Schützenstraße 18/25. Alleinauslieferung u. Anzeigenverwaltung: Berliner Verlagsanstalt G.m.b.H., Berlin SW 68 · Preisliste Nr. 1 vom 1. 11. 1941 · Druck: Rotophot Berlin · Printed in Germany

DIE WEHRMACHT

Hauptschriftleiter: Bernd E. H. Overhues (im Wehrdienst), Stellvertreter: Karl Fischer, Berlin. Graphische Gestaltung: Herbert Dassel, Berlin. Verantwortlich für Anzeigen: Dr. Horst Harff (im Felde), in Vertretung Hans Putz, Neuenhagen bei Berlin

HERAUSGEGEBEN VOM OBERKOMMANDO DER WEHRMACHT

PK-Aufnahme: Kriegsberichter Eitel Lange

Hermann Göring an der Ostfront („Die Wehrmacht", Nr. 1, 6. Januar 1943)

Begrüßung auf der Bahnstation des Führerhauptquartiers Wolfsschanze am 27. Juni 1942. Von links: Hitler, Wilhelm Keitel und der finnische Marschall Carl Gustav Frhr. von Mannerheim

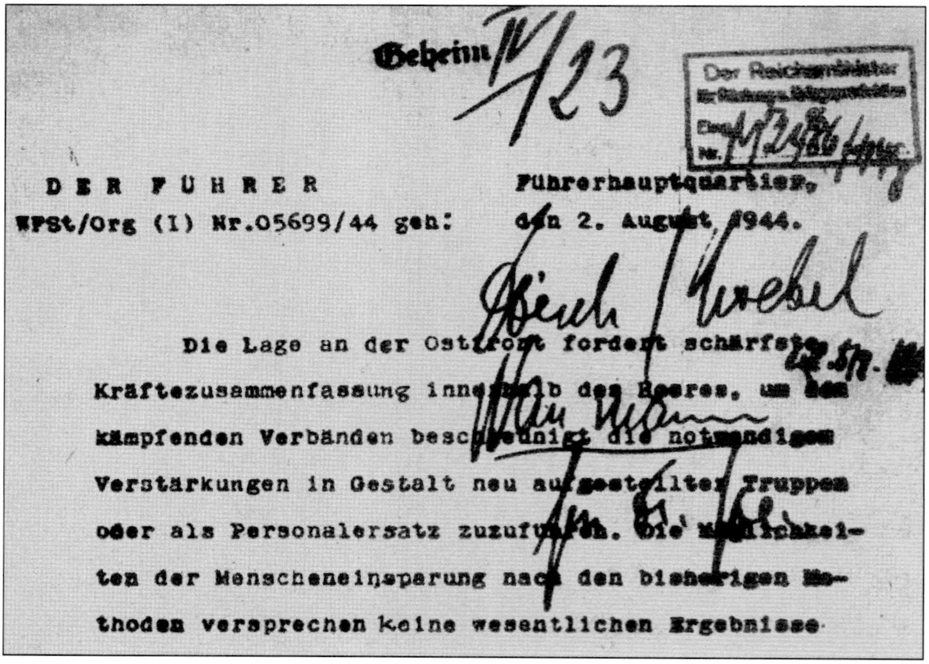

Geheim IV/123

DER FÜHRER
WFSt/Org (I) Nr.05699/44 geh.

Führerhauptquartier,
den 2. August 1944.

Die Lage an der Ostfront fordert schärfste Kräftezusammenfassung innerhalb des Heeres, um den kämpfenden Verbänden beschleunigt die notwendigen Verstärkungen in Gestalt neu aufgestellter Truppen oder als Personalersatz zuzuführen. Die Möglichkeiten der Menscheneinsparung nach den bisherigen Methoden versprechen keine wesentlichen Ergebnisse.

Hitlers Befehl vom 2. August 1944

Hermann Göring besichtigt ein Regiment der Luftwaffe.

Im Gelände der Wolfsschanze

Rastenburgs Mädchen gratulieren Hitler zum Geburtstag (20. April 1942).

Gebäude, in dem Unterkünfte für RSD-Beamten waren (Nr. 4)

Reichsmarschallhaus (Nr. 15). Gegenwärtiger Stand

Hitler, Göring und Jodl im Hauptquartier über dem Kartentisch

Keitel, Dönitz, Himmler und Milch gratulieren Hitler zum Geburtstag (20. April 1944).

Korridor zu den Gästezimmern im Objekt Nr. 28

Generalfeldmarschall Erwin Rommel und Hitler (15. Mai 1943)

Hitler mit seiner Wagenkolonne beim Passieren der Wachen in der Wolfsschanze

Hitler im Gespräch mit dem italienischen Außenminister Galeazzo Conte Ciano. In der Mitte Paul Schmidt, rechts Alfred Jodl

Hitler im Gespräch mit Ostminister Alfred Rosenberg und Chef der Reichskanzlei Hans H. Lammers. Wolfsschanze - 20. November 1941

Hitler empfing den Reichspropagandaminister Joseph Goebbels (26. Juli 1944)

Hitler, Hermann Göring, Karl Bodenschatz und Nicolaus von Below (10. Januar 1942)

Hitler zeichnet Hauptmann Nowotny aus.

Wilhelm Keitel im Gespräch mit Hitler in der Wolfsschanze (August 1941)

Im FHQ Wolfsschanze am 20. Juli 1944. Im Vordergrund (von links) Wilhelm Keitel, Hermann Göring, Adolf Hitler und Martin Bormann. Im Hintergrund: Otto Günsche, Nicolaus von Below, Heinrich Himmler, Hermann Fegelein und Ferdinand Schörner

Am Kartentisch. Von rechts: Reichsmarschall Hermann Göring und Marschall von Finnland Carl Gustav Frhr. von Mannerheim

Kasino II (Nr. 18)

Reichsmarschall Hermann Göring und General der Flieger Karl Bodenschatz (1942)

Hitler mit SS-Brigadeführer Kurt Meyer

Hitler zeichnet Generalmajor Harpe aus. Wolfsschanze - 20. Januar 1942

Benito Mussolini, Großadmiral Karl Dönitz und Hitler in der Wolfsschanze (20. Juli 1944)

Hitler und Mussolini in der Wolfsschanze am 29. August 1941

Lagebesprechung im Führerhauptquartier

Albert Speer, Hermann Göring, Bruno Loerzer und Günther Korten im Führerhauptquartier (1943)

Wilhelm Keitel, Nicolaus von Below und Adolf Hitler im Gelände der Wolfsschanze (25. Juli 1941)

Am Kartentisch im Führerhauptquartier. Von links: Benito Mussolini, Alfred Jodl, Wilhelm Keitel, Adolf Hitler, Ugo Conte Cavallero und Albert Kesselring (30. April 1942)

Allgemeiner Luftschutzbunker (Nr. 26)

In der Wolfsschanze verliefen unter der Erde Kanäle und Kanalisationsrohre, sowie Kanäle, in denen sich Rohre der Zentralheizung, Energie- und Telefonkabel befanden.

Hitler mit Generaloberst Ruoff im Führerhauptquartier („Die Wehrmacht", Nr. 8, 14. April 1943)

Geheim!

Blitz! Dringend! Sofort vorlegen!

F e r n s c h r e i b e n !

Geheime Reichssache!

NÜ 151176

Befördert durch N. Ü.
Tag Monat Uhrzeit
2 1 3 26 AUG [illegible]

SS-Sturmbannführer D a r g e s
W o l f s c h a n z e

Lieber Kamerad D a r g e s !

Um 22[45] Uhr hat das Reichssicherheitshauptamt nachstehende Meldung aus Rom erhalten, die ich Ihnen hiermit zur Weiterleitung durchgebe:

"Aus an sich seriöser Quelle stammt folgende noch unüberprüfbare Meldung, die inhaltlich von Rom jedoch nicht für richtig gehalten aber unter Einschaltung aller Verbindungen sofort nachgeprüft wird:

B a d o g l i o hat England um Waffenstillstand unter jeder Bedingung gebeten. Engländer hätten Antwort bis Sonnabend, den 28.8.1943 zugesagt und wollten inzwischen starken Geleitzug mit modernsten Waffen schicken, um Widerstand gegen deutsche Truppen vorläufig leisten zu können. Italmiescher Generalstab plane Dislokationen in Norditalien untereinander trennen zu können.

Trotz mangelnder Präzision dieser Meldung erfolgt Vorlage vorläufig wegen besonderer Bedeutung des Inhalts."

Die 4 Wörter geben keinen Sinn, sie sind ~~ja~~ aber der Meldung ~~zwar~~ so durchgekommen.

Eine Berichtigung gebe ich sofort nach.

H e i l H i t l e r !
Ihr
gez. R. B r a n d t
SS-Obersturmbannführer

25.8.43
Bra/H.

Fernschreiben vom 25. August 1943

3. DAS ATTENTAT AUF HITLER AM 20. JULI 1944

AUFLEHNUNG GEGEN HITLER

Nach der Machtübernahme durch Hitler im Jahre 1933 und der Errichtung der nationalsozialistischen Diktatur waren sich viele Deutsche dessen bewußt, daß Hitler, wenn man ihn nicht bekämpfte, Deutschland in eine Katastrophe führen würde. Eine Auflehnung gegen Hitler entstand schon vor dem Krieg, anfänglich in Kreisen ziviler Politiker wie Carl Goerdeler, Ulrich von Hassell, Johannes Popitz, Hjalmar Schacht, Graf Helmuth von Moltke und andere. Später schlossen sich ihnen auch Leute aus Militärkreisen an.

Schon vor dem Krieg unternahmen Gegner Hitlers Attentatsversuche, jedoch scheiterten alle.

In den Jahren 1938-1940 bereitete eine Gruppe Offiziere um Ludwig Beck Pläne für die Absetzung Hitlers vor. Als er aber zu Beginn des Krieges zahlreiche militärische und politische Erfolge verzeichnen konnte, nahm man von den Plänen Abstand.

Die Situation änderte sich seit dem Jahre 1942, als die deutsche Offensive im Osten zusammenbrach. Die Niederlage bei Stalingrad überzeugte die Oppositionellen, daß, wenn man den Krieg gewinnen oder ihn wenigstens zu einem für Deutschland möglichst günstigen Ende führen wollte, Hitler beseitigt werden mußte. Mit den Vorbereitungen für das Attentat befaßten sich die Generäle Henning von Tresckow und Friedrich Olbricht.

ERSTE ATTENTATSVERSUCHE

1938 kam der schweizerische Theologie-Student Maurice Bavaud in Berlin an mit der Absicht, Hitler zu töten. Hier kaufte er eine Pistole und Patronen.

Sich als Korrespondent einer schweizerischen Zeitung ausgebend, bemühte er sich um ein Interview mit dem Führer. Als es sich herausstellte, dass dieser sich auf dem Obersalzberg aufhielt, begab sich Bavaud nach Berchtesgaden. Hier wurde ihm mitgeteilt, dass er von Hitler nicht empfangen werden kann. Da der Student wußte, dass der Führer sich an den

Feierlichkeiten zum 9. November in München beteiligte, beschloss er diesen Anlaß auszunützen. Er begab sich in die Stadt und auf der Durchfahrtsroute Hitlers nahm er einen Platz in der ersten Reihe des Publikums ein. Der Plan des Attentäters war einfach: wenn Hitler vorbeifährt, läuft er plötzlich auf die Straße hinaus und aus naher Entfernung gibt er einen Schuss auf ihn ab. Es ergab sich aber, dass etwa zehn Minuten vor der Vorbeifahrt der Führer-Gruppe vor dem Publikum eine dichte Reihe von SA-Leuten aufgestellt wurde, und das Schießen schloss so der Schweizer aus, weil er kein geschickter Schütze war. Bavaud wollte einen nächsten Versuch zur Tötung Hitlers wagen, aber seine Pläne wurden aufgedeckt. Der Student wurde in Haft genommen und nach einem geheimen Prozeß vom Volksgerichtshof zum Tode verurteilt. Dieses Urteil wurde im Mai 1941 vollstreckt.[35]

Nachdem die deutsche Wehrmacht Warschau erobert hatte, fingen in der Stadt die Vorbereitungen zu einer Militärparade an, die am 5. Oktober 1939 stattfinden sollte. Die polnischen Untergrundorganisationen waren darüber informiert, es wurde jedoch nicht bekannt, von wem diese Parade abgenommen würde. Auf der Autoroute von dem deutschen Militärkommando wurden an zwei Stellen Sprengladungen von großer Sprengkraft angebracht.

Sie sollten nur dann gezündet werden, wenn klar war, dass Hitler diese Parade selbst abnahm. Die Pioniere, die die Sprengladungen überwachten, sollten deren Explosion auf Befehl des Truppenführers Major Franciszek Niepokólczycki zu Stande bringen. Als der Festzug zu Ende war und die Kolonne an den Stellen vorbeifuhr, wo die Sprengladungen gelegt wurden, wussten die Pioniere immer noch nicht, ob sich in einem der Autos Hitler befinde. Vor Ort war auch der Truppenführer abwesend, der den entsprechenden Befehl hätte ausgeben sollen, und auf diese Weise wurde das Attentat nicht verübt. Nachher wurde bekannt, dass die Veranstalter dieser Parade die Verschwörer überraschten, indem sie vor der Parade alle Straßen abriegelten und Franciszek Niepokólczycki konnte so nicht an den Ort des Attentats kommen mit der Nachricht, dass diese von Hitler abgenommen wird.[36]

Am 7. November 1939 reiste Hitler mit dem Zug von Berlin aus und begab sich nach München. In dieser Stadt sollte er am folgenden Tag eine Rede anläßlich der Feier zum Jahrestag des Hitler-Putsches halten. Er wollte in der bayerischen Hauptstadt bis 9. November bleiben, um auch an den weiteren Feierlichkeiten teilzunehmen. Er erhielt jedoch das Telegramm mit der Bitte um die Rückkehr nach Berlin, weil das Wehrmacht-Oberkommando die Durchführung des Planes „Gelb" auf eine andere Frist verschieben wollte. So beschloss Hitler, bereits am 8. November, anschließend nach dem Vortragen der Rede zurückzukehren und zur seiner Vertretung während der Fortsetzung der Feierlichkeiten

Bürgerbräukeller in München nach der Explosion der Bombe (8. November 1939)

beauftragte er Rudolf Hess. Er befahl, seine privaten Waggons an den Expreß anzuschließen, der von München aus um 21 Uhr abfuhr. Das früher vorbereitete Programm dieser Feierlichkeiten sah das Vortragen einer Rede von Hitler um 20.15 im Bürgerbräukeller am Rosenheimer Platz vor. Um seinen Zug erreichen zu können, begann Hitler seine Rede fünf Minuten vor der Zeit. In scharfen Worten griff er die Engländer an, indem er ihnen den Hass gegen die Deutschen vorwarf. Je weniger Zeit bis 21 Uhr blieb, desto nervöser wurden seine Mitarbeiter. Endlich, auf verzweifelte Zeichen seines Adjutanten, beendete Hitler seine Ausführungen schon um 20 Uhr 48. Selten hielt er seine Reden so kurz wie dieses Mal. Zusammen mit Begleitpersonen und Schutzmitgliedern verließ er den Saal des Bierhauses, stieg ins Auto ein und fuhr zum Bahnhof. Der Express erreichte gerade Augsburg, als die Nachricht kam, dass im Bürgerbräukeller, dicht an der Stelle, wo das Redepult stand, acht Minuten nach dem Weggang Hitlers eine Bombe explodiert sei, welche 8 Tote und sechzig Verletzte als Opfer forderte.

Sehr schnell wurde der Attentäter festgenommen. Es war der 36jährige Georg Elser, Tischler von Beruf, ehemals mit einer kommunistischen Organisation verbunden, aber momentan ohne irgendwelche Teilnahme am politischen Leben. Nach seinen Aussagen konnte er die Politik Hitlers gegenüber der Kirche nicht akzeptieren und daher beschloss er ihn zu töten. Bei Ermittlungen sagte er aus, dass die Bombe von ihm selbst konstruiert worden sei. Einen Monat lang besuchte er täglich diesen Bierkeller und besetzte einen Tisch an einem der Pfeiler. Als er sicher war, dass ihn niemand von der Bedienung sieht, stocherte er langsam ein Loch in den hölzernen Pfeiler, welches er nachher tarnte. In diesem Loch plazierte er nachher seine Bombe.[37] Elser wurde eher zufällig verhaftet, weil er an der Grenze den Zollbeamten verdächtig erschien. Von der Gestapo in Haft genommen, gestand er seine Schuld. Danach wurde er ins KZ Dachau deportiert und dort im April 1945 erschossen.

Am 13. März 1943 besichtigte Hitler den Stab der Heeresgruppe in Smolensk. Als er mit dem Flugzeug zum Hauptquartier zurückkehrte, bat Tresckow Oberst Brandt, der den Führer begleitete, Oberst Stieff ein Päckchen mit zwei Flaschen Cognac auszuhändigen. Im Päckchen war statt Cognac eine Zeitzünderbombe. Sie sollte während des Fluges explodieren. Umsonst warteten die Verschwörer auf die Nachricht von Hitlers Tod. Der Zünder funktionierte wohl, aber das Zündhütchen hatte nicht gezündet.

Acht Tage später, am 21. März 1943, kam Hitler zur Ausstellung sowjetischer Beutewaffen nach Berlin. Er sollte dort eine halbe Stunde verweilen. Oberst Rudolf-Christoph Freiherr von Gersdorff wollte an ihn mit zwei in den Manteltaschen versteckten Bomben herantreten, um Hitler und sich selbst in die Luft zu sprengen. Hitler jedoch kürzte seinen

Hitler begrüßt Mussolini in der Wolfsschanze am 20. Juli 1944.

Aufenthalt auf acht Minuten. Es fehlte deshalb an Zeit, um das Attentat durchführen zu können.

Man rechnete damit, daß Hitler erneut die Armeeführer der Heeresgruppe Mitte besuchen würde. Sieben Offiziere erklärten sich bereit, ihn mit Pistolen zu erschießen, aber Hitler kam nicht mehr nach Smolensk.

OBERST STAUFFENBERG

Da Hitler sich immer seltener an die Front oder nach Berlin begab, kamen die Verschwörer zu der Überzeugung, daß das Attentat im Führerhauptquartier begangen werden mußte. Diese Aufgabe konnte nur ein kühner, mutiger Mensch, der zugleich direkten Zugang zu Hitler hatte, übernehmen. Solch einen Menschen zu finden, war nicht leicht. General Olbricht schlug vor, den talentierten Stabsoffizier, Claus Stauffenberg, in die Verschwörung einzubeziehen.

Oberst Claus Schenk Graf von Stauffenberg

Oberleutnant Werner von Haeften, Stauffenbergs Adjutant

Claus Schenk Graf von Stauffenberg, der später die entscheidende Rolle beim Attentat auf Hitler spielte, wurde am 15. November 1907 in Jettingen, in Bayern, geboren. Er war der dritte Sohn Alfred Graf Stauffenbergs, der als Oberhofmarschall am württembergischen Königshof diente. Die Zwillingsbrüder Berthold und Alexander waren zwei Jahre älter als Claus. Alle drei besuchten das Eberhard-Ludwig-Gymnasium in Stuttgart und pflegten freundliche und herzliche Beziehungen zueinander.

Claus erbte von der Mutter Interesse für Kunst. Er interessierte sich für

Literatur und Musik, besuchte Konzerte und Theater. Er hatte die Absicht, Architektur zu studieren. Alle drei Brüder waren im Geiste der katholischen Religion erzogen.

Als Claus das Gymnasium besuchte, wies nichts darauf hin, daß er Offizier werden würde. Er war eher schwächlich, und oft versäumte er krankheitshalber den Unterricht. Jedoch überragte er seine Kollegen an Individualität. Großen Einfluß auf seine Charaktergestaltung hatte der Dichter Stefan George.

Im Jahre 1926 bestand Claus Stauffenberg das Abitur und begann den militärischen Dienst. Zunächst verrichtete er ein Jahr hindurch Truppendienst als Rekrut, danach ging er zur Infanterieschule in Dresden. Nach ihrer Beendigung wurde zur Kavallerieschule in Hannover geschickt. 1930 wurde er zum Leutnant befördert und drei Jahre später zum Oberleutnant.

Als am 30. Januar 1933 Reichspräsident, Feldmarschall von Hindenburg, den Führer der NSDAP, Adolf Hitler, zum Reichskanzler ernannte, sah Claus Stauffenberg in dem Vorgang nichts Bedrohliches. Im Gegenteil, das Programm und die Versprechungen der Nationalsozialisten erweckten sein Interesse. Er wohnte zu der Zeit in Bamberg. Hier heiratete er 1933 Nina Freiin von Lerchenfeld, die einem oberfränkischen Geschlecht entstammte. Sie hatten fünf Kinder. Das älteste Kind war der Sohn Berthold, geboren 1934. Die jüngste Tochter, Konstanze, wurde erst einige Monate nach dem Tod des Vaters, 1945, geboren. Die weiteren Kinder waren: Heimeran, Franz und Valerie.

1939, nach zweijähriger Schulung, beendete Claus Stauffenberg die Kriegsakademie in Berlin im Range eines Generalstabsoffiziers. Als der Krieg begann, nahm Stauffenberg am Überfall auf Polen Teil, danach am Feldzug gegen Frankreich und der Sowjetunion. Die Siege der deutschen Wehrmacht übten großen Einfluß auf ihn aus. Zu dieser Zeit dachte er an keine Handlungen gegen Hitler.

Die zerstörte Lagebaracke

Im April 1941 wurde Stauffenberg zum Major befördert. Er unternahm viele Dienstreisen, führte Gespräche mit den höchsten militärischen Befehlshabern. Oft traf er sich u.a. mit General Halder und hörte sich aufmerksam die kritischen Bemerkungen über Hitler und dessen nächsten Mitarbeiter an. In der zweiten Hälfte des Jahres 1942, als sich die Lage der deutschen Wehrmacht bedeutend verschlechterte, wurde Stauffenberg klar, daß Hitler beseitigt werden mußte. „Während eines Morgenrittes bei Winniza im August 1942 äußerte er sich über Hitler erregt: »Findet sich denn da drüben im Führerhauptquartier kein Offizier, der das Schwein mit der Pistole umlegt?« Als einmal – es war im Herbst des gleichen Jahres – die Forderung erhoben wurde, dem Führer endlich die Wahrheit zu sagen, antwortete Stauffenberg: »Es kommt nicht darauf an, ihm die Wahrheit zu sagen, sondern es kommt darauf an, ihn umzubringen, und ich bin dazu bereit.«[38]

1943 nahm Stauffenberg als erster Generalstabsoffizier der 10. Panzerdivision am Afrikafeldzug teil. Am 7. April wurde sein Wagen von einem englischen Flugzeug angegriffen. Stauffenberg wurde schwer verletzt. Er verlor das linke Auge, den rechten Arm und zwei Finger an der linken Hand. Drei Monate lag er im Lazarett in München. „Er weigerte sich, schmerzstillende Mittel zu nehmen. Er war stolz auf seine körperliche Unabhängigkeit, er lernte mit seinen drei Fingern zu essen, sich zu rasieren, sich zu waschen."[39]

Nach diesen schweren Verletzungen hätte Stauffenberg auf den Militärdienst verzichten können, tat es aber nicht: „»Ich habe das Gefühl, daß ich jetzt etwas tun muß, um das Reich zu retten« – erklärte er seiner Frau noch im Krankenhaus in einem lachend-ernsten Ton, hinter dem sich echte Anteilnahme verbarg. Peter Sauerbruch gegenüber äußerte er später: »Ich könnte den Frauen und Kindern der Gefallenen nicht in die Augen sehen, wenn ich nicht alles täte, dieses sinnlose Menschenopfer zu verhindern.«[40]

Im Gespräch mit seinem Onkel, Nikolaus Graf von Üxküll-Gyllenband, der ihn noch im Krankenhaus besuchte, sagte Stauffenberg: „Nachdem die Generäle bisher nichts erreicht haben, müssen sich nun die Obersten einschalten."[41]

Nach Verlassen des Krankenhauses willigte er nicht darin ein, die Genesungszeit zu verlängern, was ihm der ihn untersuchende Professor Sauerbruch vorschlug. Stauffenberg erwiderte, er habe eine wichtige Aufgabe zu erfüllen.

Als im August 1943, nach einem Gespräch mit General Olbricht, Stauffenberg der Verschwörung beitrat, begann eine neue Phase in seinem Leben. Die Verschwörer brachten ihm großes Vertrauen entgegen; allmählich begann er, die führende Rolle zu spielen.

Am 1. Oktober 1943 übernahm er die Stellung des Chefs des Stabes im

Wolfsschanze - 20. Juli 1944: Benito Mussolini, Martin Bormann, Karl Dönitz, Adolf Hitler, Hermann Göring, Hermann Fegelein und Bruno Loerzer

Hermann Göring, Heinrich Himmler, Eckhard Christian, Bruno Loerzer, Adolf Hitler und Benito Mussolini (20. Juli 1944)

Allgemeinen Heeresamt an der Bendlerstraße in Berlin. Er begann an den Umsturzplänen zu arbeiten. Er war sich bewußt, daß es nicht allein darum ging, Hitler zu beseitigen, sondern zugleich darum, das ganze Nazisystem abzuschaffen. Zu dieser Zeit hatte Stauffenberg keinen direkten Zugang zu Hitler, der weit weg von Berlin weilte.

Im November 1943 sollte Helmuth Stieff, der an Besprechungen im Führerhauptquartier teilnahm, das Attentat auf Hitler verüben. Stauffenberg gab ihm englisches Sprengmaterial, das ihm Tresckow besorgt hatte. Nach gewisser Zeit erklärte Stieff, daß infolge der außergewöhnlichen Sicherheitsmaßnahmen im FHQ das Hineinbringen einer Bombe in den Lageraum unmöglich sei.

Einige Wochen darauf beabsichtigte man, Hitler während einer Uniformvorführung umzubringen. Panzerhauptmann Axel von dem Bussche sollte an Hitler mit einer in der Uniform versteckten Bombe herantreten und sie zünden. Hitler hatte wieder Glück. Der Eisenbahnwagen mit den Uniformen wurde während eines Bombenangriffs vernichtet. Zu einer Vorführung kam es nicht mehr.

Den Verschwörern verblieb immer weniger Zeit. Einige von ihnen wurden verhaftet, da die Gestapo auf die Spuren der Verschwörung gestoßen war. Im Sommer 1944 war die Lage an allen Fronten für Deutschland katastrophal. Am 4. Juni 1944 marschierten die alliierten Truppen in Rom ein, zwei Tage darauf landeten die Alliierten in der Normandie. Auch im Osten erlitten die Deutschen Niederlagen. Die Rote Armee rückte in Polen ein. Hitler weilte zu dieser Zeit in der Wolfsschanze und verließ das Hauptquartier immer seltener. Keiner der Generäle und höheren Offiziere aus seiner Umgebung war bereit, das Attentat zu begehen.

Am 1. Juli 1944 trat ein Ereignis ein, das für die Verschwörer günstig war. Stauffenberg, zum Oberst befördert, wurde Chef des Stabes des Ersatzheeres unter Generaloberst Friedrich Fromm. Es war klar, daß er von nun an an den Besprechungen im Führerhauptquartier teilnehmen würde. In dieser Situation entschloß sich Stauffenberg, selbst das Attentat zu verüben, trotz der Schwierigkeiten, die sich aus seiner körperlichen Behinderung ergaben.

UNTERNEHMEN „WALKÜRE“

Bei den Vorbereitungen des Attentats nutzten Stauffenberg und andere Verschwörer den Plan unter dem Decknamen „Walküre“. Er war schon früher auf Vorschlag von General Olbricht ausgearbeitet und von Hitler gebilligt worden. Er sah die Niederschlagung eines eventuellen Aufstandes von Millionen in Deutschland beschäftigter Zwangsarbeiter, Kriegsgefangenen und politischer Häftlinge durch Einheiten des Ersatzheeres vor. Die Verschwörer wollten diesen Plan für eigene Zwecke nutzen. Er

Telefonzentrale in der Wolfsschanze

war Tarnung und Ausgangspunkt für den geplanten Staatsstreich. Nach Bekanntgabe der Losung „Walküre“ sollte das Ersatzheer, dessen Stabschef Oberst Stauffenberg war, sowie andere bei Berlin stationierte Einheiten alle wichtigen Objekte besetzen: Ministerien, Sendestationen, Post, Polizeiwachen und andere. Goebbels und andere faschistische Hauptpersonen, die sich in Berlin aufhielten, sollten verhaftet werden. Das Ziel war eine neue deutsche Regierung. In der Übergangszeit sollte an der Spitze dieser Regierung Generaloberst Ludwig Beck stehen, Reichskanzler sollte Carl Goerdeler werden, Vizekanzler Wilhelm Leuschner, Außenminister Friedrich Werner Graf von der Schulenburg, Kriegsminister Friedrich Olbricht, Finanzminister Ewald Loeser.

Stauffenberg entschloß sich, so einen Sprengstoff anzuwenden, den er in seiner Aktentasche verstecken könnte. Er wußte, daß die Aktentaschen der zu den Besprechungen im Führerhauptquartier kommenden Stabsoffiziere nicht kontrolliert wurden. Ein Pistolenattentat kam nicht in Frage. Teilnehmer der Lagebesprechungen betraten den Lageraum in Anwesenheit Hitlers ohne Koppel und Pistolentasche. Zwar konnte Stauffenberg seine Pistole in der Aktentasche verbergen, ähnlich wie die Bombe, aber die Handhabung der Waffe durch den schwer verkrüppelten Offizier wäre schwierig gewesen. Es herrschte auch die Überzeugung, daß Hitler eine kugelsichere Weste trug. Außerdem mußte Stauffenberg nach Berlin zurückkehren, um den Staatsstreich lenken zu können.

Am 6. Juli 1944 begab sich Stauffenberg zu einer Besprechung auf den Obersalzberg, wo er mit Hitler sprach. Einer der späteren Berichte der Gestapo behauptete, daß er in der Aktentasche eine Bombe hatte, sich aber nicht entschloß, sie zu zünden. Fünf Tage später, am 11. Juli 1944, begab sich Stauffenberg erneut auf den Obersalzberg, wo Hitler noch weilte, und war entschlossen, das Attentat zu begehen. Er gab seinen Plan aber auf, weil bei der Besprechung Himmler nicht zugegen war. Stauffenberg war der Ansicht, daß Himmler und Göring zusammen mit Hitler beseitigt werden mußten.

Die nächste Gelegenheit bot sich am 15. Juli 1944. Stauffenberg kam an diesem Tag zu einer Besprechung unter Beteiligung Hitlers in die Wolfsschanze. Die Besprechung begann um 11.00 Uhr und dauerte nur kurz, so daß nicht genügend Zeit für Einschaltung des Zünders war. Der von General Olbricht bekanntgegebene „Walküre-Alarm“ wurde rückgängig gemacht und als Übungsalarm getarnt.

Am 18. Juli wurde Stauffenberg benachrichtigt, daß er sich am 20. Juli

---

→

Begrüßung auf dem Vorplatz der Lagebaracke am 15. Juli 1944. Von links: Oberst des Generalstabs Claus Schenk Graf von Stauffenberg, Marine-Adjutant Karl-Jesco von Puttkamer, General der Flieger Karl Bodenschatz (mit dem Rücken zur Kamera), Adolf Hitler, ein RSD-Beamter und Generalfeldmarschall Wilhelm Keitel (mit Mappe). Im Hintergrund der Gästebunker (heute Nr. 6)

erneut zur Wolfsschanze begeben sollte. Er sollte einen Bericht über die Neuaufstellung von Volksgrenadierdivisionen zur Stabilisierung der katastrophalen Lage im Osten erstatten. Stauffenberg verständigte seine Freunde und Kampfgefährten. Sie wußten, daß jetzt die Entscheidung fallen mußte. Die Würfel waren gefallen. Die Verschwörer erwarteten den 20. Juli mit Hoffnung aber auch mit Befürchtungen. Manche nahmen von ihren Familien Abschied. Sie konnten nicht sicher sein, daß die Ereignisse nach ihrem Plan verlaufen würden.

Aus den Zeugenaussagen geht hervor, daß am Vortage des Attentats Stauffenberg seinen Dienstpflichten nachkam wie an jedem Tag. Er war ausgeglichen und ruhig. Die letzten Stunden vor der Abfahrt zur Wolfsschanze verbrachte er mit seinem Bruder.

DER ZWANZIGSTE JULI

Am Morgen des 20. Juli 1944, einige Minuten nach 6.00 Uhr, verließ Oberst Claus Graf Schenk von Stauffenberg seine Wohnung in Berlin-Wannsee und fuhr mit dem Wagen zum Flugplatz Rangsdorf. Dort wartete schon auf ihn die Kuriermaschine, eine Junkers „Ju 52". Zusammen mit seinem Adjutanten, Oberleutnant Werner von Haeften, stieg er in das Flugzeug. Vor dem Start stellten beide sorgfältig ihre Aktentaschen neben sich. In jeder war eine 975 Gramm schwere Bombe mit einem englischen, chemischen Zeitzünder.

Ungefähr um 7.00 Uhr startete das Flugzeug. Bis nach Rastenburg waren es 560 km. Nach über zwei Stunden Flugzeit landeten sie beim Gut Wilhelmsdorf, 5 km von der Wolfsschanze entfernt. Sie nahmen im Kurierauto Platz. Vom Flugplatz fuhren sie zum Gut Queden und dann nach Norden zum Eingang des Hauptquartiers. „Generalmajor Stieff fuhr mit; er war anscheinend mit Stauffenberg und Haeften geflogen. Während Stieff nach „Mauerwald" weiterfuhr und Haeften zunächst noch mit ihm zusammenblieb, um Stauffenberg erst später wieder in der Wolfsschanze zu treffen, stieg dieser am Kasino II im Sperrkreis II ab, das in dem Kurhaus Görlitz untergebracht war."[42]

Vor dem Kasino unter Bäumen war ein langer Tisch gedeckt, an dem Adjutant im Stabe des Kommandanten des FHQ, Rittmeister Möllendorff, Dr. Wilhelm Tobias Wagner, Dr. Erich Walker und andere saßen. Stauffenberg kam dazu und frühstückte mit ihnen.

Etwa um 11.00 Uhr begab sich Stauffenberg zur Baracke des Wehrmachtführungsstabes, die sich im Sperrkreis I befand. Hier hatte er eine dienstliche Unterredung mit General Buhle und General Henning von Thadden. Ungefähr um 11.30 Uhr gingen Stauffenberg, Buhle, Thadden und Lechler zum Generalfeldmarschall Keitel. Unterwegs schloß sich ihnen Haeften an. Im Laufe der 45 Minuten währenden Unterredung besprach man den Bericht Stauffenbergs, bevor er ihn dem Führer vorstellte. Um 12.00 Uhr rief Hitlers Diener Keitel an, um daran zu erinnern, daß im Zusammenhang mit dem Eintreffen Mussolinis in der Wolfsschanze, die Lagebesprechung von 13.00 auf 12.30 Uhr verlegt werden mußte. Keitel setzte Stauffenberg darüber in Kenntnis und fügte hinzu, daß die Besprechung in der Lagebaracke neben dem Gästebunker abgehalten würde. Wenige Minuten nach 12.00 Uhr beendete Keitel das Gespräch mit der Erklärung, es sei höchste Zeit, sich zur Lagebaracke zu begeben.

Stauffenberg sagte, er wolle sich noch erfrischen und das Hemd wechseln. Keitels Adjutant, John von Freyend, öffnete ihm sein Schlafzimmer. Haeften ging mit Stauffenberg hinein unter dem Vorwand, daß er Stauffenberg beim Umziehen behilflich sein möchte. Sie beabsichtigten, die Zünder beider Bomben einzuschalten und beide Bomben in eine Aktentasche zu legen. „Das Ingangsetzen der Zünder war ein heikler Vorgang. Stauffenberg hatte eine Flachzange zur Verfügung, mit der er notfalls auch alleine hantieren konnte, allerdings mit größerem Zeitaufwand, als wenn er Hilfe hatte. Er mußte die Kupferhülsen zusammenpressen, in denen die Glasampullen mit der Säure staken, die in der berechneten Zeit Spanndrähte zerfressen sollte, die ihrerseits Spiralfedern mit Zündbolzen gespannt hielten. Dabei mußte er vorsichtig vorgehen, damit der Spanndraht nicht durch den Druck der Zange geknickt wurde. Danach mußte er durch ein Schauloch feststellen, ob die Feder noch gespannt war, mußte einen Sicherungsstift entfernen und dann den Zünder in die Übertragungsladung einsetzen.“[43]

Die vor dem Bunker wartenden Offiziere wurden unruhig, denn es war schon sehr spät. Sie schickten Oberfeldwebel Werner Vogel zu Stauffenberg mit der Bitte, sich zu beeilen. Erst eine Bombe war fertig, als Vogel in der Tür gleich hinter Stauffenberg und Haeften stand und drängte zu gehen. Es war nicht mehr Zeit, die zweite Bombe fertigzumachen und sie mit der ersten zusammenzulegen. Haeften legte sie daher in seine Aktentasche und ging zum Auto. Auf diese Weise blieb in der Aktentasche Stauffenbergs nur eine Sprengstoffpackung.

Stauffenberg schloß sich endlich den auf ihn wartenden Offizieren an, und schnell begaben sie sich zur Lagebaracke. Erst Lechler, danach John von Freyend wollten beim Tragen der schweren Aktentasche behilflich sein, aber Stauffenberg lehnte mit Nachdruck ab. Keitel, der nicht auf Stauffenberg warten wollte, war ihnen vorausgeeilt und schon im Konferenzraum.

Kurz nach 12.30 Uhr waren Stauffenberg, Buhle und John von Freyend in der Lagebaracke. Der Raum, in dem die Besprechungen stattfanden, befand sich am Ende der Baracke und hatte die Ausmaße 5x10 m. In der Mitte stand ein großer, solider Tisch für die Karten. Die dicke Tischplatte aus Eichenholz stützte sich auf zwei massive Sockel.

Die Besprechung hatte schon begonnen. Hitler stand mitten am Tisch mit dem Rücken zur Tür, das Gesicht zum Fenster gewandt. General Heusinger sprach über die Situation an der Ostfront. Keitel unterbrach den Bericht und stellte Hitler Stauffenberg vor. Hitler begrüßte den Oberst durch Händedruck. Heusinger setzte seinen Bericht fort.

Noch vor Eintreten in die Lagebaracke bat Stauffenberg John von Freyend um einen Platz in der Nähe Hitlers, damit er ihn gut hören könnte. Keitels Adjutant wunderte sich nicht darüber, da er wußte, daß der Oberst infolge der in Afrika erlittenen Verletzungen eine Gehörbeschädigung hatte. John von Freyend bat Konteradmiral Hans Erich Voß, sich auf die andere Seite des Tisches zu begeben. Dessen Platz wies er Stauffenberg an, und er stellte an diese Stelle dessen Aktentasche ab. Auf diese Weise kam Stauffenberg auf die rechte Seite Hitlers, von dem ihn zwei Personen trennten. „Stauffenberg mußte immer noch ein wenig drängeln, um nahe genug an den Tisch heranzukommen, und er mußte vor allem die Aktentasche so abstellen, daß sie niemandem im Wege war. Trotz aller Bemühung kam er nur an die rechte Ecke des Tisches. Er nahm also die Tasche und stellte sie dort unter den Tisch. Hätte er versucht, sich zwischen Heusinger und Brandt zu drängen und die Tasche an der Innenseite des Sockels, also Hitler unmittelbar vor die Füße zu stellen, er hätte mit Sicherheit wegen eines solchen Verhaltens große Schwierigkeiten bekommen. Er konnte nicht anders, als sie rechts neben den rechten Tischsockel stellen. Da die Tasche noch etwas unter dem Tischrand hervorragte, ist es wohl möglich, daß sie Oberst Brandt im Wege war und daß dieser sie mit dem Fuß ein Stück weiter unter den Tisch schob, aber von der Innenseite des rechten Tischsockels an die Außenseite gestellt hat er sie nicht.“[44]

Als die Tasche mit der Bombe unter dem Tisch aufgestellt war, mußte Stauffenberg so schnell wie möglich den Konferenzsaal verlassen. Er sagte Keitel, daß er telefonieren müsse, und ging mit John von Freyend aus dem Lageraum. Von den anwesenden Offizieren wurde dies nicht beachtet, da Heusinger seinen Bericht fortsetzte. Außerdem war es Gewohnheit, daß während der Besprechungen Offiziere kurz das Zimmer verließen, um dringende Dienstangelegenheiten zu erledigen.

Stauffenberg erklärte John von Freyend, daß er mit General Fellgiebel telefonieren möchte, der ihn darum gebeten habe. Der Adjutant Keitels wies den Telefonisten, Wachtmeister Adam, an, mit dem Bunker Fellgiebels zu verbinden. Stauffenberg nahm den Telefonhörer ab, aber als er sah, daß von Freyend zum Lageraum zurückkehrte, legte er wieder auf und verließ die Lagebaracke, ohne auf Verbindung zu warten, was den Telefonisten sehr verwunderte.

Der Oberst begab sich eilig zum Bunker, in dem die Persönliche Adjutantur des Führers war. Dort warteten auf ihn General Erich Fellgiebel

Die Lage im Beratungsraum vor der Bombenexplosion - 20. Juli 1944

1. Adolf Hitler
2. Generalleutnant Adolf Heusinger
3. General der Flieger Günther Korten (tödlich verletzt)
4. Oberst im Generalstab Heinz Brandt (tödlich verletzt)
5. General der Flieger Karl Bodenschatz, Görings Stabschef
6. Oberstleutnant Heinz Weizenegger
7. Generalleutnant Rudolf Schmundt, Chefadjutant der Wehrmacht bei Hitler (tödlich verletzt)
8. Oberstleutnant Heinrich Borgmann, Hitlers Adjutant
9. General Walter Buhle
10. Konteradmiral Karl-Jesco von Puttkamer, Hitlers Adjutant
11. Stenograph Dr. Heinrich Berger (tödlich verletzt)
12. Kapitän zur See Heinz Assmann
13. Oberstleutnant John von Freyend
14. Generalmajor Walter Scherff
15. Konteradmiral Hans Voss
16. SS-Sturmbannführer Otto Günsche, Hitlers Adjutant
17. Oberst Nicolaus von Below, Hitlers Adjutant
18. SS-Gruppenführer Hermann Fegelein
19. Stenograph Heinz Buchholz
20. Major Herbert Büchs
21. Gesandter Franz Sonnleithner
22. General Walter Warlimont
23. Generaloberst Alfred Jodl
24. Generalfeldmarschall Wilhelm Keitel, Chef des OKW
25. Oberst Claus Schenk Graf von Stauffenberg

B. Hier stand die Tasche mit der Bombe

(nach P. Hoffmann)

und Oberleutnant Werner von Haeften mit einem Wagen. In diesem Augenblick brach in der Lagebaracke die Explosion aus. Stauffenberg und sein Adjutant bestiegen schnell das Auto und begaben sich in Richtung Flugplatz. Unterwegs sahen sie, daß sich über der Lagebaracke eine gewaltige Rauchwolke erhob. Um die Baracke herum herrschte großes Durcheinander. Die ersten Verletzten wurden herausgetragen. Die Sprengkraft war gewaltig. Stauffenberg war überzeugt, daß Hitler nicht mit dem Leben davongekommen sei.

Kurz danach wurde der Wagen vor der Wache am Südwestausgang des Sperrkreises I angehalten. Es gab hier keine größeren Schwierigkeiten, da es erst kurz nach der Explosion war. Alarm war noch nicht ausgerufen, und Stauffenberg hatte einen gültigen Passierschein. Er sagte etwas über einen dringenden Befehl Hitlers, und der Wachposten erlaubte ihm, durchzufahren. Einige Minuten später kamen sie an die Außenwache Süd. Inzwischen war Alarm gegeben. Der wachhabende Oberfeldwebel Kolbe wollte sie nicht durchlassen. Stauffenberg mußte aus dem Wagen steigen und sich ins Wachlokal begeben, um jemanden anzurufen, der den Befehl zum Durchlassen geben konnte. Er rief Rittmeister Möllendorff an, der befahl, Stauffenberg durchzulassen. Der Weg zum Flugplatz war offen. Unterwegs warf Haeften die zweite, nicht genutzte Bombe durch das geöffnete Wagenfenster. Der Chauffeur, Leutnant Erich Kretz, der nicht in die Verschwörung eingeweiht war, bemerkte dies. Später, während der Untersuchung, stattete er darüber Meldung ab, und die Bombe wurde aufgefunden.

Um 13.15 Uhr startete das Flugzeug mit Stauffenberg und Haeften in Richtung Berlin.

Als die Bombe in der Lagebaracke explodierte, befanden sich dort 24 Personen. Zum Zeitpunkt der Explosion zeigte General der Flieger Günther Korten auf der Karte die deutschen Stellungen, die durch feindliche Flugzeuge angegriffen wurden. Hitler hörte ihm aufmerksam zu, und in Gedanken versunken beugte er sich weit über den Tisch, das Kinn auf die Hand gestützt.

Die Explosionskraft warf alle auf die Erde. Das ganze Innere der Baracke wurde zerstört. Der schwere Tisch, unter dem die Tasche stand, brach zusammen. Rundum lagen Teile zerbrochener Stühle, Fetzten von Karten und Dokumenten, Glasscherben. Der ganze Raum war mit dichtem Rauch ausgefüllt. Die Teilnehmer der Besprechung, die sich noch aus eigener Kraft bewegen konnten, bemühten sich schnell das Lagezimmer zu verlassen. **Vier Personen wurden tödlich verletzt.** Der Stenograph Dr. Heinrich Berger starb noch am selben Nachmittag; Oberst Heinz Brandt und General Günther Korten – zwei Tage später und Generalleutnant Rudolf Schmundt – am 1. Oktober 1944. Die übrigen Anwesenden erlitten geringere oder größere Verletzungen.

Die sogenannte Lagebaracke, in der das Attentat auf Hitler verübt worden ist. Reichmarschall Hermann Göring im Gespräch mit seinem Adjutanten Julius Schaub; vor ihnen stehen General Bruno Loerzer und der Sekretär des Führers, Martin Bormann (20. Juli 1944).

Das Gebäude, in dem die von Oberst Claus Graf von Stauffenberg gelegte Bombe explodierte, war im Frühjahr 1944 tatsächlich eine leichte Holzbaracke. In der ersten Hälfte des Jahres 1944 wurde sie aber verstärkt; von außen wurde sie mit dicken Ziegelsteinmauern umbaut, und über das alte Dach kam eine neue Stahlsaitenbeton-Decke. Diese Konstruktion machte die ehemalige Baracke gegen eventuelle Bombensplitter wiederstandsfähig.

Kurz darauf erschallte der Ruf Keitels: „Wo ist der Führer?" Der Feldmarschall erblickte ihn im dichten Rauch und half ihm, die Lagebaracke zu verlassen. Kurz danach fanden sich bei Hitler ebenfalls sein Adjutant Julius Schaub und sein Diener Heinz Linge ein. Sie begleiteten ihn zu seinem Wohnbunker, wo sich die Ärzte seiner annahmen. Er hatte am rechten Ellenbogen einen Bluterguß und Hautabschürfungen an der linken Hand. Sein Gehör war beschädigt, seine Trommelfelle waren geplatzt. Seine neuen Hosen waren nur noch Fetzen, die Haare angesengt. Alle Verletzungen erwiesen sich jedoch als leichte, er fühlte sich gut. Der massive, solide Sockel, hinter dem die Bombe war, und die dicke Tischplatte aus Eichenholz hatten Hitler etwas geschützt. Große Bedeutung hatte auch die Tatsache, daß die Besprechung in der leichten Baracke stattfand, wo die Druckwelle durch die Fenster entweichen konnte.

Hitler erachtete seine Rettung als Wunder. Im Gespräch mit General Koller äußerte er: „Ich bin heil aus dem Weltkrieg gekommen, ich habe so manchen schweren Flug, auch gefährliche Autofahrten mitgemacht, und mir ist nichts geschehen. Aber dieses ist jetzt das größte Wunder. Es ist wirklich ein Wunder."[45]

General Fellgiebel, der an der Verschwörung beteiligt war, sollte Berlin verständigen, ob das Attentat verübt wurde oder nicht. Nach der Nachricht vom Tode Hitlers wollten die Verschwörer den Staatsstreich beginnen. Die Möglichkeit, daß Hitler nach der Explosion der Bombe noch am Leben sein könnte, wurde außer acht gelassen. Kurz nach der Explosion war Fellgiebel vor dem Gästebunker, um persönlich die Auswirkungen des Attentats zu überprüfen. Er war ganz betroffen, daß Hitler nur leicht verletzt war. Einige Zeugen behaupten, daß er Hitler zu dieser glücklichen Rettung beglückwünschte. Er wußte nicht, was er in dieser Situation tun sollte. Schließlich benachrichtigte er die Verschwörer nicht über die Entwicklung der Ereignisse in der Wolfsschanze. Mehr als drei Stunden waren sie in Ungewißheit und unternahmen nichts.

Hitler, der schon den ersten Schock nach dem Attentat überwunden hatte, begrüßte um 16.00 Uhr auf dem Bahnhof der Wolfsschanze Mussolini. Vor Beginn der Gespräche, die bis 18.00 Uhr andauerten, zeigte Hitler Mussolini die zerstörte Lagebaracke.

Etwa um 15.00 Uhr kehrte das Flugzeug mit Stauffenberg und Haeften an Bord nach Berlin zurück. Haeften telefonierte zur Bendlerstraße und übermittelte die Nachricht: „Hitler ist tot." Zwischen 15.50 und 16.00 Uhr löste endlich General Olbricht „Walküre" mit dem Stichwort „Deutschland" aus. Kurz danach erreichte die Verschwörer die Nachricht, daß der Führer nur leicht verletzt sei. Das rief ihre Unentschlossenheit hervor und Angst vor Hitlers Rache.

Den Verschwörern gelang es nicht, Berlin zu beherrschen. Die Reichskanzlei, die Ministerien und das Hauptquartier der Gestapo wurden

Hitler zeigt Mussolini den zerstörten Konferenzraum (20. Juli 1944).

"Am 20. Juli um die Mittagszeit hörte ich eine Explosion. Es knallte öfters in der Nähe, da abseits von den Wegen Tellerminen verlegt waren, die manchmal durch das Wild ausgelöst wurden. Aber diesmal war es anders. Es wurde aufgeregt nach dem Arzt gerufen: »Eine Bombe ist explodiert, wahrscheinlich in der Gästebaracke!« Überall war plötzlich alles abgesperrt. Ich dachte mir noch, heute brauche ich bestimmt nicht zum Essen zum Chef. Dann hörte ich: »Dem Chef ist nichts passiert, aber die Baracke ist in die Luft geflogen!« Wider Erwarten wurde ich gegen 3 Uhr nachmittags zum Chef gerufen. Als ich sein Bunkerzimmer betrat, erhob sich Hitler etwas mühsam und gab mir die Hand. Er sah überraschend frisch aus und erzählte von dem Attentat. (...) Für den Nachmittag war der Besuch des Duce angesagt. Ich dachte nicht anders, als daß Hitler den Empfang verschieben werde, aber als ich ihn fragte, antwortete er: »Selbstverständlich empfange ich ihn. Ich muß das sogar tun, denn was glauben Sie, was sonst in der Welt für Lügen über mich verbreitet würden!«"

Christa Schroeder, *Er war mein Chef*, München 1992, S. 147-148

nicht besetzt. Goebbels, sowie andere in Berlin weilende bedeutende Nationalsozialisten wurden nicht verhaftet, Einheiten der SS nicht entwaffnet, und die Sendestation wurde von den Verschwörern nicht genutzt. Das Unternehmen „Walküre“ scheiterte nach wenigen Stunden.

Wenige Minuten vor 23.00 Uhr wurde das Gebäude an der Bendlerstraße von einer Kompanie des Wachbataillons „Großdeutschland“ angegriffen. Im Korridor kam es zu einer Schießerei, bei der Stauffenberg verwundet wurde. Kurz nach 23.00 Uhr wurde er zusammen mit einer Gruppe anderer Verschwörer verhaftet. Auf Befehl General Fromms wurde unverzüglich ein Standgericht abgehalten. Vier der Verschwörer wurden zum Tode verurteilt: Oberst Claus von Stauffenberg, Oberleutnant Werner von Haeften, General Friedrich Olbricht und Oberst Mertz von Quirnheim.

Kurz nach Mitternacht stand der verwundete Claus Schenk Graf von Stauffenberg, gestützt auf seinen Adjutanten, zusammen mit anderen Verurteilten im Hof des Allgemeinen Heeresamtes in der Bendlerstraße vor dem Sonderkommando. Der Platz der Exekution war durch Kraftfahrzeugscheinwerfer erleuchtet. Als die Maschinengewehre auf ihn zielten, rief er: „Es lebe das heilige Deutschland.“ Als er starb, war er kaum 37 Jahre alt.

HITLERS REDE

Um 1.00 Uhr nachts übertrugen alle deutschen Sender eine Ansprache Hitlers, in der er u.a. sagte:

„Deutsche Volksgenossen und -genossinnen! Ich weiß nicht, zum wievielten Male nunmehr ein Attentat auf mich geplant und zur Ausführung gekommen ist. Wenn ich heute zu Ihnen spreche, dann geschieht es aus zwei Gründen: Erstens damit Sie meine Stimme hören und wissen, daß ich selbst unverletzt und gesund bin. Zweitens damit Sie aber auch das Nähere erfahren über ein Verbrechen, das in der deutschen Geschichte seinesgleichen sucht.

Eine ganz kleine Clique ehrgeiziger, gewissenloser und zugleich verbrecherischer, dummer Offiziere hat ein Komplott geschmiedet, um mich zu beseitigen und zugleich mit mir den Stab praktisch der deutschen Wehrmachtführung auszurotten. Die Bombe, die von dem Oberst Graf von Stauffenberg gelegt wurde, krepierte zwei Meter an meiner rechten Seite. Sie hat eine Reihe mir teurer Mitarbeiter sehr schwer verletzt, einer ist gestorben. Ich selbst bin völlig unverletzt bis auf ganz kleine Hautabschürfungen, Prellungen oder Verbrennungen. Ich fasse das als eine Bestätigung des Auftrages der Vorsehung auf, mein Lebensziel weiter zu verfolgen, so wie ich es bisher getan habe...

Der Kreis, den diese Usurpatoren darstellen, ist ein denkbar kleiner. Er hat mit der deutschen Wehrmacht und vor allem auch mit dem deutschen Heer nichts zu tun...

"Hier stand ich einige Minuten, als die Bombe explodierte. Es war 12.40 Uhr. Ich verlor für kurze Augenblicke das Bewußtsein. Als ich wieder zu mir kam, sah ich um mich ein Trümmerfeld von Holz und Glasscherben. (...) Mein Kopf brummte, mein Gehör hatte erheblich nachgelassen, an Hals und Kopf blutete ich. Am Eingang der Baracke bot sich mir ein furchtbares Bild. Dort lagen bereits einige Schwerverletzte, andere Verwundete taumelten umher und stürzten nieder. Hitler wurde von Feldmarschall Keitel geleitet. Er ging sicher und aufrecht. Sein Rock und seine Hose waren zerrissen, aber sonst schien es mir, daß er keine wesentlichen Verletzungen davon getragen hatte."

Nicolaus von Below, *Als Hitlers Adjutant 1937-1945*, Mainz 1980, S. 381

Ich bin der Überzeugung, daß wir mit dem Austreten dieser ganz kleinen Verräter- und Verschwörer-Clique nun endlich aber auch im Rücken der Heimat die Atmosphäre schaffen, die die Kämpfer der Front brauchen. Denn es ist unmöglich, daß vorn Hunderttausende und Millionen braver Männer ihr Letztes hergeben, während zu Hause ein ganz kleiner Klüngel ehrgeiziger, erbärmlicher Kreaturen diese Haltung dauernd zu hintertreiben versucht. Diesmal wird nun so abgerechnet, wie wir das als Nationalsozialisten gewohnt sind! Ich bin überzeugt, daß jeder anständige Offizier, jeder tapfere Soldat in dieser Stunde das begreifen wird. Welches Schicksal Deutschland getroffen hätte, wenn der Anschlag heute gelungen sein würde, das vermögen die wenigsten sich vielleicht auszudenken. Ich selber danke der Vorsehung und meinem Schöpfer nicht deshalb, daß er mich erhalten hat – mein Leben ist nur Sorge und ist nur Arbeit für mein Volk -, sondern, wenn ich danke, dann nur deshalb, daß er mir die Möglichkeit gab, diese Sorgen weiter tragen zu dürfen und in meiner Arbeit weiter fortzufahren, so gut ich das mit meinem Gewissen und vor meinem Gewissen verantworten kann..."[46]

Im weiteren Verlauf seiner Rede beschimpfte Hitler die Verschwörer, indem er sie als „Gesindel" und „gemeinste Kreaturen" benannte, die je die Militäruniform getragen hätten. Er kündigte an, dass sie nun rücksichtslos ausgerottet würden.

Ein paar Tage nach dem Attentat sagte er bei der Lagebesprechung: „Diesmal werde ich kurzen Prozeß machen. Diese Verbrecher sollen nicht vor ein Kriegsgericht, wo ihre Helfershelfer sitzen und wo man die Prozesse verschleppt. Die werden aus der Wehrmacht ausgestoßen und kommen vor den Volksgerichtshof. Die sollen nicht die ehrliche Kugel bekommen, die sollen hängen wie gemeine Verräter! Ein Ehrengericht soll sie aus der Wehrmacht ausstoßen, dann kann ihnen als Zivilisten der Prozeß gemacht werden, und sie beschmutzen nicht das Ansehen der Wehrmacht. Blitzschnell muß ihnen der Prozeß gemacht werden; sie dürfen gar nicht groß zu Wort kommen. Und innerhalb von zwei Stunden nach der Verkündung des Urteils muß es vollstreckt werden! Die müssen sofort hängen ohne jedes Erbarmen. Und das wichtigste ist, daß sie keine Zeit zu langen Reden erhalten dürfen. Aber der Freisler wird das schon machen."[47]

Am 20. Juli 1944 ist in die Görlitz ein Übertragungswagen aus Königsberg gekommen. Kurz nach 23.00 Uhr haben sich im Teehaus Hitlers engste Mitarbeiter versammelt. Sogar General Alfred Jodl, während des Attentats verwundet, (auf dem Foto mit einem Verband um den Kopf) war zugegen. Aufgenommen wurden Hitlers, Görings und Dönitz Reden an das deutsche Volk. Gesendet wurden sie aus Königsberg um 1.00 Uhr in der Nacht.

VERFOLGUNGS- UND HINRICHTUNGSWELLE

Schon eine halbe Stunde nach der Bombenexplosion kam Himmler, der in seiner Feldkommandostelle in Großgarten weilte, zur Lagebaracke in der Wolfsschanze und leitete unverzüglich eine Untersuchung ein. Nicht sofort war man darauf eingestellt, daß Stauffenberg der Täter sei. Anfänglich fiel der Verdacht auf die Arbeiter der „Organisation Todt". General Jodl sagte: „Das kommt davon, wenn das Hauptquartier eine Baustelle ist." Alsbald jedoch lenkte man die Aufmerksamkeit auf Stauffenberg, der kurz vor der Bombenexplosion aus der Baracke verschwand und Mütze und Koppel zurückließ.

Himmler berief in der Gestapo sofort eine „Sonderkommission 20. Juli" ein. Ihre Aufgabe war es, die Ereignisse zu untersuchen, und weitere Verschwörer aufzuspüren. Die Kommission bestand aus 400 Personen, die unter der Leitung Ernst Kaltenbrunners tätig waren. Kaltenbrunner erstattete ständig Himmler Meldung, und dieser wiederum Hitler, der sich täglich für die Ergebnisse der Untersuchung interessierte. Diese Kommission arbeitete bis zum Tode Hitlers. Über 700 Personen wurden verhaftet. Während der Untersuchungen wurden die Verdächtigten brutal behandelt und gefoltert, um Geständnisse zu erzwingen.

Ab August 1944 war der Volksgerichtshof unter dem Vorsitz von Dr. Roland Freisler tätig. Während der Gerichtsverhandlungen unterbrach er oft die Aussagen der Angeklagten, demütigte sie und überschüttete sie mit Schmähungen. Die Todesurteile, die im Laufe der Verhandlungen gefällt wurden, sollten eine Warnung für das ganze deutsche Volk sein. Die Urteile wurden sofort nach ihrer Verkündigung vollstreckt. Insgesamt wurden ca. 150 Personen hingerichtet. Die Exekutionen dauerten bis April 1945. In Plötzensee wurden die Offiziere mit Klaviersaiten an Fleischerhaken aufgehängt. Auf Hitlers Befehl wurden während der Exekutionen Filme gedreht, die sich der Führer dann in der Wolfsschanze ansah.

Verurteilt wurden nicht nur diejenigen, die an der Verschwörung vom 20. Juli 1944 direkt beteiligt waren. Hitler und Himmler nutzten die Gelegenheit, um auch diejenigen zu verhaften oder zu beseitigen, die mit der Verschwörung nicht viel oder selbst gar nichts gemein hatten, aber verdächtigt waren. Ein Teil der Verdächtigten und Verurteilten beging Selbstmord. Viele Personen wurden in Konzentrationslager gebracht. In diese Lager wurden manchmal ganze Familien der Verurteilten eingewiesen.

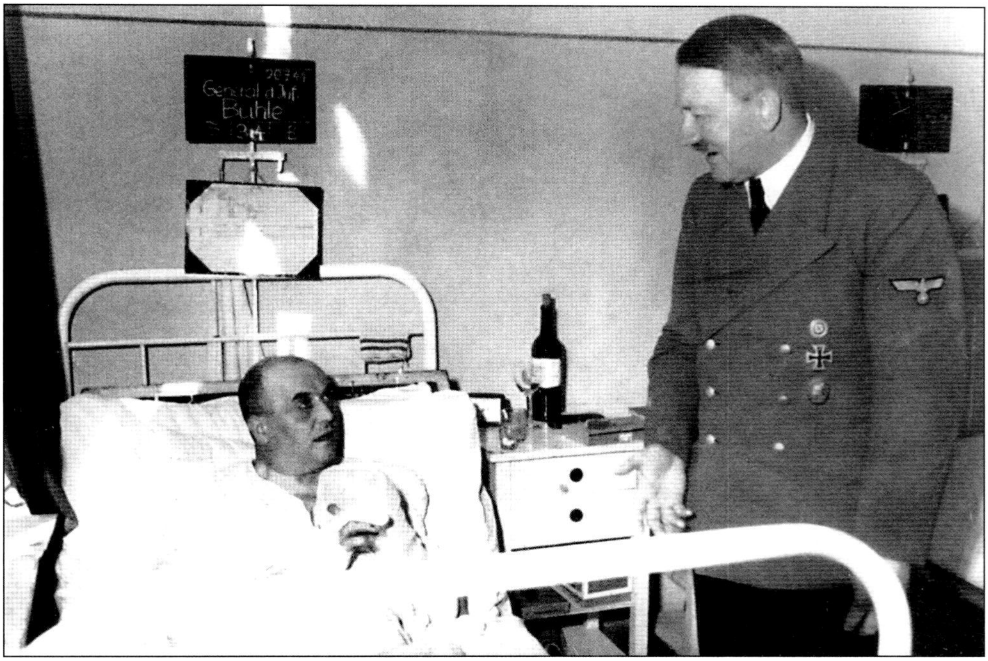

Hitler im Gespräch mit dem verletzten General Walter Buhle im Lazarett in Karlshof

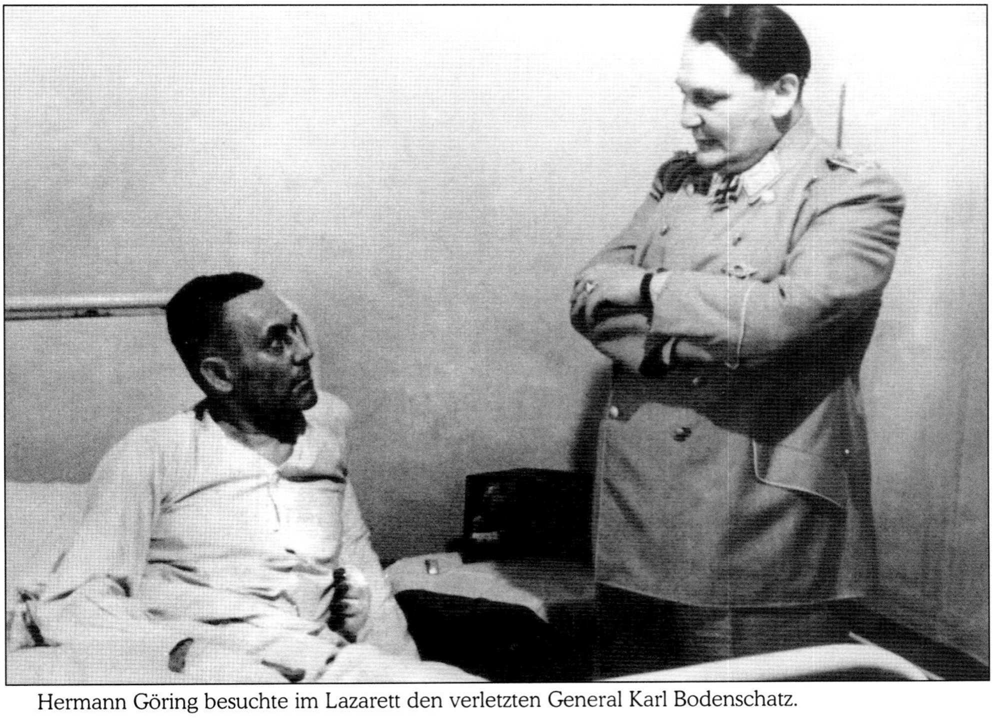
Hermann Göring besuchte im Lazarett den verletzten General Karl Bodenschatz.

Neue deutsche Regierung für den Fall eines gelungenen Attentats

- Staatsoberhaupt – Ludwig Beck
- Reichskanzler – Dr. Carl Goerdeler
- Vizekanzler – Wilhelm Leuschner
- Staatssekretär in der Reichskanzlei – Peter Graf Yorck von Wartenburg
- Innenminister – Dr. Julius Leber
- Staatssekretär des Innern – Fritz-Dietlof Graf von der Schulenburg
- Justizminister – Dr. Josef Wirmer
- Wirtschaftsminister – Dr. Paul Lejeune-Jung
- Landwirtschaftsminister – Andreas Hermes
- Finanzminister – Dr. Ewald Löser
- Kultusminister – Dr. Eugen Bolz
- Außenminister – Friedrich Werner Graf von der Schulenburg
- Kriegsminister – Friedrich Olbricht
- Staatssekretär im Kriegsministerium – Claus Schenk Graf von Stauffenberg
- Arbeitsminister – Bernhard Letterhaus
- Kulturminister – Kurt Adler von Schuschnigg
- Verkehrsminister – Matthäus Herrmann oder Wilhelm zur Nieden
- Reichsminister beim Staatschef – Dr. Hans Bernd Gisevius
- Oberbefehlshaber der Wehrmacht – Erwin von Witzleben
- Chef der Polizei – Henning von Tresckow

BERICHTE DER ZEUGEN

Nicolaus von Below, Hitlers Adjutant:

„Die Lagebesprechung begann wie immer mit dem Vortrag Heusingers über die Lage an der Ostfront. Dabei stand ich etwas abseits und sprach mit den drei anderen Adjutanten über das Besuchsprogramm des Duce. Plötzlich interessierte mich ein Punkt, über den Heusinger vortrug, und ich ging auf die gegenüberliegende Seite des Vortragstisches, um von dort aus die Lagekarte besser einsehen zu können. Hier stand ich einige Minuten, als die Bombe explodierte. Es war 12.40 Uhr. Ich verlor für kurze Augenblicke das Bewußtsein. Als ich wieder zu mir kam, sah ich um mich ein Trümmerfeld von Holz und Glasscherben. Mein erster Gedanke war, so schnell wie möglich den Raum zu verlassen. Ich erhob mich, kletterte durch eines der Fenster und lief draußen um die Baracke herum zum Haupteingang. Mein Kopf brummte, mein Gehör hatte erheblich nachgelassen, an Hals und Kopf blutete ich. Am Eingang der Baracke bot sich mir ein furchtbares Bild. Dort lagen bereits einige Schwerverletzte, andere Verwundete taumelten umher und stürzten nieder. Hitler wurde von Feldmarschall Keitel geleitet. Er ging sicher und aufrecht. Sein Rock und seine Hose waren zerrissen, aber sonst schien es mir, daß er keine wesentlichen Verletzungen davon getragen hatte."

Abschied von Benito Mussolini auf der Bahnstation in der Wolfsschanze (20. Juli 1944)

Walter Warlimont, General, Stellvertreter von Alfred Jodl:

„Von einem Augenblick auf den anderen beherrschten Flucht und Zerstörung die Szene. Wo eben noch Menschen und Dinge in einem Mittelpunkt des Weltgeschehens gestanden hatten, war nichts anders übrig als das Stöhnen der Verwundeten, sengender Brandgeruch und im Zugwind flatternde Fetzen verkohlter Karten und Papiere. Taumelnd wieder aufgerichtet, fand man sich selbst zunächst zum Sprung aus dem Fenster getrieben. Der erste klare Gedanke galt dann den Kameraden. Dringend Hilfe brauchte vor allem Oberst Brandt, ein allseits anerkannter Generalstabsoffizier und früher weltbekannter Turnierreiter, der, ein Bein zerschmettert, vergebens bemüht war, sich an einem Fenster hochzuziehen und dem Ort des Schreckens zu entkommen. Auch draußen vor der Baracke, wo die meisten anderen, bleich und verstört, sich zusammenfanden, war von dem scheinbar unverletzt Gebliebenen noch manche Hand anzulegen, ehe die Krankenwagen herankamen. Der Mann aber, dem der Anschlag vor allen anderen gegolten hatte, war schon lange vorher, auf den Arm Keitels gestützt, anscheinend nicht getroffen, nur die schwarze Hose unter dem feldgrauen Rock von unten nach oben in Streifen gerissen, seiner Baracke zugegangen."

Erwin Giesing, Laryngologe, Hitlers Arzt:

(Hitler hat) „...deutlich diese infernalisch helle Stichflamme gesehen und sich gleich gedacht, daß es nur ein englischer Sprengstoff sein könnte, denn die deutschen Sprengstoffe haben nicht eine so intensiv gelbe und grelle Flamme."[48]

Christa Schroeder, Hitlers Sekretärin:

„Am 20. Juli um die Mittagszeit hörte ich eine Explosion. Es knallte öfters in der Nähe, da abseits von den Wegen Tellerminen verlegt waren, die manchmal durch das Wild ausgelöst wurden. Aber diesmal war es anders. Es wurde aufgeregt nach dem Arzt gerufen: »Eine Bombe ist explodiert, wahrscheinlich in der Gästebaracke!« Überall war plötzlich alles abgesperrt. Ich dachte mir noch, heute brauche ich bestimmt nicht zum Essen zum Chef. Dann hörte ich: »Dem Chef ist nichts passiert, aber die Baracke ist in die Luft geflogen!« Wider Erwarten wurde ich gegen 3 Uhr nachmittags zum Chef gerufen. Als ich sein Bunkerzimmer betrat, erhob sich Hitler etwas mühsam und gab mir die Hand. Er sah überraschend frisch aus und erzählte von dem Attentat... Für den Nachmittag war der Besuch des Duce angesagt. Ich dachte nicht anders, als daß Hitler den Empfang verschieben werde, aber als ich ihn fragte, antwortete er: »Selbstverständlich empfange ich ihn. Ich muß das sogar tun, denn was glauben Sie, was sonst in der Welt für Lügen über mich verbreitet würden!«"

Reichsmarschall Hermann Göring sieht sich den zerstörten Kartentisch an. Links Vertreter des Reichsführers im Führerhauptquartier, SS-Gruppenführer Hermann Fegelein und General der Flieger Karl Koller. Wolfsschanze, 20. Juli 1944

Heinz Guderian, Chef des Generalstabs des Heeres

schildert die erste Begegnung mit Hitler nach dem Attentat:

„Hitler hatte sich durch das Attentat eine Prellung des rechten Armes zugezogen; beide Trommelfelle waren zerstört und im rechten Ohr die Eustachische Röhre verletzt worden. Er erholte sich sehr schnell von diesen äußeren Verletzungen. Seine bereits bestehende Krankheit, welche sich in zunehmendem Zittern der linken Hand und des linken Beines für jedermann sichtbar äußerte, stand nicht mit dem Attentat im Zusammenhang. Schwerwiegender als die körperlichen Auswirkungen machten sich die seelischen bei ihm geltend. Seinem Charakter entsprechend, verwandelte sich sein tief eingewurzeltes Mißtrauen gegen die Menschen im allgemeinen und gegen den Generalstab und die Generale im besonderen nunmehr in abgrundtiefen Haß. Im Zusammenhang mit seiner Krankheit, die unmerklich zu einer Umwertung der Moralbegriffe im Menschen führt, wurde aus Härte nunmehr Grausamkeit, aus der Neigung sich in seinen Ausdrücken immer mehr gehen. Alle bösen Geister, die in ihm geschlummert hatten, wurden auf den Plan gerufen. Er kannte nun keine Hemmungen mehr."

Alexander Stahlberg, Ordonnanzoffizier von Feldmarschall Manstein:

„Aber am Abend des 20. Juli kam plötzlich die Rundfunkmeldung: Im Führerhauptquartier in Ostpreußen sei ein Bombenattentat auf den Führer verübt worden. Doch der Führer sei unverletzt geblieben und werde sich noch heute über den Rundfunk an das deutsche Volk wenden... Ich ging zu Mansteins und meldete, was ich soeben erfahren hatte. Der Feldmarschall fragte, ob ich gehört habe, wer der Attentäter sei. Da dies noch nicht bekanntgegeben worden war, gab er mir den Auftrag, unverzüglich General Fellgiebel im Führerhauptquartier anzurufen und ihn um nähere Einzelheiten zu bitten. Ich gestehe, daß mir bei diesem Auftrag war, als setze mein Herz für einen Schlag aus...

In meinem Zimmer meldete ich über die Postleitung das Gespräch an: »'Führungsblitz' im Auftrage Feldmarschalls von Manstein – Führerhauptquartier Wolfsschanze – General der Nachrichtentruppe Fellgiebel.« Die Telefonistin bat mich, am Apparat zu bleiben, ich hörte einige Schaltgeräusche, nach höchstens zehn Sekunden kam die mir so gut bekannte Stimme: »Fellgiebel.« Ich meldete mich und sagte, ich riefe im Auftrage des Feldmarschalls Manstein an. Wir hätten soeben die Rundfunkmeldung gehört, der Feldmarschall bitte um Näheres. Nach einer Pause, wie um Luft zu holen, sagte er: »Es ist alles so, wie Sie es soeben im Rundfunk gehört haben. Ich habe nichts hinzuzufügen. Grüßen sie den Feldmarschall von mir. Und leben Sie wohl!« Sofort nach dem letzten Wort wurde offenbar in der Wolfsschanze aufgelegt. Jedenfalls war die

Zerfetzte Uniform eines Anwesenden bei der Lagebesprechung nach dem Attentat am 20. Juli 1944

Verbindung unterbrochen. – Fellgiebels Stimme hatte tieftraurig geklungen... General Fellgiebel... wurde am Abend des 20. Juli als einer der ersten von der Gestapo verhaftet. Möglicherweise ist dieses Telefongespräch sein letztes gewesen."

Alfons Schulz, Oberfunker im Führerhauptquartier:

„Der 20. Juli war ein warmer, herrlicher Sommertag. Ich hatte meinen Dienst an diesem Tag um 8.00 Uhr begonnen und sollte planmäßig um 14.00 Uhr abgelöst werden. Eigentlich lief der Dienstbetrieb ziemlich normal ab. Auch aus den verbotenerweise mitgehörten Gesprächen der Vortage deutete nichts auf den kommenden Anschlag hin...

Gegen Mittag tauchte unser oberster Leiter des Nachrichtendienstes, Oberst Sander, zusammen mit dem General Fellgiebel in unserer Zentrale auf. Letzterer hatte als General der Nachrichten eine führende Stellung im OKH. Beide zogen sich in Sanders Diensträume in unserem Bunker zurück. Später wurde gemunkelt, Fellgiebel habe den Auftrag gehabt, nach dem Attentat auf Hitler einen Sprengkörper in unserem Kabelkeller zu zünden, um eine Verbindung der Wolfsschanze zur Aussenwelt, vor allem aber nach Berlin, für längere Zeit zu unterbinden. Vielleicht hätte die Durchführung dieser Planung den Ablauf des Tages geändert. Gegen 12.30 Uhr wurde unser Wachtmeister Adam angewiesen, sich zum Blockhaus zu begeben, in dem die „Führerlage" stattfand. Dort sollte er den Oberst Graf Stauffenberg, der heute für einige Auskünfte aus Berlin zur Teilnahme an der „Führerlage" beordert war, abfangen und zu Oberst Streve, Kommandant der FHQs, bringen. Kurz vor 13.00 Uhr gab es dann einen Knall, der nur gedämpft in unserem Bunker wahrgenommen wurde. So etwas kam in letzter Zeit öfter vor, zumal die Arbeiter der OT ihre Arbeiten in der Anlage noch nicht beendet hatten. Deshalb fand ja auch die „Führerlage" zur Zeit in diesem Blockhaus als Ausweichquartier statt. Dann aber heulten die Alarmsirenen, alle Sperrkreise und die gesamte Anlage wurden total abgeriegelt, und niemand konnte die Wolfsschanze mehr betreten oder verlassen. Fast im selben Augenblick stürzte auch unser Wachtmeister Adam in unseren Bunker und meldete dem Leiter: »Es wurde ein Anschlag auf den Führer verübt. Es gab viele Tote und Schwerverletzte. Aber, Gott sei Dank, der Führer lebt und ist nur leicht verletzt.« Adam war es auch, der den ersten Verdacht auf Stauffenberg lenkte. Er hatte beobachtet, wie der Graf mit seiner Aktentasche den Lageraum betreten, aber ihn schon kurz darauf, wenige Minuten vor der Explosion, ohne diese Mappe verlassen hatte."

Reichsleiter Martin Bormann und Reichsmarschall Hermann Göring in dem zerstörten Konferenzraum (20. Juli 1944)

Albert Speer, Reichsminister für Rüstung und Kriegsproduktion:

„Etwa zu der gleichen Zeit, als ich meinen Vortrag beendete und Goebbels als Hausherr einige Schlußworte sprach, explodierte in Rastenburg die Stauffenbergsche Bombe. Wären die Putschisten geschickter gewesen, so hätten sie mit dieser einen Versammlung parallel zum Attentat nahezu die gesamte Reichsregierung mitsamt ihren wichtigsten Mitarbeitern durch die sprichwörtliche Figur des Leutnants mit zehn Mann festsetzen lassen können... In der Tat war es unverständlich, daß die Verschwörer es versäumten, die Nachrichtenmittel außer Betrieb zu setzen oder den eigenen Zielen dienstbar zu machen, obwohl sie bereits Wochen zuvor in einem ausführlichen Zeitplan nicht nur die Festnahme von Goebbels, sondern auch die Besetzung des Fernamtes Berlin, des Haupttelegraphenamtes, der SS-Hauptvermittlung, des Reichspostzentralamtes, der wichtigsten Sender um Berlin und des Funkhauses vorgesehen hatten. Nur wenige Soldaten wären erforderlich gewesen, um bei Goebbels einzudringen und den Minister ohne Widerstand zu finden zu verhaften...

Auf dem großen Kartentisch in Hitlers Bunker fand ich während dieses Aufenthalts im Hauptquartier die Vernehmungsberichte Kaltenbrunners. Ein mir befreundeter Adjutant Hitlers gab sie mir zwei Nächte lang zu lesen; denn noch immer fühlte ich mich nicht sicher. Vieles, was vor dem 20. Juli als berechtigte Kritik vielleicht noch hingenommen worden wäre, wirkte nunmehr belastend. Jedoch hatte keiner der Verhafteten über mich ausgesagt. Lediglich der von mir für die Ja-Sager aus Hitlers Umgebung geprägte Begriff der »Nick-Esel« war von den Putschisten übernommen worden. Auf dem gleichen Tisch lag während dieser Tage auch ein Stoß Fotografien. In Gedanken nahm ich sie in die Hand, doch legte ich sie gleich wieder weg. Obenauf hatte ich einen Gehängten in Sträflingskleidung wahrgenommen, an den Hosen ein breiter, bunter Tuchstreifen. Ein neben mir stehender SS-Führer aus der Umgebung Hitlers meinte erklärend: »Das ist Witzleben. Wollen Sie nicht die anderen auch ansehen? Alles Aufnahmen von den Hinrichtungen.« Am Abend wurde im Kinoraum die Exekution der Verschwörer vorgeführt. Ich konnte und wollte das nicht sehen. Doch, um nicht aufzufallen, schützte ich Arbeitsüberlastung vor; aber ich sah zahlreiche andere, meist niedere SS-Chargen und Zivilisten, zu dieser Vorführung gehen; aber keinen einzigen Offizier der Wehrmacht."

Hans Baur, Flugkapitän, Hitlers Chefpilot:

„Nach zwanzig Minuten waren wir im Führerhauptquartier. Selbstverständlich erfuhren wir sofort, was geschehen war. Wir sahen uns die zerstörte Baracke an, in der die Bombe hochgegangen war. Es wurde nach Stauffenberg gefahndet, der auf geheimnisvolle Art und Weise verschwunden war. Allgemein herrschte die Auffassung, daß das Attentat nur deshalb nicht vollständig gelungen sei, weil die Lagebesprechung, bei der die

Begrabungsplatz in Berlin, St. Matthäi Friedhof

Gedenktafel für Oberst Claus Schenk Graf von Stauffenberg in der Wolfsschanze

Bombe gelegt wurde, in einer Baracke stattfand und nicht im Bunker. Die Betonbunker waren zu dieser Zeit unbenutzt, weil die Decken gerade verstärkt wurden. Unser Nachrichtendienst hatte nämlich in Erfahrung gebracht, daß die Amerikaner Sechs-Tonnen-Bomben entwickelt hatten, denen nach Ansicht von Fachleuten die bisherigen Betondecken in einer Stärke von vier Metern nicht standhalten würden. Sie sollten deshalb um weitere drei Meter verstärkt werden. Diese Arbeiten wurden zu jener Zeit an den Bunkern von Hitler, Göring und Bormann ausgeführt...

Die Lagebesprechung war in der Regel auf 12 Uhr angesetzt. So auch an diesem Tage. In der Baracke war nach Entfernung einiger Zwischenwände ein großer Tisch aufgestellt worden. Die Konstruktion dieses, rund fünf Meter langen Tisches rettete vermutlich Hitler das Leben. Der Tisch war sehr schwer, da er zirka vier Zentimeter dicke Tischplatte trug. Er stand auch nicht auf gewöhnlichen Beinen, sondern hatte starke Bohlen, die geschweift ausgeschnitten waren. Als Stauffenberg den Raum betrat, war Hitler bereits anwesend – er studierte die Karte. Er stand über dem Kartentisch gebeugt und hatte den Kopf in die rechte Hand gestützt, der Arm ruhte auf der Tischplatte. Hitler hatte also nicht auf seinem Stuhl Platz genommen. Vermutlich setzte sich Stauffenberg nur kurz von den Gegebenheiten in Kenntnis. Er stellte die Aktentasche, die den Sprengstoff enthielt, in Hitlers Nähe an die gegenüberliegende, den Tisch tragende Bohlenwand. Hitlers Füße waren rund einen Meter von dem Sprengkörper entfernt. Stauffenbergs Auftrag war damit erfüllt."

Henning von Tresckow, Generalmajor, Widerstandskämpfer:

„Das Attentat muß erfolgen. Sollte es nicht gelingen, so muß trotzdem in Berlin gehandelt werden. Denn es kommt nicht mehr auf den praktischen Zweck an, sondern darauf, daß die deutsche Widerstandsbewegung vor der Welt und vor der Geschichte den entscheidenden Wurf gewagt hat. Alles andere ist daneben gleichgültig."

„Jetzt wird die ganze Welt über uns herfallen und uns beschimpfen. Aber ich bin nach wie vor der felsenfesten Überzeugung, daß wir recht gehandelt haben. Ich halte Hitler nicht nur für den Erzfeind Deutschlands, sondern auch für den Erzfeind der Welt... Wenn einst Gott Abraham verheißen hat, er werde Sodom nicht verderben, wenn auch nur zehn Gerechte darin seien, so hoffe ich, daß Gott auch Deutschland um unsretwillen nicht vernichten wird. Niemand von uns kann über seinen Tod Klage führen. Wer in unseren Kreis getreten ist, hat damit das Nessushemd angezogen. Der sittliche Wert eines Menschen beginnt erst dort, wo er bereit ist, für seine Überzeugung sein Leben hinzugeben."

Hermann Giesler, Architekt:

„Adolf Hitler schaltete die Deckenbeleuchtung an, legte einen Bericht und den Bleistift beiseite, nahm die Brille ab und gab mir die Hand: »Tag, Giesler, nehmen Sie dort den Stuhl und setzen Sie sich zu mir. Sie sehen mich in einem jämmerlichen Zustand, aber auch das habe ich überstanden, morgen kann ich wieder aufstehen...

Die Vorsehung hat mir diese Aufgabe zugewiesen, die vergeblichen Attentate – nicht nur das letzte hätte mein Leben beenden können, – daß ich am Leben geblieben bin, ist für mich ein Zeichen der Vorsehung. Ich sollte dankbar sein, daß ich diesen Kampf weiter durchstehen kann. Persönlich, egoistisch gedacht wäre mein Tod doch nur die Befreiung von Sorgen und schlaflosen Nächten, die auch die Ursache haben in meinem schlechten Gesundheitszustand, der dauernden Nervenbeanspruchung. Es wäre mir leicht, aus dem Leben zu scheiden. Nur der Bruchteil einer Sekunde, und ich wäre von allem erlöst. Doch ich sehe in dem Ausgang des gemeinen Attentats eine Bestätigung meines Auftrages. An meinem unbeugsamen Willen kann kein Zweifel sein.« ...

Seit geraumer Zeit hatte ich eine Veränderung in seinem Wesen bemerkt, so das leichte Zittern der linken Hand – er überspielte es mit einigen Scherzworten – seine Unruhe bis zur Nervosität, er war überarbeitet. In der Nacht vorher hatte er mir einen Hinweis gegeben: Es ist schwer für mich, den Schlaf zu finden. Schlafmittel – sicher – aber sie machen mich nur müde, den Schlaf bringen sie mir nicht – nur nach langem Wachliegen, meist erst um 5 oder 6 Uhr. Auch im Dunkel und der Stille, – an das Surren der Klimaanlage habe ich mich gewöhnt – ich komme nicht zum Einschlafen."

Karl Dönitz, Großadmiral, Oberbefehlshaber der Kriegsmarine:

„Am Mittag des 20. Juli 1944 rief mich in meiner Befehlsstelle in Lanke nördlich Berlins Vizeadmiral Voß aus dem Hauptquartier Hitlers in Ostpreußen an. Er sagte, es sei dringend erforderlich, daß ich sofort in das Hauptquartier käme. Die Gründe könne er am Telefon nicht angeben. Als ich am späten Nachmittag des 20. Juli dort eintraf, wurde ich von Voß und dem Marineadjutanten Hitlers, Konteradmiral von Puttkamer, davon unterrichtet, daß einige Generalstabsoffiziere des Ersatzheeres ein Attentat auf Hitler unternommen hätten. Umfang und Zusammensetzung des Widerstandskreises und seine Motive waren mir völlig unbekannt. Verschwörung und Attentat überraschten mich daher sehr. Es schien mir unfaßbar, daß sich Offiziere im Kriege zu solch einer Tat entschließen konnten... Wie damals so glaube ich also auch heute noch, daß die Erwartungen, die die Attentäter des 20. Juli hegten, falsch waren. Wenn es ihnen gelungen wäre, an die Macht zu kommen, hätten sie die Niederlage mit ihren Folgen nicht verhindern können. Wie diese Niederlage, verglichen mit der des Mai 1945, ausgesehen hätte, ist völlig offen. Es wäre aber höchstwahrscheinlich die Legende entstanden, daß nur der Verrat der Attentäter den Zusammenbruch herbeigeführt habe und daß der Krieg zu einem guten Ende geführt worden wäre, wenn Hitler noch gelebt hätte. Ich glaube, daß die Herausbildung einer solchen Vorstellung das deutsche Volk noch viel tiefer zerrissen hätte, als dies heute durch den Meinungsstreit über den 20. Juli der Fall ist. Sie hätte es zum großen Teil mit dem Glauben belastet, daß es sein Unglück ausschließlich dem eigenen Verrat verdanke. Wieviel schwerer wäre es dem deutschen Volk geworden, wieder gesund zu werden!"

Nina Gräfin Schenk von Stauffenberg, Claus Stauffenbergs Frau:

„Ende August wurde ich dann nach Ravensbrück verlegt. In den sogenannten Bunker. Dort verbrachte ich fünf Monate wieder in Einzelhaft. Wenig später ist auch meine Mutter dort gelandet; durch einen Spalt in der Tür konnte sie mich sehen, wenn ich vorbeigeführt wurde, ich selber konnte sie nicht sehen, aber erfuhr durch Mithäftlinge, daß sie in Ravensbrück war. Nach drei Wochen wurde meine Mutter zusammen mit der ganzen Familie Stauffenberg in Sippenhaft genommen, und damit begann eine wahre Odyssee durch zahlreiche Konzentrations- und sonstige Lager. Anfang Februar ist meine Mutter in einem SS-Straflager gestorben."

KOMMENTARE

Werner Maser:

„Niederlagen und Rückschläge haben Hitler stets nur zeitweise paralysiert. Umgeprägt wurde er immer nur dem Scheine nach. So »überstand« er den Tod seiner Mutter, die Zurückweisungen durch die Akademie der Bildenden Künste, den Zusammenbruch eines Teiles seiner Vorstellungen im Jahre 1918, den gescheiterten Putsch von 1923, einige Wahlenttäuschungen zur Zeit der Weimarer Republik und während des Zweiten Weltkrieges eine Reihe schwerer militärischer Niederlagen ohne sichtliche Gravierungen. Außer mit »Gelis« Tod ist er mit allem relativ rasch fertig geworden. Stauffenbergs Attentat, das ihn körperlich einerseits an vielen Stellen hart traf und ihm andererseits für eine vorübergehende Zeit zugleich eine Erleichterung brachte, schüttelte er ab wie Keitel den Barackenschmutz von seiner Uniform nach der Explosion der Bombe. Mussolinis Dolmetscher hörte ihn schon beim Empfang des Duce kurz nach dem Attentat sagen, daß ihm eigentlich nur die neue Hose leid täte, die er eingebüßt habe. Innerhalb von 5 Wochen hatte er den 20. Juli 1944 völlig überwunden."

Werner Maser, *Adolf Hitler*

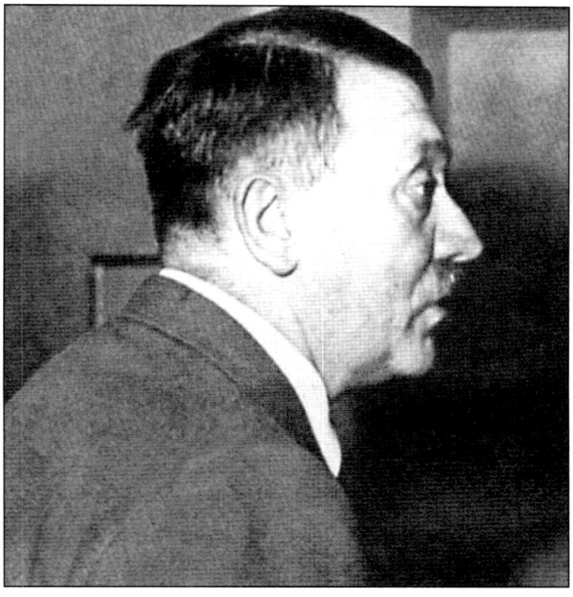

Nach dem Attentat vom 20. Juli 1944 zog Hitler sich aus dem öffentlichen Leben zurück, verließ das Hauptquartier nicht mehr und zeigte sich auch nicht mehr in Berlin. Er wurde mißtrauisch und nervös, alterte sichtbar. Seine Gesundheit verschlechterte sich zusehends. Grund dafür waren nicht die Verletzungen, die er bei der Bombenexplosion in der Lagebaracke erlitt, denn diese heilten schnell. Der schlechte Gesundheitszustand hatte vor allem psychische Gründe. Angesichts der Niederlage brach Hitler physisch und psychisch zusammen.

Joachim C. Fest:

„So verlor sich die Spur des Staatsstreichunternehmens vom 20. Juli in Hinrichtungsbaracken und Leichenhallen. Unter der Gründen, die sein Scheitern bewirkten, wird man an erster Stelle wohl immer wieder die inneren Hemmnisse vor einer Tat zu nennen haben, die allzu vielen Denkgewohnheiten und traditionsgeheiligten Reflexen zuwiderlief. Als Offiziersverschwörung hatte sie mit allen Petrefakten einer Schicht zu tun, die wie keine andere soziale Gruppe vom Herkommen und ideologischen Komment gehemmt war... Mit dieser elementaren Moralität hat es auch zu tun, daß der Putschversuch ohne einen Schuß ablief und damit zwangsläufig einige seiner Erfolgschancen verspielte... Das Unternehmen war im Grunde ohne alle Schlagkraft, und selbst die Offiziere an seiner Spitze verkörperten in der Mehrzahl den intellektuellen Typus des Stabsoffiziers, nicht den ungebrochenen Troupier wie beispielsweise Remer... Schließlich aber war der Putsch auch ohne Rückhalt in der Bevölkerung."

Joachim C. Fest, *Hitler*

Karl Dietrich Erdmann:

„Das Scheitern des Putsches bedeutete für den Ablauf des Kriegs, daß die Verantwortung des Nationalsozialismus für die Endkatastrophe durch keine zweite Dolchstoßlegende vernebelt werden konnte. Die Tatsache aber, daß der Putsch überhaupt unternommen wurde, obwohl im Grunde keine Hoffnung mehr bestand, hierdurch Deutschland vor dem militärischen Zusammenbruch retten zu können, gibt der ältesten und opferreichsten Widerstandsbewegung in Europa ihren historischen Rang. Es ist das Vermächtnis des 20. Juli, daß in der Auflehnung gegen die Gewalthaber die konservativen, bürgerlichen und sozialistischen Verschwörer ihr Leben opferten, um über die alten Gegensätze hinweg, an denen die Weimarer Republik zugrunde gegangen war, in einer undogmatischen, neue Wege suchenden Staatsgesinnung in der politischen Ordnung den Maßstab der Menschenwürde wieder zur Geltung zu bringen."

Karl Dietrich Erdmann, *Der Zweite Weltkrieg*

Wolfgang Michalka:

„Das gescheiterte Attentat auf Hitler am 20. Juli 1944 verschärfte den Gewissenskonflikt der Gegner des nationalsozialistischen Regimes. Hitler denunzierte die Gruppe um Oberst Claus Graf Schenk von Stauffenberg, der die Bombe im Führerhauptquartier im ostpreußischen Rastenburg gelegt hatte, mit den zynischen Worten: »Eine ganz kleine Clique ehrgeiziger, gewissenloser und zugleich verbrecherischer, dummer Offiziere hat ein Komplott geschmiedet, um mich zu beseitigen und zugleich mit mir den Stab praktisch der deutschen Wehrmacht auszurotten.«

Hitler kam mit dieser abqualifizierenden Anklage der Wiederstandskämpfer einer weit verbreiteten Meinung innerhalb der Bevölkerung entgegen, die – wie Sicherheitsberichte bestätigen können – verständnislos, ja voller Empörung dieses Attentat zur Kenntnis nahm. Hitlers Position als »Führer« wurde dadurch sogar wesentlich verstärkt und damit war sein Regime noch weniger von innen heraus zu stürzen.

Es wäre allerdings unangemessen, den konservativen Widerstand pauschal als reaktionär oder gar vergeblich abzutun. Gerade weil das Attentat in einer schier ausweglosen und auch kaum erfolgversprechenden Situation durchgeführt wurde, erhielt diese Aktion eine weit über die Grenzen Deutschlands ausstrahlende Funktion, die nicht nur den damaligen Gegnern des nationalsozialistischen Schreckensregiments signalisieren konnte, daß nicht alle Deutsche mit Hitler zu identifizieren seien."

Wolfgang Michalka, *Das Dritte Reich*

Gitta Sereny:

„Der 20. Juli ist bis heute, mehr als fünfzig Jahre später, in Deutschland und anderswo Gegenstand zahlreicher Debatten. Wie konnte es geschehen, so die häufige Frage, daß die Elite von Deutschlands Generalstab und des deutschen Auswärtigen Amtes die Situation dermaßen falsch einschätzte, daß der Putsch geradezu scheitern mußte? Wie kam es, daß sie das Ausmaß der Loyalität, die Hitler noch immer entgegengebracht wurde, nicht erkannten? Wie konnten sie vor allem Churchills und Roosevelts kompromißlose Ablehnung nicht nur Hitlers, sondern ganz Deutschlands und deren (zu diesem Zeitpunkt noch geltende) Bewunderung der sowjetischen Kriegsanstrengungen so gravierend falsch einschätzen? Wie konnten, fragen sich nicht nur Deutsche nach fünfzig Jahren, gut unterrichtete Deutsche zu jener Zeit glauben, es könnte einer aus Verschwörern gebildeten deutschen Regierung gelingen, die westlichen Alliierten zu überreden – wie es Speer zufolge ihre Absicht war -, an der Seite einer von Hitler befreiten deutschen Wehrmacht den Krieg gegen die Sowjets fortzusetzen? Es ist unwahrscheinlich, daß diese Fragen, im Rückblick und mit dem heutigen Wissen und leidenschaftlichen Engagement gestellt, jemals beantwortet werden. Aber gewiß handelten diese Männer mit verzweifeltem Mut, und ihre Absicht war ehrenwert."

Gitta Sereny, *Das Ringen mit der Wahrheit, Albert Speer und das deutsche Trauma*

Hans Mommsen:

„Die zukünftige politische Ordnung, die die einzelnen Richtungen des Widerstands anstrebten, ihr ideologischer Hintergrund waren grundverschieden. Aber es war nicht das, was zählte. Entscheidend war, daß man bereit war, über die alltäglichen mehr erschreckende Wirklichkeit des NS-Regimes hinauszudenken und ihr Alternativen entgegenzuhalten, machten ihnen noch so viele utopische Momente anhaften. Dazu gehörte die gemeinsame Überzeugung, daß ein Herrschaftssystem, das auf Lüge, Verblendung, Korruption, nackter Gewalt und einer Kumulation des Verbrechens aufgebaut war, keinen Bestand haben konnte und daß es jenseits desselben eine gesellschaftliche Ordnung geben werde, in der Gerechtigkeit, menschliche Würde und freie Selbstbestimmung gewährleistet sein würden, unter welchem ideologischen Vorzeichen auch immer.

Nur diese Vision befähigte die Mitglieder der deutschen Widerstandsbewegung, trotz immerwährender Rückschläge, trotz Haft und Folter, trotz der Angst um Familie, Freunde und Mitstreiter, ihren Kampf fortzusetzen, notfalls bis zum bitteren Ende. Mit ihrem Handeln setzten sie ein Zeichen, daß die Bewahrung menschlicher Würde inmitten eines Meeres der Unmenschlichkeit möglich ist."

Hans Mommsen, *Der deutsche Widerstand gegen Hitler 1933-1945*

Bendlerblock in Berlin. Stauffenbergs Hinrichtungsplatz

4. ANDERE FÜHRUNGSZENTRALEN IN DER NÄHE DER WOLFSSCHANZE

Schon im Herbst 1940, kurz vor dem Angriff auf die Sowjetunion, wurde gleichzeitig mit dem Bau der Wolfsschanze mit der Errichtung anderer Führungszentralen in etwa 9-65 km Entfernung von der Wolfsschanze begonnen. Sie waren hier unerläßlich. Sie garantierten Hitler ein wirksames Leiten der Militäroperationen und ermöglichten eine Koordination des Vorgehens aller Militärgattungen. Nicht alle, die wichtige Stellungen in der Armee und im Staat einnahmen, konnten mit Hitler zusammen in seinem Quartier wohnen. Darüber entschieden zwei Umstände. Erstens ging es darum, eine gewisse Dezentralisierung durchzuführen. In der Wolfsschanze konnten nicht zu viele Leute wohnen, denn dann wäre das Hauptquartier zu groß und dadurch schwer zu tarnen gewesen. Im Falle einer geglückten Fallschirmjägerlandung im FHQ könnte die ganze Militär- und Parteileitung umkommen. Ebenfalls im Falle einer Bombardierung wären die Verluste groß. Zweitens taten die nächsten Mitarbeiter Hitlers, wie Bormann und andere, die schon früher eine Sonderstellung bei Hitler einnahmen, alles, um ihre Konkurrenten Himmler, Ribbentrop und andere vom FHQ fernzuhalten.

Etwa 17 km von der Wolfsschanze entfernt war das **Hauptquartier des Oberkommandos und Generalstabes des Heeres „Mauerwald"**. Es lag beim Gut Mauerwald, am Mauersee und war die größte Anlage in der Gegend nach der Wolfsschanze. Die Chaussee, die Rosengarten mit Angerburg verband, teilte das Quartier in zwei Teile. Der Teil westlich der Chaussee trug den Namen Lager „Fritz". Hier waren die Dienststellen des Generalstabes. Der Teil östlich der Chaussee hieß Lager „Quelle" und war von Nachschub- und Verwaltungsdienststellen besetzt.

Im OKH-Hauptquartier „Mauerwald" arbeiteten ungefähr 1500 Stabsangehörige. Ihnen standen etwa 120 Objekte zur Verfügung: Schwerbunker mit Betonwänden und Decken, die den schwersten Fliegerbomben Widerstand leisteten, Bunker leichterer Konstruktion mit ungefähr 1 m dicken Wänden und leichte Backsteingebäude. Nur die letzteren wurden vollständig zerstört. Dagegen ist die Mehrzahl der Betonbunker gut erhalten geblieben.

Bis zum 19. Dezember 1941 war Generalfeldmarschall Walther von Brauchitsch Oberbefehlshaber des Heeres. Nach der Niederlage bei Moskau wurde er seiner Stellung enthoben. Seine Funktionen übernahm Hitler.

Chef des Generalstabes des Heeres war bis zum 24. September 1942 Generaloberst Franz Halder, nach seinem Rücktritt übernahm die Stellung Generaloberst Kurt Zeitzler bis zum 20. Juli 1944, nach ihm Generaloberst Heinz Guderian bis zum 28. März 1945. Das OKH-Hauptquartier blieb am Mauersee bis zu den ersten Dezembertagen des Jahres 1944, danach wurde es zum Lager Maybach bei Zossen verlegt.

Eine Besichtigung des ehemaligen Quartiers des OKH ist möglich. Man kann es leicht finden, da die ersten Bunker schon von der Chaussee aus, die Großgarten (Radzieje) und Angerburg (Węgorzewo) verbindet, zu sehen sind. Für motorisierte Touristen ist dies jedoch ein schwieriges Unternehmen. Es gibt dort keinen Parkplatz. Auch ist die Chaussee in sehr schlechtem Zustand.

9 km nordöstlich von der Wolfsschanze hatte Reichsminister und Chef der Reichskanzlei, **Dr. Hans Heinrich Lammers** sein Feldquartier. Es befand sich im Wald hinter dem Dorf **Rosengarten** (Radzieje), 1 km von der Chaussee entfernt. Durch die Mitte führte ein Betonweg, und das Anschlußgleis verband das Quartier mit dem Bahnhof in Rosengarten. Hier waren schwere Luftschutzbunker und leichte Backsteingebäude. Dr. Lammers war neben Bormann und Keitel einer der einflußreichsten Mitarbeiter Hitlers. Während der Abwesenheit Hitlers in Berlin leitete er stellvertretend die Sitzungen der Regierung.

In der Nähe der Wolfsschanze hatte Reichsaußenminister **Joachim von Ribbentrop** seinen Sitz. Er bevorzugte Schlösser und Paläste. Daher wählte er für seine Aufenthalte in Ostpreußen das **Schloß Steinort** am Mauersee. Diese Residenz gehörte dem alten, seit Jahrhunderten hier ansässigen Geschlecht, Graf Lehndorff.

Etwa 27 km von der Wolfsschanze entfernt befand sich die **Feldkommandostelle Heinrich Himmlers**. Sie trug den Decknamen „Hochwald", war im Wald, 1 km nördlich vom Ort Großgarten (Pozezdrze) gelegen. Das Quartier bestand aus drei schweren Luftschutzbunkern und mehreren Backsteinbauten leichterer Konstruktion. Ähnlich wie die Wolfsschanze wurde auch das Quartier Himmlers von deutschen Pionieren im Januar 1945 in die Luft gesprengt. Das Quartier ist nicht weit abgelegen von der Chaussee; der Zugang ist einfach und es ist zu besichtigen.

In Lötzen, in der Festung Boyen, befand sich die **Abwehr-Dienststelle** unter Generalmajor Reinhard Gehlen.

Weiter nach Norden, im Wald, in der Nähe von Goldap, etwa 65 km von der Wolfsschanze entfernt, befand sich der **Sitz des Generalstabes**

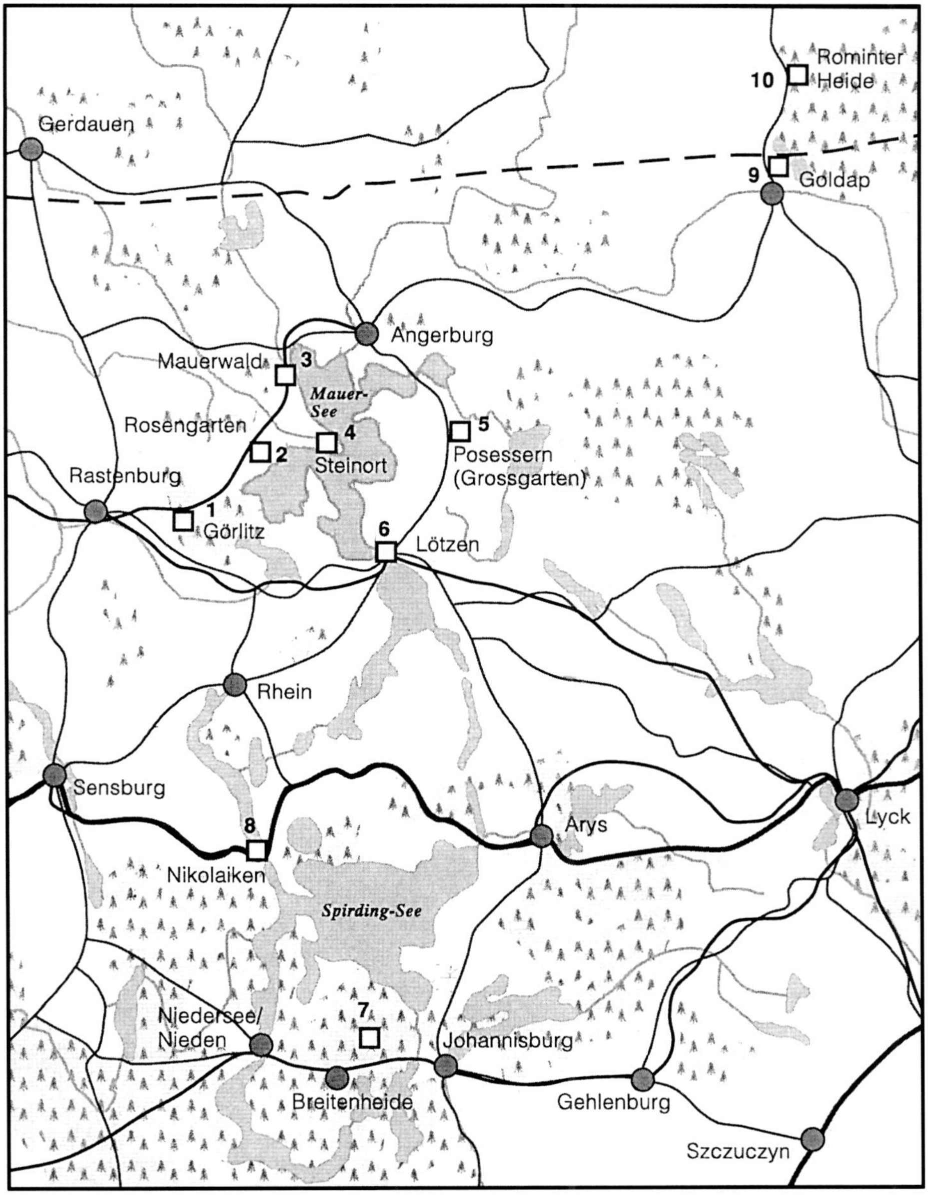

Führungszentralen in der Nähe der Wolfsschanze

1. FHQ Wolfsschanze
2. Feldquartier von Hans Lammers
3. Hauptquartier des OKH "Mauerwald"
4. Quartier von Ribbentrop
5. Feldkommandostelle von Himmler
6. Abwehr-Dienststelle, Festung Boyen
7. OKL-Quartier
8. Abwehr-Dienststelle "Walli II"
9. Sitz des Generalstabes der Luftwaffe "Robinson"
10. Görings Quartier in der Rominten Heide

(nach Bogdan Wasilenko)

Die Bunker im Quartier „Mauerwald"

Am Kartentisch im Quartier "Mauerwald": Wilhelm Keitel, Walther von Brauchitsch, Hitler und Franz Halder (August 1941)

Schloß Steinort diente Ribbentrop als Residenz.

Die Festung Boyen in Lötzen (Giżycko). Hier befand sich die Abwehr-Dienststelle unter Generalmajor Reinhard Gehlen.

der Luftwaffe mit dem Decknamen **„Robinson"**. So wie die Wolfsschanze wurde er von der „Organisation Todt" gebaut. Neben einigen Luftschutzbunkern gab es hier auch leichte Objekte.

Chef des Generalstabes der Luftwaffe war bis 1943 Hans Jeschonnek. Je länger der Krieg anhielt, desto öfter erlitt die Luftwaffe Niederlagen im Kampf mit den englischen Luftstreitkräften. Die deutschen Flugzeuge erwiesen sich im Vergleich mit den englischen als veraltet. In Deutschland wurden zwar viele Flugzeuge gebaut, aber da es an Treibstoff fehlte, konnten die neu geschulten Piloten nicht die genügende Anzahl von Übungsflügen ableisten. Sie waren schlechter ausgebildet als die englischen Piloten. Im offenen Kampf verloren sie oft. Hitler, der sich nicht mit der Vormachtstellung der englischen Luftstreitkräfte abfinden konnte, kritisierte Göring und die ganze Leitung der Luftwaffe. Göring – wie Nicolaus von Below erwähnt – war immer bemüht, die Verantwortung auf Jeschonnek abzuwälzen.

Kurz nach den schweren Fliegerangriffen auf Hamburg und der Zerstörung der Stadt in der Nacht von 17/18 August 1943 bombardierte die RAF Peenemünde, wo die Raketen V-1 und V-2 gebaut wurden. Sie richtete großen Schaden an. Auf diese Nachricht hin geriet Hitler in Wut. Auch diesmal schob Göring die Verantwortung auf Jeschonnek. Jeschonnek erhielt den Befehl, sich sofort persönlich bei Hitler in der Wolfsschanze zu melden. Daraufhin beging Jeschonnek Selbstmord. An seine Stelle trat Generaloberst Günther Korten.

In der Rominter Heide, etwa 15 km nördlich des Quartiers „Robinson" (bei **Rominten**, heute schon hinter der Grenze zu Rußland), befand sich das Quartier des Oberbefehlshabers der Luftwaffe Reichsmarschall **Hermann Göring**. Er wohnte hier im ehemaligen Jagdhaus Kaisers Wilhelm II. Göring hatte in Ostpreußen noch ein weiteres Quartier, in dem er sich jedoch selten aufhielt. Es war in der Johannisburger Heide (Puszcza Piska) gelegen. Es ist nicht zu besichtigen.

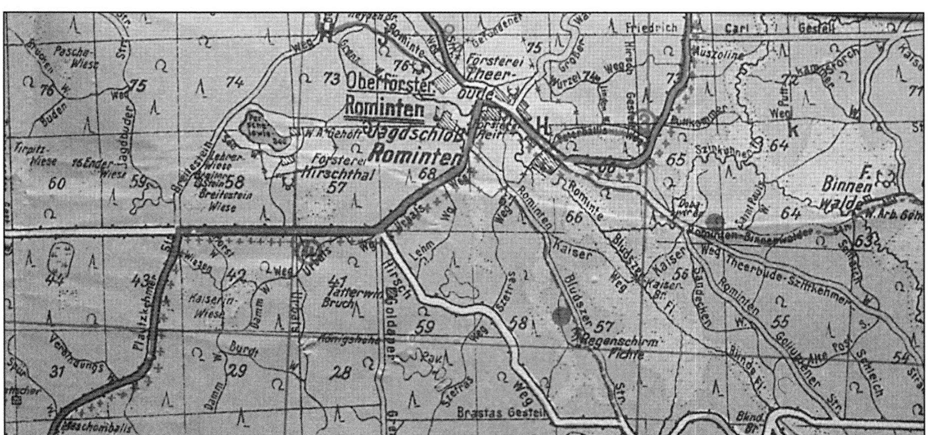

Hermann Göring am Kartentisch im Quartier „Robinson"

Auf der Bahnstation des Quartiers „Robinson"

Bunker im Quartier „Robinson"

Löschwasserbecken im Quartier „Robinson"

III. ANDERE FÜHRERHAUPTQUARTIERE

Als im September 1939 Hitler den Zweiten Weltkrieg begann, war sein Hauptquartier in einem Zug untergebracht. Später, nach dem Sieg über Polen, wurden überall, wo er sich hinzubegeben plante, für ihn und Leute aus seiner Umgebung meistens in Wäldern verborgene Luftschutzbunker gebaut. In der Wolfsschanze hielt sich Hitler am längsten auf. Es war dies das größte Quartier, aber nicht das einzige. In Europa gab es mehrere.*

1. DER FÜHRERSONDERZUG

Nachdem Österreich an das Deutsche Reich (im Frühjahr 1938) angeschlossen, das gesamte Böhmen und Mähren (im März 1939) besetzt, sowie die Slowakei unterstellt wurden, begann Hitler politische und militärische Vorbereitungen zum Angriff gegen Polen. Er erstrebte dessen internationale Isolierung und stellte erneut territoriale Forderungen, die die Freie Stadt Danzig, sowie den sog. „Korridor" durch das polnische Pommern betrafen. Am 28. April 1939 kündigte Deutschland den 1934 geschlossenen Nichtangriffspakt mit Polen.

Am 23. August 1939 schlossen das Dritte Reich und die UdSSR einen Vertrag über die Zusammenarbeit der beiden Länder während des Angriffs auf Polen und über die Aufteilung der Einflusszonen im östlichen Mitteleuropa.

Der deutsche Aggressionsplan (Fall Weiss) sah den Schlag gegen Polen mit gleichzeitigem Schutz im Westen vor. Der Angriff erfolgte am 1. September 1939. Die deutschen Streitkräfte, unter dem Oberkommando vom General Walther von Brauchitsch, bestanden aus über 1,6 Millionen Soldaten, etwa 10.000 Geschützen und Mörsern, über 2700 Panzern, sowie 1300 Kampfflugzeugen. Das polnische Heer unter dem Marschall Edward Rydz-Śmigły zählte etwa 1 Million Soldaten, 4300 Geschütze und

---

* Sehe auch Karte, Seite 17.

Der Führersonderzug

Mörser, etwa 880 Panzer und Panzerkraftwagen, sowie 400 Kampfflugzeuge.

Die deutschen Streitkräfte überquerten die Landesgrenze Polens, griffen von der Luft- und Seeseite an. Der Zweck der Aggression war, den polnischen Staat zu vernichten. Polen verteidigte sich ganz auf sich allein gestellt. Großbritannien und Frankreich, die früher Polen militärische Unterstützung in Aussicht gestellt hatten im Falle einer Aggression, erklärten zwar am 3. September 1939 dem Deutschen Reich den Krieg, aber haben keine offensiven Aktionen in größerem Rahmen unternommen, indem sie nämlich bis Frühling 1940 den sog. „Sitzkrieg" führten (franz. dréle de guerre). Obgleich Deutschland eine große militärische Überlegenheit, insbesondere in der Luft- und Panzerwaffe hatte, wehrte sich die polnische Armee tapfer, wobei sie die Unterstützung der gesamten polnischen Gesellschaft hatte. Nach der Grenzschlacht, die bis 4. September dauerte, wurde jedoch der Widerstand der polnischen Militärverbände gebrochen. Das deutsche Heer gelangte schon am 8. September in die Nähe von Warschau und am 12. September in die von Lemberg. Bis 22. September wurden die meisten polnischen Militärverbände zerschlagen. Nachher kämpften nur noch vereinzelte Widerstandszentren, u.a. Modlin und Warschau.

Am 17. September 1939 überquerten die polnische Grenze die Sowjetarmeen, in Stärke von ca. 800.000 Soldaten. In der Nacht vom 17. auf 18. September 1939 passierten der polnische Präsident und der Ober-

Der zerstörte polnische Bunker (1939)

befehlshaber der polnischen Armee die polnisch-rumänische Grenze und wurden interniert. Am 28. September kapitulierte Warschau, ein Tag nachher Modlin und am 2. Oktober Hel. Die letzte Schlacht wurde in den Tagen 2.-5. Oktober 1939 bei Kock geschlagen, wo die deutschen Truppen die polnische Operationsgruppe „Polesie", vom General Franciszek Kleeberg befehligt (dieser Befehlshaber verstarb 1941 in einem deutschen Kriegsgefangenen-Lager), besiegten.

Am Verteidigungskrieg im September 1939 beteiligten sich nicht nur reguläre polnische Truppen, sondern auch die Zivilbevölkerung, u.a. Pfadfinder. Die polnischen Verluste im Kampf mit den Deutschen betrugen 66.000 Tote, 134.000 Verletzte, sowie 420.000 in Gefangenschaft Geratene. Die Deutschen verloren hingegen 45.000 Tote und Verletzte, ca. 1000 Panzer und Panzerkraftwagen (30%) und 700 Flugzeuge (32% dessen, was bei diesem Feldzug zum Einsatz kam). So große Verluste in dieser ersten Kriegsphase vereitelten Hitlers Pläne einer raschen Aufnahme einer Offensive im Westen, welche anfänglich schon für 1939 geplant war.

Während des Angriffs auf Polen befand sich das Hauptquartier im sogenannten Führersonderzug. Anfänglich trug er den Namen „Amerika", seit dem 1. Februar 1943 „Brandenburg". Der Zug bestand aus 2 Lokomotiven, Befehlswagen, Nachrichtenwagen, Hitlers Wohn- und Arbeitswagen, Begleitkommandowagen, Speisewagen, einigen Gäste- und Schlafwagen, Pressewagen, Gepäckwagen und zwei Flak-Wagen.

Der deutsche Vormarsch in Polen (1939)

Hitlers Sekretärin Christa Schroeder schrieb: „Der »Sonderzug« Hitlers, der dann den Decknamen »Amerika« trug, bestand in der Regel aus 12-14 Spezialwagen, die für Hitler von der Deutschen Reichsbahn (DR) und der Industrie gebaut wurden. Hinter den zwei Lokomotiven (meist Dampflokomotiven BR S 05) und am Schluß des Zuges befanden sich je ein speziell gebauter und gepanzerter Flakwagen (26 Mann Besatzung), mit je einer Vierlings 2 cm Kanone. Hitlers Salonwagen (Führerwagen) bestand aus einem nußholzgetäfelten Salon und einem Schlafraum mit danebenliegendem Badabteil sowie die Schlafabteile für den Diener und den Adjutanten. Der nächste Wagen war der militärische Befehlswagen, in dem u.a. die Lagebesprechungen abgehalten wurden. In den Kabinen dieses Wagens befanden sich auch die Funkräume, Funkstation und die Fernschreiber. Dahinter kam ein Speisewagen und vier bis fünf Schlafwagen, in denen das Begleitkommando, Kripo, Hitlers Stab, seine Gäste und das OKW untergebracht waren."[49] Der Sonderzug wurde am 1. Mai 1945 in Mallnitz in Österreich gesprengt.

Kommandant des FHQ war zu der Zeit Generalmajor Erwin Rommel. Über die Sicherheit des Zuges wachte das Führer-Begleit-Bataillon, das den Führer auf seinen Reisen begleitete. Außer Hitler waren im Zug der Chef des Oberkommandos der Wehrmacht Generaloberst Wilhelm Keitel, Chef des Wehrmachtführungsamtes (WFA) Generalmajor Alfred Jodl, sowie auch die Adjutanten Hitlers, Verbindungsoffiziere und Parteifunktionäre.

Am 3. September 1939 ist Hitler mit seinem Sonderzug, aus Berlin kommend, nach Bad Polzin gefahren, wo er am nächsten Tag, einige Minuten vor 2 Uhr in der Nacht angekommen ist. Hier blieb der Zug am Bahnhof stehen, und wurde durch eine Sicherheitszone von etwa 1 km^2 abgesichert, die für Menschen von außen unzugänglich war. Bewohner jener Häuser, die direkt in der Sicherheitszone standen, durften ihre Häuser betreten, dem Zug durften sie sich aber nicht nähern. Um diese Zone wurden Panzer- und Flugabwehrstellungen eingerichtet. In Alarmbereitschaft befand sich auch eine Staffel Jagdflugzeuge. Von Anfang an war allen klar, daß Hitler in Bad Polzin nicht sehr lange bleiben wird, und daher entstanden hier keine zusätzlichen Gebäude. Der Zugkommandant fand im Bahnhofsgebäude ein Quartier für sich.

Noch am selben Tag, dem 4. September, wurde Hitler mit einem Auto an die Frontlinie gefahren; sein Sonderzug dagegen wurde inzwischen in Plienitz stationiert. Am 5. September wurde des Führers Sonderzug nach Süd-Ost dirigiert, wo er 30 km weiter, in Groß-Born, für vier Tage hielt. Am 9. September fuhr der Zug gen Süden und pendelte in der Umgebung von Oppeln in Schlesien. Einige Tage stand er in Illnau, dann in Gogolin. Schon am 18. September machte er nicht weit von Danzig Station, in der Ortschaft Goddentow-Lanz bei Lauenburg. Einige Tage verbrachte Hitler

Hitler und Keitel besichtigen in Polen einen Panzerzug (22. September 1939)

Hitler mit seinen Wehrmachtsadjutanten (1939)

im „Casino Hotel" von Zoppot. Am 26. September 1939 kehrte Hitlers Sonderzug nach Berlin zurück, und der Führer richtete sein Hauptquartier in der Reichskanzlei ein.

Während der Kampagne in Polen folgte dem Hitler-Zug „Amerika" der Himmler-Zug „Heinrich", der auch Lammers, Ribbentrop, sowie das sie begleitende Zivilpersonal, das mit dem Hauptquartier verbunden war, beförderte. Der Zug „Heinrich" bestand außer einer Lokomotive aus acht Salon- und Schlafwagen, zwei Restaurantwagen, einem Signal- und zwei Flak-Wagen (am Anfang und am Ende des Wagensatzes) mit Plattformen, worauf Flaks aufgestellt waren. Einer der Reisenden mit diesem Zug im September 1939 war der Dolmetscher Paul Schmidt, der damalige Chef des Privatbüros des Reichs-Außenministers Joachim von Ribbentrop. In seinen Erinnerungen gibt er einen interessanten Bericht über diese Reise. Als vorläufige Wohnung diente ihm damals der Schlafwagen, genannt „Mitropa". Nach Schmidt war der Himmler-Zug eine Kuriosität, eine Mischung von beinahe musealen Waggons, in einem alten Stil eingerichtet, mit den neuesten, wobei die einen ganz und gar nicht zu den anderen passten. Als Hitler zum ersten Mal diesen Zug ansah, blieb er erstaunt stehen und sagte: „Was für ein verrückter Zug ist das!" Hinter dem ganz neuen, vor kurzem hergestellten aerodynamischen Salonwagen Ribbentrops wurde der ausgediente hölzerne Restaurantwagen geschleppt.

Schmidt und sein Mitarbeiter Erich Kordt, die in einem der Abteile dieses Waggons ihr Büro hatten, konnten praktisch nicht die elektrische Beleuchtung benutzen, weil die unter dem Waggon angebrachten Akkus völlig verbraucht waren und nicht gegen neue ersetzt wurden. So mußten sie abends Kerzen anzünden, welche sie in leere Weinflaschen einsteckten.[50] Ab 1. Februar 1943 hieß der Himmler-Zug „Steiermark" und seit Sommer 1944 „Transport 44".

Andere Sonderzüge der obersten Führung:

- Wilhelm Keitels Sonderzug „Afrika", ab 1. Februar 1943 „Braunschweig"
- Hermann Görings Sonderzug „Asien", ab 1. Februar 1943 „Pommern"
- Joachim von Ribbentrops Sonderzug „Westfalen"
- Sonderzüge des Wehrmachtführungsstabes trugen den Namen „Atlas", ab 1. Februar 1943 „Franken I" und „Franken II"[51]

Mahlzeit an der Feldküche (September 1939)

Deutsches Truppenlager in der Tucheler Heide (September 1939)

Die brennende Westerplatte (1939)

Am 21. September 1939 besichtigte Hitler die eroberte Westerplatte

Hitler besichtigt einen zerstörten polnischen Panzerzug (22. September 1939)

Generaloberst Walter von Brauchitsch und General der Artillerie Franz Halder (September 1939)

Die deutschen Flugzeuge Dornier 17 auf dem Flugplatz in Polen (1939)

Deutsche Marschkolonnen in Polen (1939)

Deutsche Soldaten auf den zerschossenen Befestigungsanlagen der Westerplatte
(7. September 1939)

Hitler in Danzig (19. September 1939)

Die zerstörten polnischen Häuser und Straßen (1939)

Im Führersonderzug. Von links: Jodl, Keitel und Hitler (1939)

Hitler in Polen (September 1939)

Alfred Jodl, Chef des Wehrmachführungsstabes

Hitler im Gespräch mit dem Adjutanten Otto Günsche (links)

Die Kämpfe um Warschau

Hitler besichtigt den in Polen eroberten Wimpel des 8. berittenen Schützenregiments.

Hitler und Walther von Brauchitsch (rechts) in Polen (September 1939)

Hitler in Gdynia (13. September 1939)

Hitler und Walther von Brauchitsch in Polen (September 1939)

Hitler in Polen (September 1939)

Hitler im Gespräch mit Walther von Brauchitsch (September 1939)

Hitler im Gespräch mit dem verletzten Generalleutnant von Briesen (13. September 1939)

Hitler begrüßt Sepp Dietrich (September 1939).

Hitler mit Ribbentrop vor dem Führersonderzug „Amerika“ (September 1939)

Hitler mit Ribbentrop vor dem Führersonderzug „Amerika“ (September 1939)

Das Flugzeug Fieseler-Storch auf der Dorfstraße von Rawa Ruska in Polen (1939)

Hitler in Wyszków (1939)

In Polen (September 1939)

Sepp Dietrich und Heinrich Himmler in Polen (September 1939)

Hermann Göring in Polen (September 1939)

Am Kartentisch im Führerhauptquartier (1939)

Hitler inmitten der Soldaten (1939)

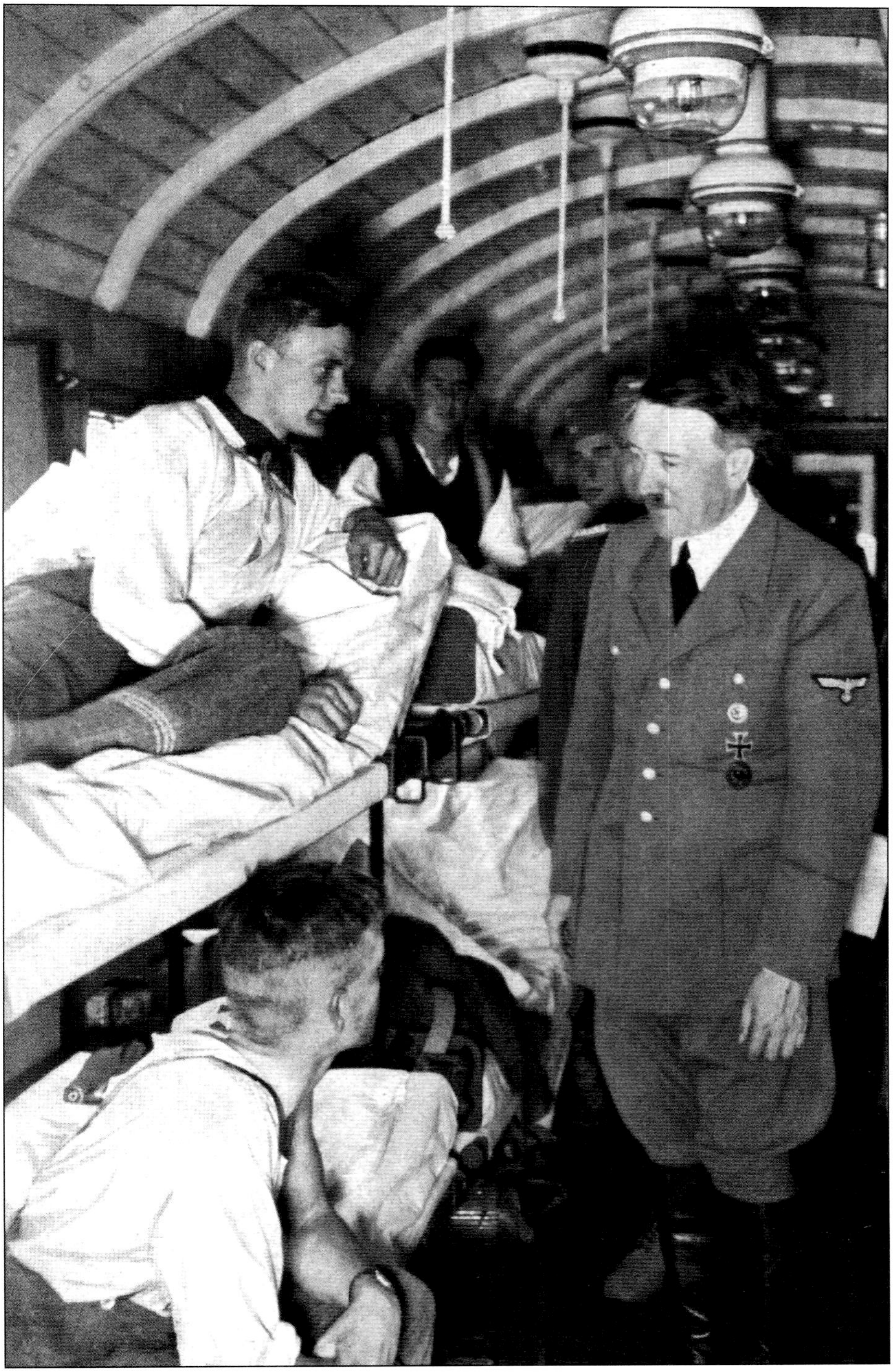

Hitler in einem Eisenbahn-Lazarettwagen (1939)

Hermann Göring auf einem Inspektionsflug über Galizien (September 1939)

Hitler in Warschau (1939)

Hitler besichtigt die Kampfstellungen vor Warschau (September 1939)

Hitler bei den deutschen Soldaten in Jarosław (1939)

Besprechungen deutscher und russischer Offiziere in Brest-Litowsk (20. September 1939)

Kapitulationsverhandlungen in Warschau (28. September 1939)

2. FELSENNEST

Am 10. Mai 1940 erließ Hitler den Befehl zum Angriff an der Westfront, indem er den früher vorbereiteten und einige Male verschobenen Plan „Gelb" durchführte. In der Morgendämmerung wurde den deutschen Soldaten Hitlers Tagesbefehl vorgelesen:

„Soldaten der Westfront! Die Stunde des entscheidendsten Kampfes für die Zukunft der deutschen Nation ist gekommen. Seit dreihundert Jahren war es das Ziel der englischen und französischen Machthaber, jede wirkliche Konsolidierung Europas zu verhindern, vor allem aber Deutschland in Schwäche und Ohnmacht zu erhalten. Zu diesem Zweck hat allein Frankreich in zwei Jahrhunderten an Deutschland 31 mal den Krieg erklärt. Seit Jahrzehnten ist es aber auch das Ziel der britischen Weltbeherrscher, Deutschland unter allen Umständen an seiner Einigung zu verhindern, dem Reich aber jene Lebensgüter zu verweigern, die zur Erhaltung eines 80- Millionen-Volkes notwendig sind. England und Frankreich haben diese ihre Politik durchgeführt, ohne sich dabei um das Regime zu kümmern, das jeweils in Deutschland herrschte. Was sie treffen wollten, war immer das deutsche Volk. Ihre verantwortlichen Männer geben dieses Ziel heute auch ganz offen zu... Nun ist das eingetroffen, was wir schon seit vielen Monaten immer als eine drohende Gefahr vor uns sahen. England und Frankreich versuchen unter Anwendung eines gigantischen Ablenkungsmanövers im Südosten Europas über Holland und Belgien zum Ruhrgebiet vorzustoßen. Soldaten der Westfront! Damit ist die Stunde nun für euch gekommen. Der heute beginnende Kampf entscheidet das Schicksal der Deutschen Nation für die nächsten tausend Jahre. Tut jetzt eure Pflicht. Das deutsche Volk ist mit seinen Segenswünschen bei euch."

Die Alliierten waren überzeugt, dass sich die deutschen Streitkräfte nach dem alten Schlieffen-Plan bewegen werden, der den deutschen Angriff auf Frankreich mit dem rechten Flügel durch die Niederlande und Belgien vorsah.

Deswegen bezog die Hauptgruppierung des französischen und britischen Heeres ihre Stellungen in Nordbelgien, gerade hier den Hauptüberfall vermutend.

Indessen überzeugten Hitler die Generäle Erich von Manstein und Heinz Guderian, dass der Hauptangriff mit der linken Flanke über die

Ardennen erfolgen solle. Man wählte also die Stelle, wo die Befestigungen der Maginot-Linie endeten und die leichteren Verteidigungsanlagen begannen, die sich nach Nordwest, in Richtung der Ärmelkanalküste erstreckten.

Hitler empfahl den Einsatz von einigen taktischen Panzertruppenverbänden, deren Aufgabe es war, in die Tiefe des Operationsraumes durchzudringen. Manche Frontabschnitte sollten dabei mit beachtlich kleineren Kräften überfallen werden. Im Hinblick auf die großen Verluste der Wehrmacht während der Eroberung Warschaus befahl Hitler, das Angreifen der großen Städtezentren zu vermeiden.

Französische und britische Truppenverbände, die den Gegner in Nordbelgien erwarteten, waren nicht im Stande, dem Angriff der deutschen Heeresgruppe A standzuhalten, die durch die Ardennen durchbrach. 5 Panzer- und 3 motorisierte Divisionen setzten am 12. Mai über die Mosel. Am folgenden Tag erfolgte der Überfall in Richtung des Ärmelkanals, um die alliierten Streitkräfte in Belgien von dem Rest des französischen Heeres zu trennen. Am 19. Mai gelangten die deutschen Panzerkräfte nach Abbeville und am 20. Mai zum Ärmelkanal, wodurch die alliierte Front in zwei Teile zerrissen wurde.

Die Niederlande wurden von den Deutschen am 10. Mai angegriffen, die Fallschirmlandungen durchführten. Soldaten der 22. Infanterie-Division unter dem General Hans von Sponeck landeten mit Segelflugzeugen in der Nähe von Haag mit dem Ziel, Flugplätze in der Umgebung dieser Stadt zu erobern. Dieser Plan mißglückte, etwa 1000 deutsche Soldaten gerieten in Gefangenschaft und wurden ins Lager nach England geschickt. Gen. Sponeck selbst wurde verwundet. Mit Erfolg endete hingegen die Aktion der ersten deutschen Division der Fallschirmschützen unter dem General Kurt Student. Dieser Verband besetzte Flugplätze in Rotterdam und Waalhaven und behauptete diese hauptsächlich dank Unterstützung seitens der 2. Luftflotte unter dem General Albert Kesselring. Es gelang den Deutschen, niederländische Brücken unter ihre Kontrolle zu bringen, bevor diese vom Gegner in die Luft gesprengt wurden. Das machte den Truppenverbänden der 18. Armee unter dem General Georg von Küchler den weiteren Weg frei. So drangen sie tief ins niederländische Territorium ein. Am 13. Mai verließen die Regierung und die Königin Wilhelmine das Land. Am 14. Mai bombardierten die deutschen Flugzeuge Rotterdam, wobei 25.000 Häuser zerstört wurden. In dieser Lage unterzeichnete das niederländische Oberkommando am 15. Mai die Waffenstillstandsurkunde mit Deutschland.

Am 21. Mai überfiel südlich von Arras das britische Expeditionskorps Gorta die Truppenverbände General Rommels, mit dem Zweck durch den „Panzerkorridor" zu durchbrechen. Dieser Versuch scheiterte jedoch. Die Briten verloren dabei die Hälfte ihrer Panzer und zogen sich zurück. Im

Alfred Jodl, Adolf Hitler, Willy Deyle und Wilhelm Keitel im FHQ „Felsennest" (Mai 1940)

Zusammenhang mit diesen Mißerfolgen erhielten die britischen Truppen den Befehl zum Rückzug. So sammelten sie sich im letzten Hafen, der noch in alliierten Händen war und zwar in Dünkirchen. Als die Panzer Guderians in die Nähe der Stadt rückten, um die Briten anzugreifen, erließ Hitler den Haltebefehl, und zwar trotz Proteste seitens der Generäle Brauchitsch und Halder. Dank dieser Tatsache konnten am 6. Juni 1940 338.000 britische und französische Soldaten evakuiert werden. Die Entscheidung, die Panzer vor Dünkirchen zu stoppen, deutet man am häufigsten dahingehend, dass Hitler sich auf diese Weise eine Chance zum Abschluss eines schnellen Waffenstillstandes mit England offenhalten wollte.

Nach dem Verlust des Forts Eben Emael und Mißerfolgen in den schweren Kämpfen zunächst an der Schelde, nachher an der Lys und endlich nach dem Rückzug der Briten nach Dünkirchen, ergab sich die belgische Armee am 28. Mai 1940.[52]

Vor dem deutschen Angriff im Westen wurde das Führerhauptquartier „Felsennest" hergerichtet. Hitler hielt sich hier vom 10. Mai 1940 bis zum 5. Juni 1940 auf. Das Quartier befand sich in der rückwärtigen Zone des Westwalls bei Münstereifel und war nur 45 Kilometer von der belgischen Grenze entfernt.

Als Hitler die Vorbereitungen für das Quartier anordnete, betonte er, daß es möglichst bescheiden sein sollte. Daher entschieden sich Fritz Todt und Rudolf Schmundt für eine sich dazu eignende Fliegerabwehrstellung auf einer Bergkuppe oberhalb des Dorfes Rodert. Nach geringem Umbau konnte sie den Erfordernissen des FHQ dienen. Das Quartier war gut verborgen zwischen Bäumen und Sträuchern, zusätzlich mit Tarnnetzen und Strohmatten bedeckt und von außen mit einem Drahtzaun umgeben.

Anfang Mai 1940 „...war die Luft voll Erwartung des Beginns der Offensive und der Ankunft Hitlers in seinem Feldhauptquartier (...). Das Stichwort hieß »Pfingsturlaub genehmigt« ; wenn es durchkam, wurde der Führersonderzug in Euskirchen erwartet, wo Hitler und sein Gefolge vom Autokonvoi abzuholen waren. Der neue Kommandant des Hauptquartiers, Oberstleutnant Thomas, hatte alles vorbereitet. Am 9. Mai um 13 Uhr kam das Stichwort telefonisch durch, um 16.38 Uhr fuhr der Führersonderzug in Berlin ab, und eine Frontgruppe des FBB bezog kurz vor 1 Uhr am 10. Mai Stellung unter Deckung beim Bahnhof Euskirchen. Erst um 4.25 Uhr nahm sie Aufstellung auf dem Bahnhofsvorplatz, genau im Augenblick der Einfahrt des Sonderzuges. Um 4.30 Uhr fuhr die Frontgruppe schon in Richtung Münstereifel und Rodert davon. Der Sonderzug und die Flak-Abteilung wurden über Bonn, Mainz und Frankfurt/Main nach Heusenstamm gezogen, wo der Zug abgestellt wurde. Um 5 Uhr früh am 10. Mai 1940 war Hitler in seinem »Felsennest« und besichtigte die ganze Anlage eingehend. Um 5.35 Uhr begannen die deutschen Armeen ihren Angriff im Westen."[53]

Hitler-Bunker im FHQ Felsennest

Im Führerhauptquartier „Felsennest" befanden sich zwei Wohnbunker. Im ersten wohnten Hitler, sein Adjutant Julius Schaub, Wilhelm Keitel und ein Diener. Im zweiten waren Alfred Jodl, drei weitere Adjutanten Hitlers, der Adjutant Keitels und Dr. Karl Brandt einquartiert. Es war hier auch eine Baracke mit Speisesaal und langem Tisch für 20 Personen. Einen wichtigen Platz in diesem Quartier nahm die Baracke ein, in der die Lagebesprechungen stattfanden. In ihr waren außerdem Zimmer für den Adjutanten Hitlers Karl-Jesco von Puttkamer und den Adjutanten Jodls Willy Deyhle. In der Nähe dieser Anlage, im Dorf Rodert, waren 20 Generalstabsoffiziere und über 30 Mann zählende Hilfskräfte des Stabs einquartiert.

Hitler im Kreis seiner nächsten Mitarbeiter im FHQ "Felsennest" (15. Mai 1940)

Erste Reihe von links: Hitlers persönlicher Adjutant SA-Gruppenführer Wilhelm Brückner, Reichspressechef Dr. Otto Dietrich, Chef des Oberkommandos der Wehrmacht Generalfeldmarschall Wilhelm Keitel, Adolf Hitler, Chef des Wehrmachtführungsstabes Generaloberst Alfred Jodl, Leiter der Parteikanzlei und Sekretär des Führers Martin Bormann, Adjutant der Luftwaffe bei Hitler Oberst Nicolaus von Below, Photograph Heinrich Hoffmann.

Mittlere Reihe: Görings Stabschef - General der Flieger Karl Bodenschatz, Chefadjutant der Wehrmacht bei Hitler und Chef des Heerespersonalamtes - General der Infanterie Rudolf Schmundt, SS-Obergruppenführer Karl Wolff, Hitlers Leibarzt Prof. Theodor Morell, Ordonnanzoffizier H. Georg Schulze.

Letzte Reihe: Adjutant des Heeres bei Hitler Generalleutnant Gerhard Engel, Begleitarzt Dr. Karl Brandt, Adjutant der Kriegsmarine bei Hitler Konteradmiral Karl-Jesco von Puttkamer, Dietrichs Adjutant Heinz Lorenz, Vertreter des Reichsaußenministers im Führerhauptquartier Walther Hewel, unbekannt, Hitlers persönlicher Adjutant Max Wünsche.

Lagezimmer im FHQ Felsennest

Im FHQ Felsennest. Hitler, Otto Dietrich (rechts) und Nicolaus von Below (links)

Vor dem Hitler-Bunker im Führerhauptquartier Felsennest (Mai 1940)

3. WOLFSSCHLUCHT

Nach der Kapitulation der Niederlande (am 15. Mai) und Belgiens (am 28. Mai) währte der Krieg Frankreichs gegen Deutschland weiter. In seiner zweiten Etappe wurden die französischen Streitkräfte durch drei deutsche Armee-Gruppen angegriffen, die eine Stärke von insgesamt 140 Divisionen, davon 10 Panzer- und 2 motorisierte Brigaden hatten. Die Franzosen waren im Stande 71 Divisionen entgegenzustellen. Zunächst stießen die deutschen Verbände auf starken Widerstand und erlitten große Verluste. Diese Situation änderte sich, als die Gebiete zwischen einzelnen französischen Widerstandszentren von den deutschen Panzerverbänden durchdrungen wurden. Die Wehrmachtsverbände durchbrachen die gegnerische Verteidigungslinien an der Somme und Aisne und rückten weiter ins Innere des Landes vor. Der Verteidigungswille der Franzosen wurde beachtlich geschwächt nach dem 15. Juni 1940, als die Regierung verkündete, dass alle Orte mit einer Bevölkerungszahl von über 30.000 für offene Städte erklärt werden.

Die Heeresgruppe A unter Ewald von Kleist umging Paris von Osten und eroberte die Brücken an der Seine. Am 14. Juni rückten die Deutschen ins entvölkerte Paris ein, das 4 Tage zuvor zur offenen Stadt erklärt wurde. Am 17. Juni, als sich der Marschall Pétain an die Deutschen mit der Bitte um Waffenstillstand wandte, hörte sämtlicher organisierte und koordinierte französische Widerstand praktisch auf.

Am 21. Juni 1940 wurde in Compiégne, 72 km nördlich von Paris, der Waffenstillstand unterzeichnet. Auf Hitlers Wunsch fand die Prozedur am gleichen Ort statt, wo am 11. November 1918 in einem Eisenbahnwaggon der Waffenstillstand zwischen Frankreich und Deutschland unterschrieben wurde. Aufgrund des von Hitler und französischen Generälen unterzeichneten Abkommens besetzte Deutschland den nördlichen Teil Frankreichs einschließlich der gesamten Atlantikküste. Der zentrale und südliche Teil wurde nicht besetzt sondern der Gewalt der Regierung mit dem Sitz in Vichy unterstellt.

Die französischen Verluste im Krieg 1940 betrugen 84.000 Tote, 200.000 Verletzte, 1,9 Millionen Soldaten gerieten in Gefangenschaft. Die Deutschen hatten hingegen über 27.000 Tote, über 18.000 Vermisste und 111.000 Verletzte.[54]

Während der Offensive gegen Frankreich wurde das Führerhaupt-

Das Führerhauptquartier Wolfsschlucht (Juni 1940)

Im Führerhauptquartier Wolfsschlucht, Juni 1940. Adolf Hitler, Martin Bormann und Hermann Göring

quartier ins kleine Dorf Bruly de Peche in Belgien, an der belgisch-französischen Grenze, verlegt. Am 19. Mai 1940 traf hier eine Gruppe von Bauexperten unter Dr. Fritz Todt, sowie Generalstabsoffizieren ein, die diese Stelle aussuchten. Drei Tage später wurden alle Dorfbewohner ausgesiedelt, ihre Häuser umgebaut und den Erfordernissen des Führerhauptquartiers angepaßt.

Hitler hielt sich hier vom 6. Juni 1940 bis 26. Juni 1940 auf. Das Quartier trug anfänglich den Decknamen „Waldwiese". Als Hitler das Quartier bezog, gab er ihm den Namen „Wolfsschlucht". In den von den Einwohnern verlassenen Häusern wurden Unterkünfte für Generalstabsoffiziere eingerichtet. Im Schulhaus befand sich der Kartenraum; hier arbeiteten auch Chef des Oberkommandos der Wehrmacht Wilhelm Keitel und Chef des Wehrmachtführungsstabes Alfred Jodl. In der Kirche am Ort waren Kasino und Kinosaal eingerichtet.

Hitler schützte sich besser als die Leute aus seiner Umgebung. Im Wald, nahe des Dorfes, wurde für ihn ein gut getarnter Luftschutzbunker gebaut, in seiner Nähe drei Holzbaracken. Eine von ihnen diente Hitler, in der zweiten war ein Eßraum, die dritte war für die Feldstaffel der Abteilung Landesverteidigung.

Am 25. Juni 1940 hörte Hitler um 1.35 Uhr im Quartier „Wolfsschlucht" das Rundfunkkommunique zum Inkrafttreten des vor drei Tagen unterzeichneten Waffenstillstandsvertrages zwischen Frankreich und Deutschland. Während seines Aufenthalts in diesem Quartier hat er es einigemale verlassen. U.a. ist er am 18. Juni mit dem Flugzeug nach München geflogen, um Benito Mussolini zu treffen. Außerdem unternahm er Besichtigungsfahrten über das besetzte französische Gebiet. Ziemlich viel Zeit opferte er der Besichtigung jener Orte, wo während des 1. Weltkriegs gekämpft worden war. U.a. besichtigte er das Denkmal der Gefallenen bei Langemarck, die Anhöhen Vimy und Loretto. Gemeinsam mit zwei anderen Veteranen besuchte er die Gegend um Reims, wo er 1918 gekämpft hatte.

Hans Baur, Hitlers Flugkapitän

Hitler und sein
Cheffahrer Erich Kempka

Hitler und Göring im Quartier Wolfsschlucht (Juni 1940)

Am 25. Juni 1940 hörte Hitler um 1.35 Uhr im Quartier „Wolfsschlucht" das Rundfunkkommunique zum Inkrafttreten des vor drei Tagen unterzeichneten Waffenstillstandsvertrages zwischen Frankreich und Deutschland.

Hitler, Bodenschatz, Göring und Bormann im FHQ Wolfsschlucht (Juni 1940)

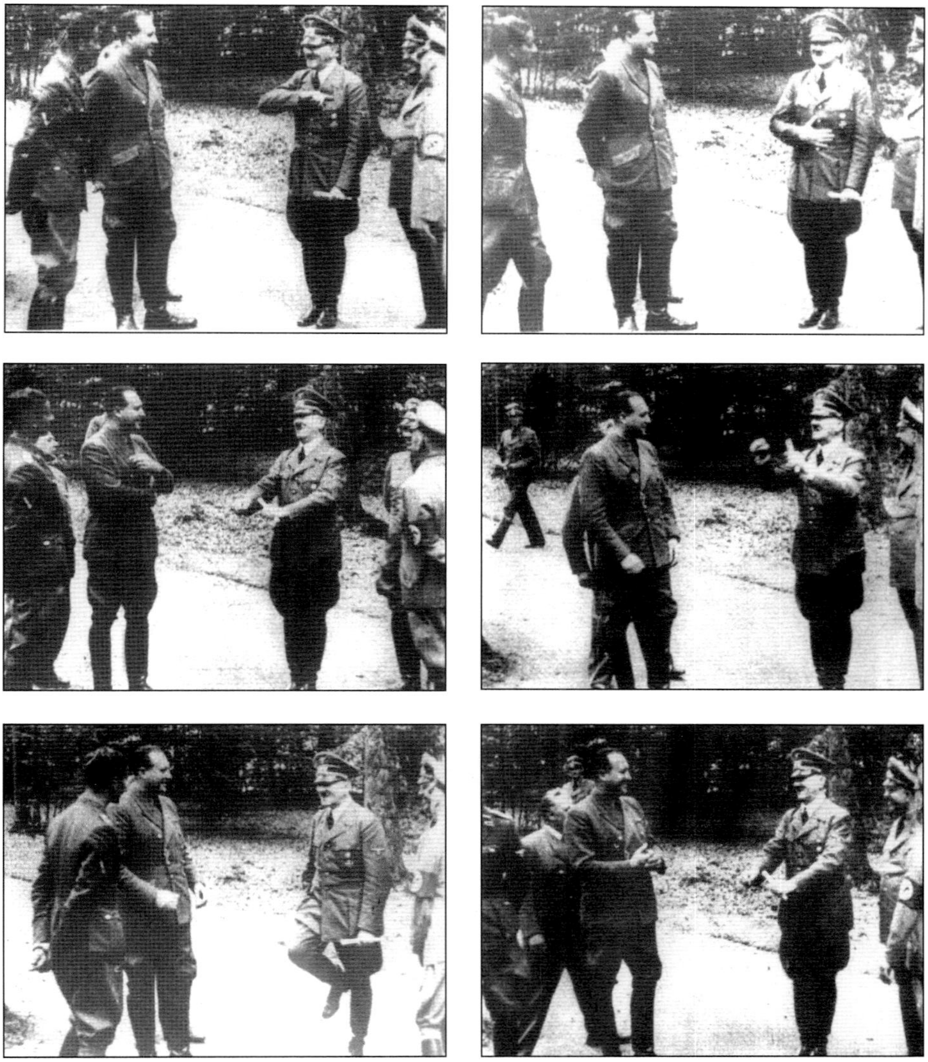

Hitlers Reaktion auf das französische Ersuchen um Waffenstillstand. FHQ Wolfsschlucht – Juni 1940

Hitler und Göring

Im Führerhauptquartier Wolfsschlucht (Juni 1940)

Am 21. Juni 1940 wurde in Compiégne der Waffenstillstand unterzeichnet. Die Prozedur fand am gleichen Ort statt, wo am 11. November 1918 in einem Eisenbahnwaggon der Waffenstillstand zwischen Frankreich und Deutschland unterschrieben wurde.

Im Führerhauptquartier Wolfsschlucht (Juni 1940)

Hitler und Walther Hewel im Führerhauptquartier Wolfsschlucht

4. TANNENBERG

Sieben Tage nach Unterzeichnung des deutsch-französischen Waffenstillstandsvertrages wurde das Führerhauptquartier in den nördlichen Teil des Schwarzwalds verlegt. Diesem Platz wurde der Deckname „Tannenberg" gegeben. Hitler hielt sich hier vom 28. Juni 1940 bis 5. Juli 1940 auf. Das Quartier lag an der Schwarzwaldhochstraße, einem sehr besuchten Touristenweg, der Freudenstadt und Baden-Baden verband, einige Kilometer nordwestlich der Alexanderschanze.

Das Quartier wurde im Winter 1939/1940 gebaut und entstand ähnlich wie das FHQ „Felsennest": die bestehende Stellung der Flakartillerie wurde ausgebaut und den Erfordernissen des Führerhauptquartiers angepaßt. Hier waren zwei Luftschutzbunker. Der erste, halb in der Erde versenkt, diente Hitler, der zweite als Nachrichtenbunker. Außerdem gab es hier noch ein paar Blockhäuser leichterer Konstruktion sowie Holzbaracken. In ihnen waren Unterkünfte für Generalstabsoffiziere, Adjutanten, Leute des FBB, SS-Begleitkommandos, RSD. In den Unterkünften leichterer Konstruktion befanden sich Kasino, Teehaus und Lagehaus. Im nahe gelegenen Gasthaus „Zuflucht" wurde die Feldstaffel der Abteilung Landesverteidigung unter Oberst Walter Warlimont einquartiert.

Das FHQ „Tannenberg" war im dichten Tannenwald gelegen, gut getarnt und durch Drahthindernisse geschützt. Das Gelände, auf dem das Quartier errichtet wurde, war feucht und kühl. Obwohl die hier gebauten Bunker Klimaanlagen besaßen, so eigneten sie sich kaum als Domizil. Darin weilte also Hitler nicht gern. Bei schönem Wetter verbrachte er die meiste Zeit unter freiem Himmel. Sogar die Lagebesprechungen wurden öfter in der frischen Luft abgehalten. Er floh vor den feuchten Bunkern und Baracken, wann er nur konnte. Daher reiste er auch z.B. zwei Tage durch Elsaß, wo er in Straßburg das Münster sowie die alten Gassen dieser Stadt besichtigte. Viel Zeit verschwendete er auch zur Besichtigung der Befestigungen der Maginot-Linie.

Als Hitler sich im FHQ „Tannenberg" aufhielt, waren die Kriegsereignisse schon zu Ende. Er wollte jedoch nicht nach Berlin zurückkehren, bevor er nicht die Antwort auf sein vorsichtiges Friedensangebot an Großbritannien durch schwedische Vermittlung erhalten hatte. Weil

Hitler besichtigt die Befestigungen der Maginot-Linie (1940)

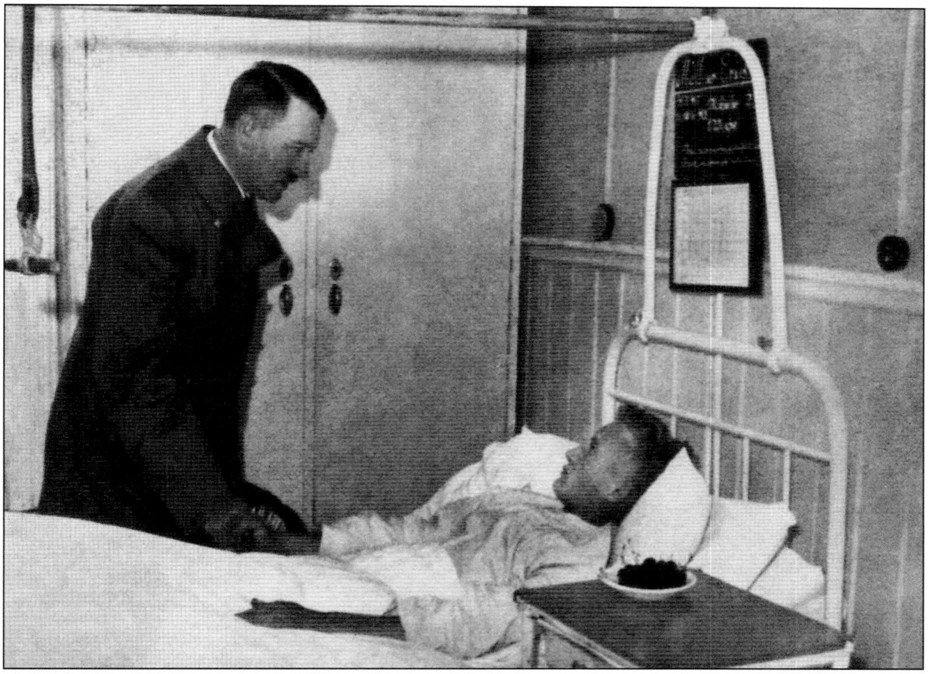

Hitler im Gespräch mit dem verletzten Soldaten (1940)

jedoch keine Antwort zurückkam, verlängerte sich der Aufenthalt des Führers im Feldquartier. Hitler wollte unbedingt den Friedensvertrag mit Großbritannien unterzeichnen, damit er nicht den Kampf an zwei Fronten führen mußte, wenn Deutschland Rußland angreifen sollte.

Zum Thema des Verhältnisses zwischen Deutschland und Großbritannien sprach Hitler im FHQ „Tannenberg" mit vielen Personen. Eine von ihnen war der Botschafter Italiens, der sich hier zu einem kurzen Besuch aufhielt. Auch der Adjutant Hitlers, Nicolaus von Below, erinnert sich, dass Hitler mit ihm mehrere Male zum Thema Großbritannien sprach. Below schreibt, dass den Führer sehr die Frage beschäftigte, wie sich England in der kommenden Zeit verhalten würde. Während seines Aufenthaltes im Quartier „Tannenberg" verfestigte sich bei Hitler immer mehr die Überzeugung, das die Engländer nicht vorhaben, die Kriegshandlungen gegen das Dritte Reich aufzugeben. Diese Überzeugung wurde zur Sicherheit, nachdem zu ihm die Nachricht von den Ereignissen am 3. Juli 1940 gelangte. An diesem Tage erschien ein Geschwader der englischen Kriegsmarine vor Mers-el-Kebir (in der Nähe von Oran) und forderte die dort stationierten Einheiten der französischen Kriegsmarine zur Übergabe auf. Als der französische Admiral dies ablehnte, eröffnete die Royal Navy das Feuer und versenkte die französischen Kriegsschiffe. Es kamen 1150 Matrosen ums Leben, die noch bis vor kurzem die Alliierten von Großbritannien waren, und die jetzt der mit Hitler zusammenarbeitenden Regierung Vichy unterstellt worden waren.

Um die Engländer zu Verhandlungen zu zwingen, befahl Hitler die Nachricht zu verbreiten, dass die Deutschen einen Angriff auf England vorbereiten und wenn erst nur die Luftwaffe „Atem geschöpft habe", beginne die Luftoffensive gegen England und dessen Überseeterritorien, und überdies würden die Briten im Nahen Osten von Deutschland, Italien und Russland überfallen. Der Admiral Raeder bemühte sich Hitler zu überzeugen, dass die Engländer keine Gespräche annehmen, bevor die Deutschen nicht mindestens einmal heftig angegriffen hätten. Darum war es seiner Meinung nach erforderlich,einen konzentrierten Luftangriff auf eine der englischen Städte, z.B. auf Liverpool, auszuführen, weil die Invasion der britischen Inseln die letzte Möglichkeit wäre. Hitler untersagte jedoch damals den Einsatz der Luftwaffe zum Bombardement Englands.

Nach dem Krieg 1940 steigerte sich das Ansehen Hitlers auch bei der Generalität. Die deutsche Gesellschaft begrüßte ihn in Berlin als einen Helden, die ganze Wilhelmstraße wurde mit Blumen überschüttet. Am 19. Juli fand eine Reichstagssitzung statt, bei welcher Hitler den deutschen Streitkräften seinen Dank aussprach. Hermann Göring wurde zum Reichsmarschall ernannt und zwölf Generäle erhielten den Rang eines Feldmarschalls.

Oben: Hitler besichtigt die
Befestigungen der Maginot-Linie.
Rechts: Mahlzeit an der Front

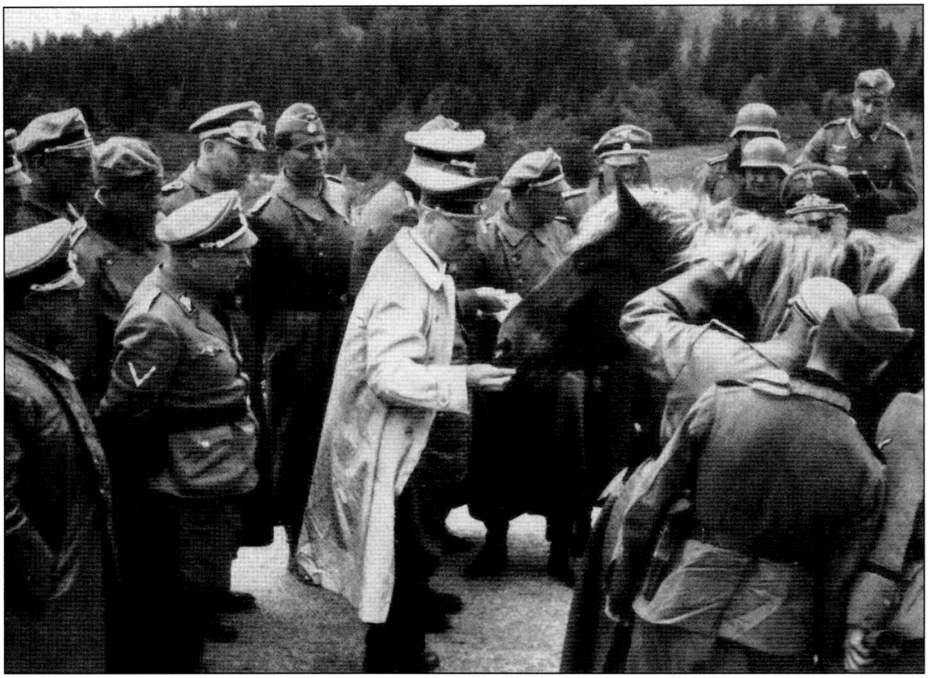

Auf der Fahrt durch Frankreich traf die Frontkolonne auf ein Kriegspferd.

An der Westfront (1940)

Funkstelle

Leichte 3,7 cm Flak

5. FRÜHLINGSSTURM

Die von Mussolini getroffenen Kriegshandlungen bewegten Hitler zum Eingreifen im Mittelmeerraum. Am 28. Oktober 1940 rückten die italienischen Truppen aus dem Gebiet Albaniens vor, welches sie schon seit April 1939 besetzt hatten, und griffen Griechenland an. Dieser Überfall endete jedoch mit der Niederlage der Italiener, die aus Griechenland verdrängt und nach Albanien zurückgeworfen wurden. Diese unglücklichen Handlungen Mussolinis änderten entschieden die Machtverhältnisse auf dem Balkan. Die britischen Truppenverbände landeten auf den Inseln Kreta und Leros. Die RAF richtete Militärstützpunkte auf dem Peloponnes ein. Mussolini sah sich gezwungen, Deutschland um militärische Hilfe zu bitten. Hitler ordnete an, die Operation „Marita" durchzuführen, bei welcher die deutschen Streitkräfte das griechische Territorium besetzen sollten. Einige Truppenverbände wurden nach Bulgarien verlegt, wo sie an der griechischen Grenze ihre Stellungen bezogen. In Erwiderung darauf leistete England Griechenland Unterstützung, indem es ein 50.000 starkes Expeditionskorps dort stationieren ließ.

In der gleichen Zeit begann Deutschland Druck auf Jugoslawien auszuüben. Die Regierung des Landes beschloss am 25. März 1941 das Protokoll zu unterzeichnen, das den Beitritt zum Dreimächtepakt vorsah. Die jugoslawische Gesellschaft fing an, scharf dagegen zu protestieren. Den Protesten schloss sich auch das Offizierkorps an, das einen militärischen Staatsstreich organisierte, indem der herrschende Regent gestürzt wurde. Bereits am 27. März 1941 entstand die neue Regierung, die das Abkommen mit Berlin für ungültig erklärte und einen Freundschaftsvertrag mit Moskau unterzeichnete.

Auf die Nachricht hiervon ordnete Hitler an, die Operation „Marita" ebenfalls auf Jugoslawien auszudehnen.

Am 5. April 1941 griff Deutschland Jugoslawien und Griechenland an. Während des Bombardements der Belgrader Wohnviertel durch die Luftwaffe kamen über 17.000 Zivilisten ums Leben. Am 12. April griffen die deutschen Panzerverbände Belgrad von drei Seiten an und eroberten die Stadt. Am 18. April 1941, nach 12 Tagen Kämpfe legten die jugoslawischen Streitkräfte ihre Waffen nieder.

Am 9. April rückte der deutsche Angriff bis Saloniki vor, einen Tag darauf ergaben sich die hier verteidigenden griechischen Truppen. Am 27. April nahmen die Wehrmachtsverbände Athen ein. Angesichts der Erfolge

Hitlers Geburtstag im Führerhauptquartier „Frühlingssturm" (20. April 1941)

Gespräch mit den Generälen

Hitler und Generalfeldmarschall Gerd von Rundstedt

der deutschen Armee ordneten die Briten den Rückzug an. Es gelang ihnen, 45.000 Soldaten zu evakuieren, aber sie mußten dabei ihre ganze schwere Ausrüstung zurücklassen, so wie es früher auch bei Dünkirchen der Fall war. So entschieden die deutschen Streitkräfte innerhalb einer Zeit von unter drei Wochen die Balkankampagne für sich.

Als der Krieg mit Griechenland und Jugoslawien begann, hielt sich Hitler noch in Berlin auf. Hier in der Nacht von 9. zu 10. April erlebte er einen englischen Luftangriff auf die Reichshauptstadt. Er war Zeuge des Brandes der Berliner Oper und der Universität und mußte selbst in den Luftschutzbunker hinuntergehen. Einige Stunden nachher begab er sich mit dem Zug zu seinem neuen Quartier.

Ebenso wie während des Krieges mit Polen wohnte Hitler zur Zeit der deutschen Offensive gegen Griechenland und Jugoslawien im Führersonderzug „Amerika". Der Zug stand auf dem Anschlußgleis in Mönichkirchen, etwa 35 km südlich der Wiener Neustadt in Österreich. Hitler weilte hier vom 12. bis 25. April 1941. Zum Schutz vor einem eventuellen Luftangriff war der Zug an der Einfahrt des Gebirgstunnels abgestellt. Behelfsmäßige Bahnsteige und sanitäre Anlagen wurden gebaut. Gute Telefonverbindungen mit allen wichtigen Befehlshaberstellen wurden hergestellt. Das erlaubte von hier aus die Kriegsoperationen zu leiten.

Offiziere der Feldstaffel der Abteilung Landesverteidigung wurden im Gasthaus am Ort einquartiert. Kommandant dieses Quartiers, das Hitler „Frühlingssturm" benannte, war Oberstleutnant Kurt Thomas.

Der Angriff auf dem Balkan wurde vom Stab des Hauptkommandos der Streitkräfte geleitet, der damals im Zug „Atlas" seinen Sitz hatte, der auf der anderen Seite des gleichen Tunnels stand. Da alles nach Plan lief, mischte sich Hitler nur wenig in die Befehlsgewalt ein. Er blieb in seinen Gedanken – wie es Nicolaus von Below erwähnt – eher bei dem schon nahen Unternehmen „Barbarossa" als auf dem Balkan.[55]

Am 20. April 1941 feierte Hitler im Quartier „Frühlingssturm" seinen Geburtstag. Aus diesem Anlaß fanden sich hier alle Befehlshaber der einzelnen Waffengattungen ein. Am gleichen Tag war auch Deutschlands Botschafter in der Türkei, Franz von Papen, hier. Das Führerhauptquartier besuchten überdies Bulgariens König Boris III. (19. April) sowie Ungarns Reichsverweser, Admiral Horthy (24. April). Wie sich Nicolaus von Below erinnert, hat Hitler auch den Leutnant der Luftwaffe Franz von Werra hier empfangen. Sein Flugzeug wurde im Kampf über England abgeschossen. Selbst geriet er in britische Gefangenschaft und wurde von den Engländern nach Kanada gebracht, woher er über die USA und Mexiko nach Deutschland flüchtete, was damals als beispielloses Ereignis dargestellt wurde.

In der Zeit seines Aufenthaltes im Quartier „Frühlingssturm" benutzte Hitler auch das naheliegende Hotel „Mönchkirchener Hof". Hier empfing er manchmal Generäle und Minister oder sah sich auch aktuelle, gerade erstellte Filmberichte an.

Die motorisierte leichte Flak (1940)

6. WERWOLF

Am 5. April 1942 erließ Hitler die Direktive Nr. 41. Nach dem Plan „Blau" erhielten die deutschen Heeresgruppen die Aufgabe, eine Offensive in süd-östlicher Operationsrichtung durchzuführen, deren Zweck es war, die Hauptkräfte der Sowjetunion in der Flußschleife von Don zu umzingeln und zu vernichten, sowie zu vereiteln, dass die Sowjetunion Erdöllagerstätten am Fuß des Kaukasus benutzte. Es war auch wichtig, die zentralen Regionen Rußlands von Lebensmittel-Lieferungen aus den fruchtbaren Feldern Kubans abzuschneiden. Die Anfangsaktion brachte den Wehrmachtstruppen große Erfolge. Im Mai 1942 nahm das Heer unter Manstein 170.000 russische Soldaten in Gefangenschaft, eroberte 250 Panzer und rückte weiter nach Sewastopol vor. Die völlige Verwirklichung des Planes „Blau" begann am 28. Juni 1942. Von Kursk aus in Richtung Don begann das Heer seinen Angriff unter dem Feldmarschall Maximilian Freiherr von Weichs. In Richtung Charkow rückte die 6. Armee unter General Friedrich Paulus vor. Am 24. Juli besetzten die Wehrmachtstruppen Rostow. Hitler wollte sich nicht mit der Eroberung des Kaukasus begnügen. Er vertrat die Ansicht, dass der Sieg in dieser Region den Deutschen es ermögliche, sich den ganzen Nah- und Mittelosten zu unterstellen. Um die richtige Verwirklichung des Planes „Blau" zu überwachen, beschloss er näher an die Frontlinie zu ziehen.

Seit Beginn der Sommeroffensive 1942 war das Führerhauptquartier aus der Wolfsschanze in die Ukraine verlegt. Die Anlage befand sich in Mala Michalowska, 15 km nordöstlich von Winniza. Hitler gab ihr den Decknamen „Werwolf". Sie bestand aus Betonluftschutzbunkern, leichteren Backsteinbauten sowie Holzhäusern und Baracken. Hier waren Betonbunker für Hitler, Keitel, Jodl, Bormann, Dr. Dietrich, für Gäste und den Nachrichtendienst. In den leichteren Gebäuden waren u.a. Kino, Kasino und Teestube; es gab hier auch ein Schwimmbecken.

Das Hauptquartier „Werwolf" war im Wald gelegen und ebenso wie die Wolfsschanze nahm es ein ziemlich großes Gelände ein. Es gab viele große und bequeme Büro- und Wohnräume. Die Anlage war von einem hohen Zaun und Verhauen aus Stacheldraht umgeben.

Zum ersten Mal hielt sich Hitler hier vom 16. Juli bis 30. Oktober 1942 auf. Er flog dorthin mitsamt seinem ganzen Stab und Personal mit sechzehn Flugzeugen, die von zahlreichen Jagdflugzeugen geschützt

Hitler im Gespräch mit Forster und Göring

Hitler begrüßt den Reichsjustizminister Dr. Thierack (links) und den Staatssekretär Dr. Rothenberger (rechts) im FHQ „Werwolf" (28. August 1942)

waren. Er war nicht zufrieden mit seinem neuen Quartier, fühlte sich darin übel, war immer gereizt, klagte über andauernde Kopfschmerzen. Er jammerte über die hier herrschende Feuchtigkeit, Mücken- und Fliegenplage, die Notwendigkeit, Arzneimittel gegen die Malaria einzunehmen. Es gefiel ihm nicht das hiesige extreme Klima: durchdringende Kälte in der Nacht und hohe Temperaturen am Tag.

In einem privaten Brief vom 31. August 1942 schrieb Helmuth Greiner, dass im Quartier selbst sich noch die Hitze überstehen lasse, weil die Gebäude im Wald gelegen seien, jedoch das Hinausgehen ins offene Gelände bedeute Selbstmord.[56]

Mit dem Aufenthalt in der Ukraine war auch Hitlers Sekretärin Christa Schroeder unzufrieden, die in einem Brief an ihre Freundin ihre Erlebnisse mit dem Umzug zum Quartier Werwolf schilderte. Sie gab an, dass sie sich am 16. Juli 1942, nach ein paar Stunden Fahrt, endlich auf dem Flugplatz bei Winniza befand. Hier erwartete sie ein schwerer Pkw, der nicht zur Fahrt auf den russischen Wegen geeignet war. Von der Reise erschöpft, erreichte sie schließlich ihr Quartier. Hier sah sie sich zunächst ihr Büro an. Es war klein, zwischen Möbeln ließen sich nur mit Schwierigkeiten ihre Koffer plazieren. Unbequem war ebenfalls ihr Wohnzimmer, ein kleiner Raum nur mit schmalem Bett, Nachtschränkchen und Kleiderständern ausgestattet. Obgleich das Fenster in ihrem Schlafzimmer klein war (35x40 cm), wurde es zusätzlich mit einem grünen Tarnnetz verdeckt. Erst nach zahlreichen Interventionen erhielt die Sekretärin ein anderes, etwas bequemeres Büro, wo sie gemeinsam mit ihrer Kollegin Johanna Wolf arbeitete.

Zum zweiten Mal traf Hitler im Quartier Werwolf am 17. Februar 1943 ein. Der Ort schien ihm damals noch düsterer und ungemütlicher. Um den Landeplatz lagen überall zerschlagene Flugzeuge, einen alltäglichen Anblick stellten ärmliche ukrainische Bauern dar, die Straßen waren unpassierbar.[57]

Hitler saß hier immer über Landkarten, hielt sich in schlecht gelüfteten Räumen auf, hatte keine Möglichkeit, sich im Freien zu bewegen. Dadurch war er immer mehr gesundheitlich beeinträchtigt. Heinz Guderian, der im Februar in Winniza eingetroffen war, bemerkte, dass Hitler seit seinem letzten Treffen mit ihm beachtlich gealtert war. In seinem Benehmen war keine frühere Selbstsicherheit mehr, er äußerte sich langsam, schleppend, seine linke Hand zitterte.[58] Hitler verzichtete endlich auf den Aufenthalt in der Ukraine und am 13. März 1943 kehrte er in die Wolfsschanze zurück.

Anfang Oktober 1943, nachdem Hitler das Quartier „Werwolf" schon verlassen hatte, etablierte sich hier das Hauptquartier der Heeresgruppe Süd. Einer der hier angekommenen Offiziere, Alexander Stahlberg, erinnert sich: „Unsere Führungsabteilung bezog die in einem Waldstück nördlich der Stadt für Hitler erbauten Blockhäuser. Sie waren von der

Hitler zeichnet Major Gollob aus. FHQ „Werwolf", 24. September 1942

Außenfassade schlicht und rustikal. Doch im Innern fehlte es an keinem Komfort. Der Feldmarschall (Manstein) bezog mit mir und unseren beiden Burschen Hitlers ehemaliges Wohnhaus. Der Architekt, der dieses Haus gebaut hatte, hatte es außerordentlich geschickt entworfen. Von dem Fußweg aus, auf dem man das Haus erreichte, wirkte es bescheiden. Links und rechts der Haustür gab es nur je zwei Fenstergruppen. Die beiden linken gehörten zum Adjutantenzimmer, das ich nun bezog, die beiden rechten zu einem Wohn- und Besprechungszimmer, das sich allerdings wie ein ausgebreitetes Handtuch nach hinten verlängerte. Da Hitler mit Gewißheit oft vor seinem Hause fotografiert werden würde, bedurfte es also keiner Bild-Zensur, um Hitler vor seinem »so kleinen und bescheidenen Häuschen« der Öffentlichkeit zu zeigen. Tatsächlich war Hitlers Haus ein Atrium-Haus. Sein Grundriß war den klassischen Beispielen der untergegangenen Stadt Pompeji entliehen. Mir stand ein eigenes Bad zur Verfügung. Hitlers Suite auf der Rückseite des Hauses enthielt ein schönes Wohn- und Arbeitszimmer, Schlafzimmer und Baderäume (...). Alle Wände waren mit Kiefernholz getäfelt. In Hitlers Suite, die der Feldmarschall nun bezog, gab es sogar zahlreiche Bilder. In Hitlers Arbeitszimmer hing eine Serie von nachgedruckten Spitzweg-Idyllen."[59]

Chef des finnischen Generalstabs General Erik Heinrichs im FHQ „Werwolf" (31. August 1942)

7. WOLFSSCHLUCHT 2

Am 6. Juni 1944 landeten die Alliierten an der normannischen Küste Frankreichs. Die Vorbereitungen zu dieser Operation waren lang und umfangreich. Ihr Anfang fällt auf Januar 1943. Auf der Konferenz in Casablanca entschlossen sich der amerikanische Präsident Franklin D. Roosevelt und der Premierminister der britischen Regierung einen speziellen Stab einzuberufen, dessen Aufgabe sei, den sog. Plan „Overlord" auszuarbeiten. Der innerhalb einiger Monate erarbeitete Plan wurde im August 1943 auf der Konferenz in Quebec bestätigt. Die Alliierten ließen sich nicht durch die Goebbelspropaganda abschrecken, die behauptete, dass die von den Deutschen besetzte atlantische Küste so dicht mit Betonbunkern und Artilleriestellungen bedeckt sei, dass ihre Eroberung nicht in Frage komme. Sie nahmen auch die Aussage Hitlers nicht ernst, dass auch, wenn ein feindliches Heer gelandet sei, es nicht im Stande sein würde, sich dort länger als 10 Minuten zu behaupten.[60]

Der Hauptbefehlshaber des Heeres der Alliierten war General Dwight D. Eisenhower. Um das Überraschungselement auszunutzen, wurden die Stelle und das Datum der Landung in Frankreich streng geheim gehalten. Es wurden auch Maßnahmen ergriffen, die suggerierten, dass die Landung bei Calais erfolge. Bereits am 1. Juni begannen die englischen und amerikanischen Soldaten mit dem Aufladen der Ausrüstung und ihrer selbst auf die Invasionsschiffe. Die Aktion sollte am 3. Juni anfangen. Der Angriff wurde jedoch verschoben wegen eines Gewitters über dem Ärmelkanal. Die Invasion begann schließlich in der Nacht vom 5. auf 6. Juni mit der Landung von drei Luftlandungsdivisionen, deren Aufgabe war, die Flanken der Landung zu sichern. Am 6. Juni in der Morgendämmerung wurden die deutschen Stellungen von über 2200 alliierten Kampfflugzeugen angegriffen. Unter ihrem Schutz fuhr die Landungsflotte die normannische Küste an. Bis 10. Juni 1944 konnten sich die Alliierten schon in der Normandie behaupten, indem sie einen Streifen von der Breite von 80 km und einer Tiefe von 13-20 km besetzt hielten. Ihre Kräfte in diesem Gebiet zählten 326.000 Soldaten und über 54.000 Kraftfahrzeuge.[61]

Hitler war schon Anfang 1944 sicher, dass es zur Landung der Alliierten kommt. Er hoffte, dass bis zu diesem Moment die Lage im Osten stabilisiert sein würde und so könnten größere Kräfte gegen die Alliierten gerichtet werden. Diese Hoffnungen wurden jedoch nicht erfüllt und die Wehrmachtstruppen, die den Angriff der Engländer und Amerikaner zurückschlagen sollten, konnten mit keiner Unterstützung rechnen.

Der das deutsche Herr im Westen befehligende Feldmarschall von Rundstedt war der Meinung, dass es die beste Lösung wäre, die Alliierten landen zu lassen und erst nachher, nach Durchführung notwendiger Umgruppierungen der deutschen Streitkräfte diese anzugreifen und zu zerschlagen. Diese Auffassung wurde vom Befehlshaber der Heeresgruppe B Feldmarschall Erwin Rommel abgewiesen, der sich gegen das Eindringen der Alliierten aussprach. Endlich wurde die mittlere Lösung angenommen: die Küste sollte durch die Infanterie verteidigt werden und die Panzertruppen sollten etwas weiter hinten stationiert werden, um später anzugreifen.

Am 6. Juni 1944 landeten die Alliierten in der Normandie.

Sepp Dietrich (links) und Albert Speer (rechts) in Frankreich – 1944

Am 17. Juni 1944 traf Hitler in der Umgebung von Margival ein, etwa 15 km nordöstlich von Soisson in Frankreich. Dort befand sich ein noch nicht benutztes Quartier „Wolfsschlucht 2". Es bestand aus einigen Bunkern, in der Nähe einer Eisenbahntunneleinfahrt, an Gleisen gelegen.

Der Tunnel wurde beiderseits durch dicke Stahltore abgesichert und bildete so ein vortreffliches Versteck für Hitlers Sonderzug.

Die „Wolfsschlucht 2" wurde 1940 erbaut und zwar im Zusammenhang mit der geplanten Invasion von England. In den Jahren 1943-1944 wurde dieses Quartier ausgebaut, weil Hitler vorhatte, vom Territorium Frankreichs aus Kriegshandlungen zu befehligen. Da jedoch in diesem Gebiet französische Partisanenabteilungen aktiv waren, verbrachte hier Hitler nur einen Tag.

Nach Albert Speer hat der Bau dieser Anlage Millionen Mark verschlungen, die für die Unmengen an Beton und die Hunderte Kilometer an verlegten teuren Telefonkabeln ausgegeben worden sind. Diese hohen Ausgaben entschuldigte Hitler mit der Behauptung, daß dieses Quartier doch auf der zukünftigen deutschen Westgrenze liegt, also kann es als Teil des künftigen Befestigungssystems gewertet werden.

Hitler kam nach Margival, um sich mit den Generalfeldmarschällen Erwin Rommel und Gerd von Rundstedt zu treffen. Es war eine große Besprechung anberaumt, die der schwierigen Situation Deutschlands an der Westfront nach Landung der Alliierten in der Normandie bestimmt war. Bericht zu diesem Thema erstattete Rundstedt. Er beendete ihn mit der Schlußfolgerung, daß Deutschland mit den ihm zur Verfügung stehenden Kräften nicht imstande war, die Alliierten zu verdrängen. Wie einer der Teilnehmer dieser Besprechung, Nicolaus von Below, bemerkt, traf sich Rommel mit Hitler unter vier Augen. Er versuchte, ihn zu überzeugen, daß der Krieg verloren sei. Man sollte sich bemühen, ihn möglichst günstig für Deutschland zu beenden. Hitler nahm den Vorschlag nicht an. Gleich nach der Besprechung und dem Gespräch mit Rommel verließ Hitler das FHQ „Wolfsschlucht 2". Für die Reise Hitlers nach Margival waren außergewöhnliche Sicherheitsmaßnahmen getroffen worden. Von Obersalzberg nach Metz kam Hitler mit dem Flugzeug, das von mehreren Jagdflugzeugen eskortiert wurde. Von Metz nach Margival fuhren Hitler und sein Stab mit einer Kraftwagenkolonne. Der ganze Weg und die Orte in der Umgebung waren von Einheiten des Führer-Begleit-Bataillons besetzt. Ebenso war es auf dem Rückweg.

Hitler am Kartentisch mit Generalfeldmarschall Gerd von Rundstedt (rechts) und Generalfeldmarschall Wilhelm Keitel (links)

8. ADLERHORST

Schon im Jahre 1939, vor Kriegsbeginn im Westen, erteilte Hitler den Auftrag, im Westen Deutschlands ein Führerhauptquartier zu bauen. Den Auftrag übernahm Albert Speer. Für diesen Zweck nutzte er das alte Schloß und Gut Ziegenberg, 11 km westlich von Bad Nauheim, im Taunus. Das Schloß wurde modernisiert, mit Schutzraum und den modernsten Einrichtungen des Fernmeldewesens ausgestattet. Hitler aber lehnte es ab, zu dieser Zeit hier einzuziehen. Er klärte, daß dies Quartier zu aufwendig wäre. Es handelte sich um sein Abbild als Führer. Er erwartete, daß nach dem von ihm gewonnenen Krieg, seine ehemaligen Quartiere von vielen Tausenden Pilgern besucht werden. Sie sollten sehen, daß er während des Kriegs genau so einfach gelebt habe, wie andere deutsche Bürger.

Einige Jahre später, vor Beginn der Ardennen-Offensive, kam er hierher, aber seinen Wohnsitz nahm er in der 2 km entfernten Anlage „Adlerhorst". Hier hielt er sich vom 10. Dezember 1944 bis 15. Januar 1945 auf. Den Beschluß, die Alliierten im Westen anzugreifen, fasste er viel früher. Im Herbst 1944 hatte er bereits keine Hoffnungen mehr auf Erfolge im Osten. Er glaubte, dass es leichter sein wird, die seiner Meinung nach unentschiedenen Engländer und Amerikaner zu besiegen und auf diese Weise etwas Zeit zu gewinnen oder vielleicht sogar den Zusammenbruch der für ihn feindlichen Koalition zu veranlassen. Innerhalb dreier Monate gelang es ihm, die Vorbereitungen zur Offensive im Geheimen zu halten. Die Teilnehmer der Beratungen, in der diese Sache besprochen wurden, mussten eine spezielle Verpflichtung unterschreiben, dass sie die Angriffspläne nicht verraten. Es war auch nicht zulässig, irgendwelche Befehle per Luftpost oder per Funk zu übermitteln, um deren Auskundschaftung durch alliierte Nachrichtendienste vorzubeugen.

Den Standort des Quartiers Adlerhorst behielt Hitler für sich – sogar vor den Befehlshabern der Westfront. Als er sie kurz vor dem Angriff zur Beratung herbeirufen ließ, wurden alle Teilnehmer an einer Stelle versammelt, die persönlichen Waffen wurden weggenommen und alle wurden eine lange Zeit durch die Gegend befördert, damit sie nicht wußten, wohin sie fahren. Nachdem sie das Quartier erreichten, waren die Offiziere erstaunt über die große Anzahl an SS-Leuten, welche Hitler bewachten. Sobald alle ihre Sitzplätze im Beratungssaal eingenommen hatten stand

Hermann Göring bei einem Kampfgeschwader

Hermann Göring besichtigt ein Flakregiment der Luftwaffe.

bei jedem ein bewaffneter Wächter. Einer dieser Offiziere erinnerte sich später, dass er sogar fürchtete, nach dem Taschentuch in der Tasche zu greifen.[62]

FHQ „Adlerhorst” war am Ende eines großen Tals gelegen, verborgen im dichten Wald. Zur Tarnung des Quartiers waren außerdem Tarnnetze gespannt und künstliche Bäume aufgestellt. Ebenso wie in anderen Hauptquartieren gab es hier für Hitler und die Leute aus seiner nächsten Umgebung Schwerbunker sowie Gebäude leichterer Konstruktion. Im Schloß Ziegenberg war zu dieser Zeit der Oberbefehlshaber West, Feldmarschall Gerd von Rundstedt, einquartiert.

Die ersten fünf Tage des Aufenthaltes im Adlerhorst beschäftigten Hitler die letzten Vorbereitungen zum Angriff. Am 16. Dezember früh erteilte er den Befehl zur Offensive. Sein Heer griff auf einem Abschnitt von 120 km an. Das Wetter war günstig hierfür. Der Himmel war bedeckt, so dass die feindlichen Kampfflugzeuge nicht aufsteigen konnten. Die Alliierten ließen sich überraschen und die deutsche Infanterie konnte an manchen Frontabschnitten sogar bis 15 km in die Tiefe der gegnerischen Stellungen eindringen.

Im Hitlers Quartier entstand eine Euphorie. Sie dauerte jedoch nicht lange. Schon nach ein paar Tagen anfänglicher Erfolge musste Hitler wieder die Bitterkeit einer Niederlage erleben. Den deutschen Panzern und Kraftfahrzeugen fehlte der Brennstoff. Am 23. Dezember besserte sich das Wetter und am Himmel wimmelte es von alliierten Kampfflugzeugen. Da erfasste Hitler, dass diese Schlacht mißglückte. Wenn er jedoch von seiner Sekretärin folgendermaßen gefragt wurde: „Glauben Sie denn, mein Führer, dass wir den Krieg überhaupt noch gewinnen können?, erwiderte er: „Wir müssen“.[63]

Noch am 28. Dezember rief er zum Adlerhorst die Befehlshaber aller Divisionen, um sie zu überzeugen, dass der Sieg weiter in Reichweite liege. Am 1. Januar 1945 schickte er 1000 Kampfflugzeuge zum Angriff, aber diese stießen auf einen so starken Widerstand, dass deren Rückzug notwendig wurde und auf dem Rückweg wurden sie noch irrtümlich durch die eigene Artillerie beschossen.

Am selben Tag kamen die Chefs der Generalstäbe und die Befehlshaber aller Waffengattungen ins Hauptquartier angereist, um Hitler Neujahrswünsche zu übermitteln. Sie wünschten ihm den Endsieg, allein glaubten sie aber nicht mehr daran. Am 12. Januar erschien im FHQ „Adlerhorst“ Feldmarschall Hermann Göring. Hitler gratulierte ihm zu seinem Geburtstag, den Göring an diesem Tag feierte. Zugleich warf er ihm aber vor, am 1. Januar eine nicht gelungene Aktion der Luftwaffe durchgeführt zu haben. Nach dem Fiasko der Ardennenoffensive kehrte Hitler nach Berlin zurück, wo er bis zum Ende blieb.

9. OBERSALZBERG

Während des Kriegs weilte Hitler oft in seinem Haus, genannt Berghof, auf dem Obersalzberg in den Bayrischen Alpen, nord-östlich von Berchtesgaden. Vom 22. März bis zum 29. Juni 1943 (mit Unterbrechungen), und dann von März bis 14. Juli 1944 funktionierte diese Privatresidenz als Führerhauptquartier. Es gab reguläre Lagebesprechungen. Die Teilnehmer versammelten sich im repräsentativen Konferenzsaal um einen großen Tisch, der Hitler zuvor als Unterlage für die ihn interessierenden architektonischen Pläne gedient hatte.

Die Gegend von Berchtesgaden besuchte Hitler 1922 zum ersten Mal zur kurzen Erholung. Er wohnte damals im Hotel „Platterhof". In den folgenden Jahren kam er immer häufiger hierher mit seinen Freunden, wobei er im hiesigen Gasthof „Türken" einkehrte. 1928 mietete er und ein paar Jahre nachher erwarb er da ein bescheidenes Haus, genannt Haus Wachenfeld. Er wurde dazu nicht nur durch die Begeisterung zum Gebirge bewogen, er meinte auch, dass hier eine besondere, mystische Atmosphäre herrsche. Aus den Fenstern seines Hauses war die gegenüberliegende Gebirgskette, der Untersberg, zu sehen. In einem ihrer Gipfel soll nach einer alten deutschen Sage der Kaiser Barbarossa schlafen. Alle hundert Jahre wacht er auf und fragt seinen Diener, ob Kolkraben noch um seinen Berg herumfliegen. Wenn der Diener es bestätigt, dann schläft der Kaiser für das nächste Jahrhundert ein. Wenn er jedoch einmal aufwacht und keine Kolkraben mehr da sind, verlässt er seine Grotte, und dann bricht das tausendjährige Reich an.

Als er 1933 Kanzler geworden war, beschloß er, dieses Haus gründlich umzubauen, und in eine zweietagige Residenz umzuwandeln, die er Berghof nannte. Hierbei bediente er sich nicht seines beliebten Architekten, Albert Speer, sondern erstellte alle Pläne selbst. Das umgebaute Haus beherbergte im Erdgeschoß Garagen. Im ersten Stock befand sich Hitlers Wohnung. Besonders gern verbrachte er seine Zeit im Konferenzsaal, der über ein großes Fenster von 6 x 3 m verfügte, das eine wunderschöne Aussicht auf die nahegelegene Bergwelt bot. Auf derselben Etage befanden sich die Zimmer der Eva Braun. Gäste belegten die Räume im zweiten Stockwerk. Insgesamt gab es 30 Zimmer.

Haus „Berghof" stand im Zentrum des sogenannten Führergebiets, das ca. 10 km^2, darunter 800 ha Wald, einnahm. Im Laufe der Zeit entstanden

Auf dem Obersalzberg

Bergof, die Terrasse

Das große Fenster in der Halle des Berghof

Hitlers Arbeitszimmer im Berghof

hier immer mehr neue Gebäude und Anlagen. In einer Höhe von 1800 m ü. d. M. wurde auf dem Kehlstein Hitlers berühmtes Teehaus gebaut: „Nach einer halben Stunde gemütlichen Gehens war das Teehaus, das 1937 von Prof. Fick geplant und in Form eines nicht sehr hohen, turmähnlichen Pavillons gebaut wurde, errichtet... Im Vorraum legte man die Garderobe ab, um dann in dem, in hellem Marmor gehaltenen, Kaminraum am gedeckten runden Tisch in tiefen, chintzbezogenen Sesseln Platz zu nehmen. Hohe schmale Fenster auf der Südseite des Teehauses gaben den Blick auf das Gebirge frei. In dem goldgefaßten Spiegel an der Nordseite des Raumes über dem Kamin erschien nochmals das Bild der kristallenen Kronleuchter und der mit Bienenwachskerzen bestückten Wandleuchten. Den Kamin habe ich niemals in Funktion gesehen. Als wärmende Quelle war er eigentlich überflüssig, da sich unter den roten Marmorplatten des Fußbodens eine Bodenheizung befand. Während die Besuche des Kleinen Teehauses am Moosländer Köpfle zum täglichen Ritual gehörten, wurde das Teehaus auf dem Kehlstein sehr selten besucht. Hitler fühlte sich in der dünnen Luft des 2000 m hoch liegenden Teehauses nicht wohl. Für ihn war dieses Haus am Berggipfel nur ein Prunkstück, mit dem er gern fremde Staatsoberhäupter überraschte. Voll stolz erzählte er manchmal, wie fasziniert die Besucher allein schon von der zum Kehlstein hinaufführenden Straße waren, die oft ganz dicht am Abhang entlang führte. Weiter beeindruckte die Besucher das in den Berg gesprengte Tunnel mit dem imponierenden Messingaufzug und dann die überwältigende Sicht weithin in die majestätische Gebirgswelt des Berchtesgadener Landes" – schreibt Christa Schroeder.[64]

Auch Bormann, Göring, Goebbels und Speer bauten hier ihre Residenzen. Überdies entstanden hier Villen für offizielle Gäste, SS-Kasernen und Garagen. 1943 begann man hier ein System von 79 Tiefbunkern mit Verbindungskorridoren zu bauen, deren Gesamtlänge bei 2700 m und einer Fläche von 4100 m^2 lag.

Das ganze Gebiet war in **zwei Sicherheitszonen** eingeteilt. In der Innenzone, die von SS-Mannschaften abgeschirmt wurde, befand sich außer Hitlers Berghof auch noch die Villa von Martin Bormann. Die 2 m hohe Umzäunung dieser Zone war 3 km lang. In der äußeren Zone, die anfänglich von der Polizei, später vom Staatssicherheitsdienst abgeschirmt war, befanden sich alle anderen Gebäude. Die Umzäunung hatte eine Länge von 14 km und war zugleich die Außengrenze des Führergebietes.

Die Bauarbeiten überwachte Martin Bormann persönlich, der auch als Gebieter dieses Landstrichs galt. Unter den auf dem Obersalzberg 5000 Beschäftigten gab es nur 1500 Deutsche, die anderen waren Tschechen und Italiener.

Der Aufenthalt auf dem Obersalzberg lieferte Hitler die innere Ruhe und ermöglichte ihm, seine Kräfte aufzufrischen. Seine Mitarbeiter fühlten

Der Berghof am Obersalzberg

Das Adlernest - Hitlers Teehaus. Heute heißt es Kehlsteinhaus.

sich hier jedoch schlimm. Einer von ihnen erinnert sich, dass: „Schon der immer gleiche Tagesablauf war ermüdend, der immer gleiche Kreis um Hitler – derselbe Kreis, der sich schon in München zu treffen und in Berlin zu versammeln pflegte – langweilend. Der einzige Unterschied zu Berlin und München war, daß hier auch die Frauen seiner Begleitung anwesend waren; außerdem noch zwei oder drei Sekretärinnen und Eva Braun.

Hitler erschien meistens spät, gegen elf Uhr, in den unteren Räumen, arbeitete dann die Presseinformationen durch, nahm einige Berichte Bormanns entgegen und traf erste Entscheidungen. Seinen eigentlichen Tagesablauf leitete ein ausgedehntes Mittagessen ein. Die Gäste versammelten sich im Vorraum. Hitler wählte seine Tischdame, während Bormann etwa ab 1938 das Privileg hatte, regelmäßig die links von Hitler sitzende Eva Braun zu Tisch zu führen, was seine beherrschende Stellung am Hof eindeutig demonstrierte...

Nicht lange nach dem Essen formierte sich der Zug zum Teehaus. Die Breite des Weges ließ nur jeweils zwei Personen Platz, so daß der Zug einer Prozession ähnlich sah. Voran gingen in einigem Abstand zwei Sicherheitsbeamte, dann kam Hitler mit einem Gesprächspartner, dahinter in bunter Reihenfolge die Tischgesellschaft, gefolgt von weiterem Wachpersonal. Hitlers zwei Schäferhunde streunten im Gelände herum und mißachteten seine Befehle, die einzigen Oppositionellen bei Hofe... Hier, an der Kaffeetafel, verlor sich Hitler besonders gern in endlose Selbstgespräche, deren Themen der Gesellschaft meist bekannt waren und denen sie daher mit gespielter Aufmerksamkeit unaufmerksam folgte. Gelegentlich schlief selbst Hitler über seinen Monologen ein, die Gesellschaft unterhielt sich dann im Flüsterton weiter und hoffte, daß er rechtzeitig zum Abendessen wieder aufwache. Man war unter sich.

Nach ungefähr zwei Stunden ging die Teerunde, im allgemeinen gegen sechs, zu Ende... Nach der Rückkehr zum Berghof pflegte Hitler sich sofort in seine oberen Räume zu begeben, während der Troß sich auflöste. Bormann entschwand oft, von Eva Braun boshaft kommentiert, im Zimmer einer der jüngeren Sekretärinnen. Zwei Stunden später traf man sich schon wieder zum Abendessen mit genau dem gleichen Ritual wie am Mittag... Nach einigen Tagen bekam ich, wie ich es damals nannte, die »Bergkrankheit«, das heißt, ich fühlte mich durch andauernde Zeitvergeudung erschöpft und leer. Nur wenn Hitlers Müßiggang durch Besprechungen unterbrochen wurde, blieb mir Zeit, mich mit meinen Mitarbeitern an die Pläne zu setzen.“[65]

Seit 1938 wurde die Residenz Hitlers von seiner Geliebten Eva Braun verwaltet. Als sie zum Berghof umzog, war sie 24 Jahre alt. Sie war eine hübsche und anmutige Blondine. Sie mochte Ausflüge ins Gebirge, lief gut Ski und schwamm gut. Oft diskutierte sie über Film und neueste Mode. Immer blieb sie jedoch sehr bescheiden und nicht anspruchsvoll. „Nichts

Hitler auf dem Obersalzberg

deutete darauf hin, dass sie die Geliebte eines Herrschers war"- erwähnt Albert Speer.

Eva Braun wurde 1912 in München geboren. Ihr Vater, Lehrer von Beruf, war ein sehr konservativer und strenger Mensch. Nach seinem Willen besuchte Eva ein Gymnasium mit Schülerheim, welches durch Ordensschwestern geleitet wurde. Nach der Beendung der Schule las sie in einer Zeitung, dass ein renommiertes Fotoatelier in ihrer Heimatstadt nach jungen und begabten Mitarbeitern sucht. Als sie sich gemeldet hatte, bekam sie die Arbeit in der Fotovertriebs-Abteilung. Damals wusste sie noch nicht, dass der Atelierbesitzer Heinrich Hoffmann Hitlers Freund war.

An einem Oktobernachmittag 1929, als Hitler ankam, um seine Fotos abzuholen, wurde ihm die siebzehnjährige Eva Braun vorgestellt. Der 40jährige Junggeselle war zu ihr sehr freundlich. Zunächst lud er sie ins Theater ein, sie trafen sich im Kino, im Café. Später kehrte das Mädchen immer häufiger nachts nicht nach Hause zurück. Nach zwei Jahren ihres Liebesverhältnisses ergab es sich jedoch, dass Hitler immer seltener die Zeit für die Treffen mit der ihn liebenden Frau fand, weil er zu dieser Zeit eine intensive politische Tätigkeit ausübte. Eva gewann damals die Überzeugung, dass sie von ihrem Geliebten betrogen wurde. Im November 1932 schickte sie ihm einen Abschiedsbrief und wollte sich erschießen. Der Schuß in den Mund war jedoch nicht tödlich und es gelang sie zu retten.

Als 1933 Hitler zum Reichskanzler gewählt wurde, ernannte er Eva zu seiner Sekretärin. Er kaufte ihr auch eine Villa in München. Das machte sie jedoch nicht glücklich. Sie konnte nicht hinnehmen, dass Hitler sich mit ihr selten und nur geheim traf. Er wollte immer den Anschein bewahren, dass sie nur freundschaftlich miteinander verbunden sind. Wenn sie irgendwohin abgereist sind, nahm er immer zwei Sekretärinnen als Anstandsdamen mit. Eva durfte nicht mit dem gleichen Auto fahren wie ihr Geliebter. Hitler war überzeugt, dass die Nachricht von seinem Liebesverhältnis mit einem jungen Mädchen negativ von der Öffentlichkeit betrachtet würde und von seinen politischen Gegnern ausgenutzt werden könnte. Er wollte zeigen, dass der persönliche Ehrgeiz keinen Platz in seinem Leben hat und er sich ganz seinem Vaterland widmet. Er war bekannt für seine Äußerung: „Die Frau, die ich liebe, heißt Germania". Die enttäuschte Eva versuchte sich im Mai 1935 zum zweiten Mal das Leben zu nehmen, indem sie eine Überdosis Schlafmittel schluckte.

Nach diesem Selbstmordversuch widmete Hitler seiner Auserwählten mehr Zeit. Er stellte ihr einige Zimmer in seiner Residenz auf dem Obersalzberg zur Verfügung. Das Schlafzimmer Evas lag neben dem von Hitler. Er tat so, als ob sie beide nichts außer Freundschaft verbinde, obgleich für alle Besucher vom Berghof die Sache klar war. Die Sekretärinnen Hitlers nannten ihn „Chef" und Eva Braun – „Chefin". Einer der häufi-

Der Berghof

Hitler mit Eva Braun auf dem Obersalzberg

gen Gäste auf dem Obersalzberg hat geschrieben: „Mich überraschte, daß Hitler und sie alles vermieden, was auf eine intime Freundschaft hinwies – um dann spät abends doch in die oberen Schlafräume zu gehen. Mir ist immer unverständlich geblieben, warum diese unnütze, verkrampft wirkende Abstandshaltung selbst in diesem internen Kreis eingehalten wurde, dem das Verhältnis doch keineswegs verborgen bleiben konnte.“[66]

Eva Braun war die einzige Person, die sich erlauben durfte, kritische Bemerkungen über das Benehmen oder die Kleidung Hitlers zu äußern. Auch entschied sie in einem beachtlichen Grad darüber, wie seine Residenz eingerichtet werden sollte. Nie versuchte sie hingegen, Hitler in politischen Sachen zu beeinflussen. Sie hatte sonst kein Interesse für die Politik, was Hitler an ihr sehr schätzte. Davon, welchen Platz er für Frauen bestimmt hatte, zeugen am besten seine Worte, die er im Beisein Evas ausgesprochen hat: „Sehr intelligente Menschen sollen sich eine primitive und dumme Frau nehmen. Sehen Sie, wenn ich nun eine Frau hätte, die mir in meine Arbeit hereinredet! In meiner freien Zeit will ich meine Ruh' haben... Heiraten könnte ich nie.“[67]

Schon vor dem Krieg empfing Hitler viele prominente Persönlichkeiten auf dem Berghof. Zu den bekanntesten gehörten: der Prinz von Windsor Eduard VIII, der britische Premierminister Neville Chamberlain, der britische Außenminister Eduard Halifax, der Diktator Italiens Benito Mussolini, der italienische Außenminister, Galeazzo Ciano, und König Karol II. von Rumänien. Am 5. Januar 1939 traf hier der polnische Außenminister Oberst Józef Beck ein, der mit Hitler und Ribbentrop Gespräche führte. Diese Zusammenkunft brachte keine konkreten Ergebnisse und endete mit der Ausgabe eines kurzen, bedeutungslosen Kommuniqués über den Besuch. Im Krieg kamen zum Berghof die Politiker, welche mit den Deutschen zusammenarbeiteten: Benito Mussolini, König Borys III. von Bulgarien, der französische Ministerpräsident von der Vichy-Regierung, Pierre Laval, und einige andere zweit- oder drittrangige Diplomaten und Militärpersonen.

Schon 1943 rechnete man damit, daß der Obersalzberg aus der Luft bombardiert werden könnte, und daher wurde die Flugabwehr – mit 10,5-Zentimeter-Flak ausgerüstet – immer wieder verstärkt. Im Februar 1944 wurden alle Gebäude mit Drahtnetzen getarnt, die mit künstlichem Laub aus Bakelit bedeckt waren. Auch Strohmatten wurden dazu verwendet. Seit dieser Zeit fiel nur noch eine kleine Menge Licht ins Innere des Berghofes. Die Alliierten hielten jedoch das Bombardement der Hauptquartiere Hitlers für zwecklos in der Überzeugung, dass dessen Beseitigung keine Änderung zu ihren Gunsten an der Front herbeigebracht hätte.

Erst als der Krieg entschieden war, und Hitler sich im Bunker unter der Reichskanzlei versteckt hielt, flogen britische Lancasterbomber am 25.

Hitler und Eva Braun auf dem Kehlsteinhaus

April 1945, um 9.30 Uhr einen Angriff gegen den Obersalzberg. Beim ersten Anflug wurde die Flak unschädlich gemacht. Während des bald darauf folgenden zweiten Angriffs zerstörten 500 kg Bomben die Häuser von Hitler und Bormann sowie andere Gebäude.

Damit diese Ruinen nicht Ziel von pilgernden Hitlersympathisanten würden, beschloß die bayrische Regierung, die Überreste der Häuser von Hitler, Göring und Bormann, mittels Dynamit zu sprengen. Dies geschah am 30. April 1952. Übrig blieben die Betonfundamente und die Tiefbunker, deren Eingänge zugemauert wurden.

Hitler inmitten der Soldaten (Weihnachten 1939)

Im Berghof

„Seinem Hund befahl Hitler, sich bei den oft stundenlangen Sitzungen oder während der Mahlzeiten in eine ihm angewiesene Ecke zu legen, wo er sich dann mit einem unwilligen Brummen niederließ. Fühlte er sich nicht beobachtet, so kroch er um einiges dem Sitzplatz seines Herrn näher und landete, nach umständlichen Manövern, mit seiner Schnauze schließlich auf dem Knie Hitlers, worauf er mit scharfem Befehl wieder in eine Ecke verbannt wurde. (...) Im Grunde aber blieb dieser Schäferhund das einzige Lebewesen im Hauptquartier, das ihn in dem Sinne aufrichtete, wie Schmundt und ich uns das vorgestellt hatten."

Albert Speer, *Erinnerungen*, Frankfurt/Main 1969, S. 314

Hitler in Begleitung von Albert Speer auf dem Obersalberg

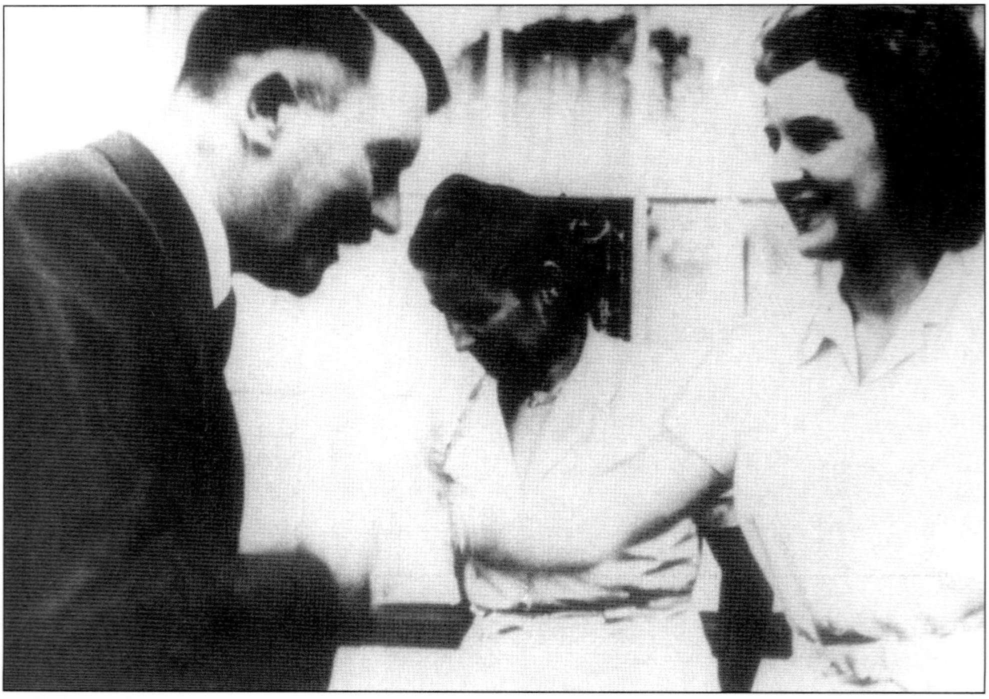
Hitler und Eva Braun auf dem Obersalzberg

Hitler und Eva Braun auf dem Obersalzberg

Professor Arthur Fischer malt Hitlers Porträt.

Hitlerporträts waren im Dritten Reich überall zu sehen. An seinem Geburtstag wurden sie u.a. in Schaufenstern in Goldrahmen und Blumengirlanden ausgestellt. Als während des Krieges die deutschen Städte bombardiert worden waren, waren viele Menschen davon überzeugt, daß eine Wand mit Hitlerporträt bestimmt erhalten bleibt.

Hitler hat selten die Reichsgrenzen verlassen. Am 4. Juni 1942 begab er sich nach Finnland zur 75. Geburtstagsfeier von Marschall Mannerheim (neben Hitler in Uniform).

Reichsführer SS Heinrich Himmler in der Sowjetunion

10. DER REICHSKANZLEI-BUNKER

Nachdem Hitler die Wolfsschanze verlassen hatte, übernahm die Reichskanzlei in Berlin mit dem unter ihr gebauten Bunker die Funktion des Führerhauptquartiers. Vom 21. November bis zum 9. Dezember 1944, und dann vom 16. Januar bis zum 30. April 1945 war sie Hitlers letzter Befehlsstand im Zweiten Weltkrieg.

Als Hitler am 30. Januar 1934 zum Reichskanzler ernannt wurde, bezog er die Reichskanzlei, welche sich in der Wilhelmstraße befand. Von Anfang an gefiel ihm dieses Gebäude nicht. Er war der Meinung, es „eigne sich höchstens für den Sitz eines Seifenproduktionskonzerns". Endlich am Anfang 1938 entschied er sich für die Errichtung eines Baus „nach imperialem Maß".

Am 8. Januar 1938 rief er den Architekten Albert Speer zu sich und befahl ihm, binnen zwölf Monaten einen neuen Bau zu entwerfen, zu errichten und zur Nutzung zu übergeben. Unverzüglich begann man die Häuser in der Voss-Straße abzureißen, wo dieses Gebäude erbaut werden sollte. Genau ein Jahr darauf war dieses Objekt schon vollendet, am 9. Januar 1939 fand dessen offizielle Übergabe statt. „Viereinhalbtausend Arbeiter waren in zwei Schichten beschäftigt gewesen, um die knappen Termine einzuhalten. Dazu kamen einige Tausend, die über das Land verstreut, Teile hergestellt hatten. Sie alle, Steinmetzen, Tischler, Maurer, Installateure undsoweiter wurden eingeladen, sich den Bau anzusehen und wanderten beeindruckt durch die fertigen Räume."[68]

Die Neue Reichskanzlei stellte eine Reihe von Räumen mit einer Länge von 220 Metern dar, die längs einer Achse angeordnet waren. Ein von Hitler geladener Gast fuhr mit dem Auto von der Wilhelmsplatz-Seite her durch das große Tor, um auf den geräumigen Repräsentationshof zu gelangen. Die Treppe ging er zunächst in einen kleinen Empfangssaal hinauf, in welchem sich eine Garderobe befand. Nachdem man vor ihm eine zweiflügelige, 5 Meter hohe Tür aufgemacht hatte, konnte er in einen großen Vorraum weitergehen, der mit Mosaiken verkleidet war. Nach Passieren von einigen Stufen konnte er nachher etwas höher hinaufgehen und zwar in einen runden Raum mit Gewölbe in Form einer Kuppel. Indem er weiter durch eine Marmorgalerie von 145 Metern Länge hindurchschritt, erreichte er endlich den Saal, wo Hitler seine offiziellen Gäste empfing, oder des Führers Arbeitszimmer.[69]

Die Funktion des Kampfkommandanten der Reichskanzlei übte anfänglich, bis Ende Februar, Oberstleutnant Pick aus, später im März und im April – SS-Sturmbannführer Otto Günsche.

Sowohl die Alte Reichskanzlei als auch die Neue Reichskanzlei hatten eine direkte Verbindung mit dem **Untergrundbunker Hitlers**. Dieses Objekt befand sich unter dem Garten, der an beide Bauten angrenzte. Er war praktisch unzerstörbar. Seine Betondecke war 8 Meter stark, darüber befand sich noch eine 2 Meter dicke Erdschicht. Eine gewundene Treppe ging man zunächst ins Obergeschoß des Bunkers hinunter, das aus 12 Kammern bestand. Hier befanden sich Wirtschaftsräume, Küche sowie Zimmer für einen Teil des Personals.

Man musste die Treppe noch tiefer hinuntergehen und zwar bis in eine Tiefe von 16 Metern unter dem Oberflächenniveau, um den unteren Teil dieses Bunkers zu erreichen. Dieser bestand aus zwanzig Kammern. Hier befand sich Hitlers Wohnung. Ihr Aussehen hat die Sekretärin Hitlers Ch. Schroeder folgendermaßen geschildert: „Hitler bewohnte einen sehr engen Raum, in dem nur ein kleiner Schreibtisch, ein schmales Sofa, ein Tisch und drei Sessel Platz hatten. Der Raum war kalt und ungemütlich.

Eingang zum Reichskanzlei-Bunker

Auf der linken Seite führte eine Tür ins Badezimmer, auf der rechten eine andere in ein ebenfalls sehr enges Schlafzimmer. Das Arbeitszimmer wurde völlig beherrscht von einem Bildnis Friedrich des Großen, das über dem Schreibtisch hing. Mit seinen großen strengen Augen blickte der Alte Fritz mahnend herab. Die bedrückende Enge des Raumes und die ganze Stimmung wirkten sehr deprimierend. Wenn jemand durch das Zimmer gehen wollte, mußten die Sessel weggerückt werden."[70]

In demselben Teil des Bunkers befanden sich die Zimmer von Eva Braun, von Josef Goebbels, der Ärzte (Dr. Stumpfegger und Dr. Haase), der Ordonnanz und einiger Leute der Leibwache. Hier existierte auch ein kleines Büro und die Telefonzentrale. Über diesen Räumen gab es auch noch Zimmer anderer Mitarbeiter von Hitler und der im Bunker Dienst tuenden Menschen. Im Garten befand sich ein mit einem starken Betonschutz versehener Notausgang.

Anfänglich weilte Hitler – bevor er sich ins Quartier „Adlerhorst" begab – in seiner Wohnung in der Neuen Reichskanzlei. Nach der Rückkehr nach Berlin wählte er ab Januarhälfte 1945 die Räume der Alten Reichskanzlei. Aber schon um die Hälfte des Monats Februar wurde er wegen der nun mangelnden Sicherheit gezwungen, diese Räume zu verlassen, und im Bunker unter der Reichskanzlei Wohnung zu beziehen. Noch bis Ende März aß er seine Mahlzeiten und arbeitete täglich in Räumen mit Tageslicht. Die Lagebesprechungen fanden im großen Arbeitszimmer der Neuen Reichskanzlei statt. Endlich erfüllte auch der am Fenster stehende schwere Marmortisch seinen Zweck; hierauf wurden alle Karten mit der Lage an den einzelnen Fronten auseinandergebreitet. Im April dagegen weilte Hitler schon ständig in den unterirdischen Räumen seines Bunkers.

Albert Speer berichtet in seinen Memoiren, er habe schon im Februar 1945 die Beseitigung Hitlers geplant. Auf einem Spaziergang durch den Park der Reichskanzlei habe er einen leicht zugänglichen Ventilationsschacht entdeckt, der zum Bunker führte. Er wußte, daß die angesaugte Luft einen Filter passiere, aber diese wären gegen das Giftgas „Tabun" nicht gefeit. Er beschloß, dieses Gas aufzubringen, und durch den Schacht in die Bunkerräume einzuflößen. Im März war Speer schon im Besitz dieses Gases, doch das Vorhaben konnte nicht ausgeführt werden. Dort, wo sich bis vor kurzem der niedrige Eingang in den Schacht befand, stand nun ein 4 m hoher Schornstein. Seinen Bau hatte Hitler selbst angeordnet, der vor eventuellem Kampfgas Furcht hatte. Er wußte auch, daß Giftgas schwerer ist als Luft. Der Zugang zum Schornstein war unmöglich, da nun auch verstärkte SS-Posten in der Nähe postiert wurden.

In seinem Untergrund-Schutzbunker ließ sich Hitler am 29. April in der Nacht, kurz vor 2.00 Uhr, mit Eva Braun standesamtlich trauen. Die Trauung wurde vom zum Bunker geführten Gauleiter Walter Wagner, Mitglied einer der Volkssturmtruppen, die in der Nähe der Reichskanzlei

Reichskanzlei in Berlin

Hitlers Arbeitszimmer in der Reichskanzlei

kämpften, vorgenommen. Die Zeremonie fand gemäß dem Recht statt, das in Ausnahmefällen, z.B. während außergewöhnlicher Umstände im Krieg, die unverzügliche Eheschließung zuließ. Die Brautzeugen waren dabei Martin Bormann und Josef Goebbels. Auf die Trauurkunde wurden fünf Unterschriften gesetzt. Es ist bemerkenswert, dass die Braut mit ihrem Mädchennamen zu unterschreiben begann, jedoch dann strich sie den Buchstaben „B“ durch und schrieb weiter: „Eva Hitler, geb. Braun“.

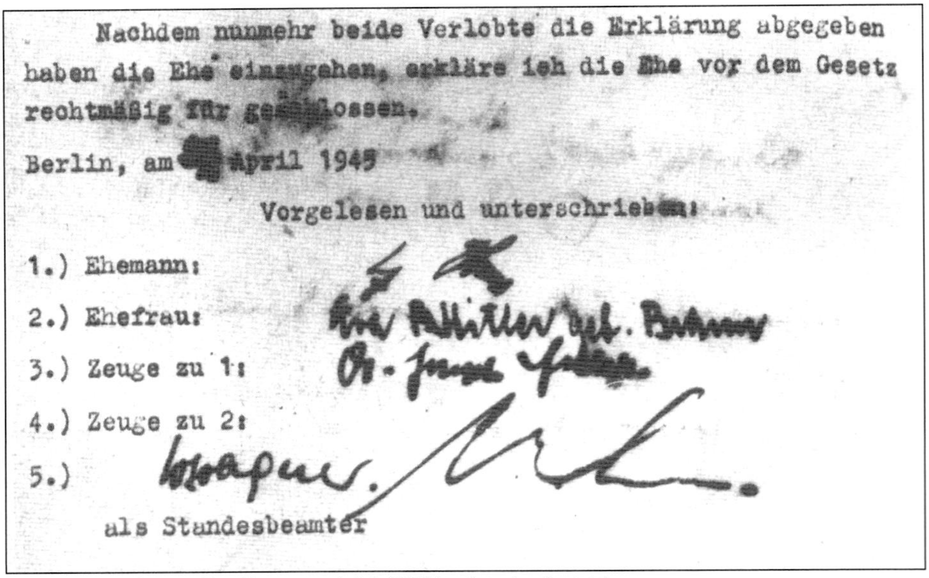

Nachdem nunmehr beide Verlobte die Erklärung abgegeben haben die Ehe einzugehen, erkläre ich die Ehe vor dem Gesetz rechtmäßig für geschlossen.

Berlin, am [illegible] April 1945

Vorgelesen und unterschrieben:

1.) Ehemann:

2.) Ehefrau:

3.) Zeuge zu 1:

4.) Zeuge zu 2:

5.)

als Standesbeamter

Heiratsurkunde von Eva Braun und Adolf Hitler (29. April 1945)

Nachher wurden die Bunkereinwohner zu einem bescheidenen Hochzeits-Empfang geladen. Wie sich Nicolaus von Below erinnert, bemühten sich die eingeladenen Gäste ungezwungen zu benehmen und an angenehme Zeiten aus der Vergangenheit zu erinnern, aber in Wirklichkeit war die Situation unheimlich; die Brautleute dachten an den Tod, welcher nur nach ein paar Stunden kommen sollte; das Schicksal der übrigen Teilnehmer an dieser Feierlichkeit war auch nicht sicher.

Noch vor Beendigung des Empfanges ging Hitler ins anliegende Zimmer hinaus, um dort seinen letzten Willen zu diktieren. Er hatte zwei Urkunden erstellt. Die eine war sein politisches Testament. Hitler griff darin wieder die Juden an, stieß Göring und Himmler aus der Partei aus, entzog ihnen alle Funktionen und berief schließlich eine neue Regierung mit dem Admiral Dönitz an der Spitze. Die zweite Urkunde war sein Privattestament, in welchem er u.a. geschrieben hat:

„Da ich in den Jahren des Kampfes glaubte, es nicht verantworten zu können, eine Ehe zu gründen, habe ich mich nunmehr vor Beendigung dieser irdischen Laufbahn entschlossen, jenes Mädchen zur Frau zu

Eingang in Hitlers Arbeitszimmer in der Reichskanzlei

nehmen, das nach langen Jahren treuer Freundschaft aus freiem Willen in die schon fast belagerte Stadt hereinkam, um ihr Schicksal mit dem meinen zu teilen. Sie geht auf ihren Wunsch als meine Gattin mit mir in den Tod. Er wird uns das ersetzen, was meine Arbeit im Dienst meines Volkes uns beiden raubte.

Was ich besitze, gehört – soweit es überhaupt von Wert ist – der Partei. Sollte diese nicht mehr existieren, dem Staat, sollte auch der Staat vernichtet werden, ist eine weitere Entscheidung von mir nicht mehr notwendig.

Ich habe meine Gemälde in den von mir Laufe der Jahre angekauften Sammlungen niemals für private Zwecke, sondern stets nur für den Ausbau einer Galerie in meiner Heimatstadt Linz a. d. Donau gesammelt. Daß dieses Vermächtnis vollzogen wird, wäre mein herzlichster Wunsch...

Ich selbst und meine Gattin wählen, um der Schande des Absetzens oder der Kapitulation zu entgehen, den Tod. Es ist unser Wille, sofort an der Stelle verbrannt zu werden, an der ich den größten Teil meiner täglichen Arbeit im Laufe eines zwölfjährigen Dienstes an meinem Volk geleistet habe."[71]

Am 30. April beschlossen Hitler und Eva Braun Selbstmord zu begehen. Der bekannte deutsche Historiker Joachim C. Fest beschreibt so die letzten Stunden im Bunker unter der Reichskanzlei: „Hitler fürchtete aber auch, das vorgesehene Gift könnte nicht rasch und nicht zuverlässig genug den Tod herbeiführen. Infolgedessen befahl er, die Wirkung des Mittels an seiner Schäferhündin zu erproben. Um Mitternacht wurde Blondi auf die Bunkertoilette gelockt, Feldwebel Tornow, Hitlers Hundebesorger, riß dem Tier das Maul auf, während Professor Haase, der zum ärztlichen Personal gehörte, hineingriff und mit Hilfe einer Zange eine Giftampulle zerdrückte. Kurz darauf betrat Hitler den Raum und blickte einen Augenblick lang ausdruckslos auf den Kadaver... Um zwei Uhr aß er in Gesellschaft seiner Sekretärinnen und seiner Köchin zu Mittag... Nach Beendigung der Mahlzeit ließ Hitler seine engsten Mitarbeiter zusammenrufen, darunter Goebbels, Bormann, die Generale Burgdorf und Krebs sowie seine Sekretärinnen, Frau Christian und Frau Junge, ferner einige Ordonnanzen. Zusammen mit seiner Frau reichte er allen die Hand und verschwand dann stumm und gebückt in seiner Tür... Es war der 30. April 1945, kurz vor halb vier Uhr. Was dann geschah, hat sich eindeutig nicht mehr aufklären lassen. Den Aussagen der meisten überlebenden Bunkerbewohner zufolge fiel ein einzelner Schuß. Kurz darauf betrat der Führer der SS-Wachmannschaft, Rattenhuber, den Raum. Hitler saß zusammengesunken und mit blutig verschmiertem Gesicht auf dem Sofa, neben ihm seine Frau, einen unbenutzten Revolver im Schoß; sie hatte Gift genommen... Jedenfalls ordnete Rattenhuber an, die Leichen in den Hof zu schaffen. Dort ließ er sie mit dem bereitgestellten Benzin übergießen

Deutsche Eisenbahnkanone

Vor dem Operngebäude in Berlin. Links Sepp Dietrich, Chef der Leibwache; die Tür öffnet vor Hitler sein Kammerdiener Heinz Linge; den Wagen verlassen die Adjutanten Rudolf Schmundt und Julius Schaub (1940).

und bat die Trauerversammlung herauf... Hitlers SS-Adjutant Otto Günsche warf daraufhin einen brennenden Lumpen auf die beiden Leichen, und als die hochschlagenden Flammen die Körper einhüllten, standen alle stramm und grüßten mit erhobener Hand. Ein Angehöriger des Wachpersonals, der eine halbe Stunde später am Ort dieser Zeremonie vorbeikam, konnte Hitler bereits »nicht mehr erkennen, weil er schon ziemlich verbrannt war«... Kurz vor dreiundzwanzig Uhr wurden die Reste der nahezu völlig verbrannten Leichen, dem Bericht Günsches zufolge, auf eine Zeltplane geschoben, »in einen Granattrichter vor dem Bunkerausgang hinabgelassen, Erde darauf gedeckt und mit einem Holzstampfer festgestampft«.[72]

Parade in Berlin

Am Kartentisch

Lagebesprechung im Führerhauptquartier

Hitler als Redner

Hitler und Göring in Berlin

Hermann Göring und Freiherr von Richthofen

Adolf Hitler, Julius Schaub und Martin Bormann (November 1941)

In Berlin

Hitler im Garten der Reichskanzlei bei der Auszeichnung von Hitler-Jugend (19. März 1945)

Hitler im Garten der Reichskanzlei bei der Auszeichnung von Hitler-Jugend (19. März 1945)

Die letzte Aufnahme von Adolf Hitler. Im April 1945 besichtigt er mit seinem Adjutanten Julius Schaub (links) die zerstörte Reichskanzlei.

IV. ABKÜRZUNGEN

BND – Bundesnachrichtendienst (ab 1955)
Do 217 – Flugzeugtyp der Dornier-Werke
DR – Deutsche Reichsbahn
FBB – Führer-Begleit-Bataillon
FHQ, FHQu – Führerhauptquartier
Flak – Fliegerabwehrkanone
Gestapo – Geheime Staatspolizei
i.G. – im Generalstab
Ju 52 – Flugzeugtyp der Junkers-Werke
Kripo – Kriminalpolizei
NS – Nationalsozialistisch
NSDAP – Nationalsozialistische Deutsche Arbeiterpartei
NSKK – Nationalsozialistisches Kraftfahrkorps
OKH – Oberkommando des Heeres
OKL – Oberkommando der Luftwaffe
OKM – Oberkommando der Marine
OKW – Oberkommando der Wehrmacht
OT – Organisation Todt
RAF – Royal Air Force
RSD – Reichssicherheitsdienst
RSHA – Reichssicherheitshauptamt
SA – Sturmabteilung der Nationalsozialistischen Deutschen Arbeiterpartei
SS – Schutzstaffeln der Nationalsozialistischen Deutschen Arbeiterpartei
WFA – Wehrmachtsführungsamt
WFSt – Wehrmachtsführungsstab

V. ANMERKUNGEN

1. Gerhard Buck, *Das Führerhauptquartier 1939-1945*, Leoni am Starnberger See 1983, S. 9
2. Peter Hoffmann, *Die Sicherheit des Diktators*, München 1975, S. 223
3. Ebenda, S. 224
4. Ebenda, S. 228
5. Ebenda, S. 235
6. Ebenda, S. 222
7. Ebenda, S. 214-215
8. Albert Speer, *Erinnerungen*, Frankfurt am Main 1969, S. 315
9. Henry Picker, *Hitlers Tischgespräche im Führerhauptquartier*, Stuttgart 1963, S. 47
10. A. Speer, a.a. O., S. 313
11. Ebenda, S. 46
12. Christa Schroeder, *Er war mein Chef*, München 1992, S. 121-122
13. H. Picker, a.a. O., S. 45-46
14. Ebenda, S. 46
15. A. Speer, a.a. O., S. 319
16. Zitiert nach Joachim C. Fest, *Hitler*, Berlin 1997, S. 913
17. Ch. Schroeder, a.a. O., S. 111-113
18. Hans Baur, *Mit Mächtigen zwischen Himmel und Erde*, Coburg 1993, S. 233
19. Ch. Schroeder, a.a. O., S. 124
20. Ebenda, S. 111
21. Ebenda, S. 150
22. P. Hoffmann, a.a. O., S. 222
23. Walter Warlimont, *Im Hauptquartier der deutschen Wehrmacht 1939-1945*, Augsburg 1990, S. 560
24. Walter Schellenberg, *Aufzeichnungen*, Wiesbaden und München 1979, S. 285
25. Heinrich Hoffmann, *Hitler – wie ich ihn sah*, München-Berlin 1974, S. 218
26. P. Hoffmann, a.a. O., S. 218
27. A. Speer, a.a. O., S. 400
28. Nicolaus von Below, *Als Hitlers Adjutant 1937-1945*, Mainz 1980, S. 282
29. Alfons Schulz, *Drei Jahre in der Nachrichtenzentrale des Führerhauptquartiers*, Stein am Rhein 1997, S. 133
30. Hermann Giesler, *Ein anderer Hitler*, Leoni am Starnberger See 1978
31. Henry Picker, a.a. O., S. 38
32. A. Speer, a.a. O., S. 320
33. P. Hoffmann, a.a. O., S. 214
34. Franz Seidler, *Fritz Todt, Baumeister des Dritten Reiches*, München 1988, S. 389
35. P. Hoffmann, a.a. O., S. 192-193
36. Vgl. Karol Grünberg, *Adolf Hitler. Biografia*, Warszawa 1994, S. 237-238; Z. Jeziorański, *Kurier z Warszawy*, S. 35-36

37. Vgl. David Irving, *Wojna Hitlera,* Warszawa 1996, S. 222-223; N. von Below, a.a. O.; K. Grünberg, a.a. O., S. 238-239
38. Kurt Finker, *Stauffenberg und der 20. Juli 1944*, Berlin 1972, S. 128-129
39. Ebenda, S. 135
40. Ebenda
41. Ebenda
42. Peter Hoffmann, *Widerstand, Staatsstreich, Attentat,* München 1969, S. 466
43. Peter Hoffmann, *Claus Schenk Graf von Stauffenberg und seine Brüder,* Stuttgart 1992, S. 424
44. P. Hoffmann, *Widerstand, Staatsstreich, Attentat*, a.a. O., S.469-470
45. Zitiert nach: P. Hoffmann, *Die Sicherheit des Diktators*, a.a. O., S. 234
46. Zitiert nach: Uwe Neumärker, Robert Conrad, Cord Woywodt, *Wolfsschanze: Hitlers Machtzentrale im II. Weltkrieg*, Berlin 1999, S. 15; Joachim C. Fest, a.a. O., S. 968-969; Max Domarus (Hrsg.), *Hitler: Reden und Proklamationen 1932-1945*, Würzburg 1962, Bd. 2, S. 2127-2129
47. Zitiert nach Joachim C. Fest, a.a. O., S. 970; Eberhard Zeller, *Geist der Freiheit. Der 20. Juli*, München 1963, S. 538
48. Zitiert nach Werner Maser, *Adolf Hitler. Legende – Mythos – Wirklichkeit*, München 1993, S. 520
49. Ch. Schroeder, a.a. O., S. 346
50. Vgl. Michael Bloch, *Ribbentrop*, Warszawa 1995, S. 223; Paul Schmidt, *Statysta na dyplomatycznej scenie*, Kraków 1965, S. 451-454
51. Vgl. P. Hoffmann, *Die Sicherheit des Diktators*, a.a. O., S. 84; *After the Battle*, Nr. 19, London 1977, S. 48, 53
52. Vgl. K. Grünberg, a.a. O., S. 242-246, Bogusław Wołoszański, *Encyklopedia II wojny światowej*, Warszawa 1997, Bd. 1, S. 90-92, 221-225, 272-274
53. P. Hoffmann, *Die Sicherheit des Diktators*, a.a. O., S. 209-210
54. Vgl. K. Grünberg, a.a. O., S. 242-246; B. Wołoszański, a.a. O., Bd. 1, S. 221-225
55. Nicolaus von Below, *Byłem adiutantem Hitlera 1937-45*, Warszawa 1990, S. 257-260
56. Vgl. D. Irving, a.a. O., S. 432
57. Ebenda, S. 475
58. Vgl. Heinz Guderian, *Wspomnienia żołnierza*, Warszawa 1991, S. 228
59. Alexander Stahlberg, *Die verdammte Pflicht*, Berlin-Frankfurt am Main 1995, S. 340
60. K. Grünberg, a.a. O., S. 358-360
61. B. Wołoszański, a.a. O., Bd. 2, S. 101-105
62. Vgl. Joachim C. Fest, a.a. O., S. 983; Raymond Cartier, *Der Zweite Weltkrieg*, München 1967, S. 918
63. Ch. Schroeder, a.a. O., S. 151
64. Ebenda, S. 183-184
65. A. Speer, a.a. O., S. 102-105
66. Ebenda, S. 59-60.
67. Ebenda, S. 106
68. Ebenda, S. 128
69. Vgl. Ch. Schroeder, a.a. O., S. 178-179
70. Ebenda, S. 197-198
71. Zitiert nach Joachim C. Fest, a.a. O., S. 1017-1018
72. Joachim C. Fest, a.a. O., S. 1021-1023
73. Quellen: *Neues Grosses Lexikon von A-Z, Sonderausgabe*, 1994, S. 367-368; Friedemann Bedürftig, *Lexikon III. Reich*, Hamburg 1994, S. 180-181

VI. LITERATURVERZEICHNIS

1. Baur, Hans, *Mit Mächtigen zwischen Himmel und Erde*, Coburg 1993
2. Bedürftig, Friedemann, *Lexikon III. Reich*, Hamburg 1994
3. Below, Nicolaus von, *Als Hitlers Adjutant 1937-1945*, Mainz 1980
4. Bracher, Karl Dietrich, *Adolf Hitler*, Bern 1964
5. Buck, Gerhard, *Das Führerhauptquartier 1939-1945*, Leoni am Starnberger See 1983
6. Bullock, Alan, *Hitler und Stalin*, Berlin 1994
7. Bullock, Alan, *Hitler. Eine Studie über Tyrannei*, Düsseldorf 1957
8. Carr, Wiliam, *Adolf Hitler. Persönlichkeit und politisches Handeln*, Stuttgart 1980
9. Ciano, Galeazzo, *Tagebücher 1939-43*, Bern 1946
10. Dallin, Alexander, *Deutsche Herrschaft in Russland 1941-1945. Eine Studie über Besatzungspolitik*, Düsseldorf 1958
11. Dietrich, Otto, *12 Jahre mit Hitler*, München 1955
12. Domarus, Max (Hrsg.), *Hitler: Reden und Proklamationen 1932-1945*, Würzburg 1962
13. Dönitz, Karl, *Zehn Jahre und zwanzig Tage. Erinnerungen 1935-1945*, Bonn 1991
14. Erdmann, Karl Dietrich, *Der Zweite Weltkrieg*, Stuttgart 1992
15. Erfurth, Waldemar, *Die Geschichte des deutschen Generalstabes von 1918 bis 1945*, Göttingen-Berlin-Frankfurt 1957
16. Fest, Joachim C., *Das Gesicht des Dritten Reiches. Profile einer totalitären Herrschaft*, München 1963
17. Fest, Joachim C., *Hitler. Eine Biographie*, Frankfurt am Main-Berlin 1987
18. Fest, Joachim C., *Speer. Eine Biographie*, Berlin 1999
19. Fest, Joachim C., *Staatsstreich. Der lange Weg zum 20. Juli*, München 1997
20. Finker, Kurt, *Stauffenberg und der 20. Juli 1944*, Berlin 1972
21. Gersdorff, Rudolf-Christoph Frhr. von, *Soldat in Untergang*, Frankfurt am Main-Berlin-Wien 1977
22. Giesler, Hermann, *Ein anderer Hitler. Bericht eines Architekten*, Leoni am Starnberger See 1978
23. Görlitz, Walter, *Generalfeldmarschall Keitel. Verbrecher oder Offizier? Erinnerungen, Briefe, Dokumente des Chefs OKW*, Göttingen-Berlin-Frankfurt am Main 1961
24. Greiner, Helmuth, *Die oberste Wehrmachtführung 1939-1943*, Wiesbaden 1951

25. Grünberg, Karol, *Adolf Hitler*, Warszawa 1994
26. Guderian, Heinz, *Erinnerungen eines Soldaten*, Stuttgart 1979
27. Haffner, Sebastian, *Anmerkungen zu Hitler*, München 1978
28. Halder, Franz, *Kriegstagebuch. Tägliche Aufzeichnungen des Chefs des Generalstabs des Heeres 1939-1942*, Stuttgart 1962/1964
29. Heiber, Helmut, *Adolf Hitler. Eine Biographie*, Berlin 1960
30. Heiber, Helmut, *Hitlers Lagebesprechungen*, Stuttgart 1962
31. Hildebrand, Klaus, *Vom Reich zum Weltreich. Hitler, NSDAP und koloniale Frage 1919-1945*, München 1969
32. Hoffmann, Heinrich, *Hitler – wie ich ihn sah*, München-Berlin 1974
33. Hoffmann, Peter, *Claus Schenk Graf von Stauffenberg und seine Brüder*, Stuttgart 1992
34. Hoffmann, Peter, *Die Sicherheit des Diktators. Hitlers Leibwachen, Schutzmaßnahmen, Residenzen, Hauptquartiere*, München-Zürich 1975
35. Hoffmann, Peter, *The History of German Resistance 1933-1945*, London 1977
36. Hoffmann, Peter, *Widerstand – Staatsstreich – Attentat. Der Kampf der Opposition gegen Hitler*, München 1970
37. Hoffmann, Peter, *Widerstand gegen Hitler und das Attentat vom 20. Juli 1944*, Konstanz 1994
38. Hoffmann, Peter, *Widerstand gegen Hitler. Probleme des Umsturzes*, München 1984
39. Irving, David, *Hitler und seine Feldherren*, Frankfurt am Main, Berlin 1975
40. Irving, David, *Wojna Hitlera*, Warszawa 1996
41. Jochmann, Werner (Hrsg.), *Adolf Hitler. Monologe im Führerhauptquartier 1941-1944. Die Aufzeichnungen Heinrich Heims*, München 1980
42. Jodl, Luise, *Jenseits des Endes*, Wien-München-Zürich 1976
43. Koller, Karl, *Der letzte Monat*, Mannheim 1948
44. Krause, Karl Wilhelm, *Zehn Jahre Kammerdiener bei Hitler*, Hamburg o. J.
45. Lang, Jochen von, *Der Sekretär Martin Bormann. Der Mann, der Hitler beherrschte*, Frankfurt am Main 1980
46. Linge, Heinz, *Bis zum Untergang. Als Chef des persönlicher Dienstes bei Hitler*, München-Berlin 1980
47. Mann, Golo, *Deutsche Geschichte 1919-1945*, Frankfurt am Main 1968
48. Manstein, Erich von, *Verlorene Siege*, Bonn 1958
49. Maser, Werner, *Adolf Hitler. Legende – Mythos – Wirklichkeit*, München 1993
50. Masson, Philippe, *Historia Wehrmachtu 1939-1945*, Warszawa 1995
51. Meding, Dorothee von, *Mit dem Mut des Herzens. Die Frauen des 20. Juli*, München 1993

52. Melnikow, Daniil, *Der 20. Juli 1944. Legende und Wirklichkeit*, Hamburg 1968
53. Mommsen, Hans, *Der deutsche Widerstand gegen Hitler 1933 – 1945, in: Deutscher Widerstand 1933 – 1945, Informations- und Dokumentationsausstellung der Bundesrepublik Deutschland*, o.J.
54. Müller, Christian, *Oberst i.G. Stauffenberg*, Düsseldorf 1970
55. Müller, Klaus-Jürgen, *Das Heer und Hitler. Armee und nationalsozialistisches Regime 1933-1940*, Stuttgart 1969
56. Müller, Klaus-Jürgen, *General Ludwig Beck. Studien und Dokumente zur politisch-militärischen Vorstellungswelt und Tätigkeit des Generalstabschefs des deutschen Heeres 1933-1938*, Boppard a. Rh. 1980
57. *Neues Grosses Lexikon von A-Z*, Sonderausgabe, 1994
58. Neumärker Uwe, Conrad Robert, Woywodt Cord, *Wolfsschanze: Hitlers Machtzentrale im II. Weltkrieg*, Berlin 1999
59. *Nowa encyklopedia powszechna PWN*, Warszawa 1997
60. Picker, Henry, *Hitlers Tischgespräche im Führerhauptquartier*, Stuttgart 1963
61. Raeder, Erich, *Mein Leben*, 2. Bd., Tübingen 1956/1957
62. Remer, Otto Ernst, *20. Juli 1944*, Hamburg, Neuhaus/Oste 1951
63. Ribbentrop, Joachim von, *Zwischen London und Moskau. Erinnerungen und letzte Aufzeichnungen*, Leoni am Starnberger See 1961
64. Ritter, Gerhard, *Carl Goerdeler und die deutsche Widerstandsbewegung*, München 1964
65. Rothfels, Hans, *Die deutsche Opposition gegen Hitler. Eine Würdigung*, Stuttgart 1994
66. Roux, Georges, *Der Mann des Schicksals. Benito Mussolini, 20 Jahre später*, Wien-München 1966
67. Schellenberg, Walter, *Aufzeichnungen*, Wiesbaden und München 1979
68. Schenck, Ernst Günther, *Patient Hitler. Eine medizinische Biographie*, Düsseldorf 1989
69. Scheurig, Bodo, *Claus Graf Schenk von Stauffenberg*, Berlin 1964
70. Scheurig, Bodo, *Henning von Tresckow. Eine Biographie*, Frankfurt am Main-Berlin 1987
71. Schmädeke, Jürgen; Steinbach, Peter (Hrsg.), *Der Wiederstand gegen den Nationalsozialismus. Die deutsche Gesellschaft und der Widerstand gegen Hitler*, München-Zürich 1986
72. Schmidt, Paul, *Statist auf diplomatischer Bühne 1923-45*, Bonn 1953
73. Schramm, Percy Ernst (Hrsg.), *Das Kriegstagebuch des Oberkommandos der Wehrmacht*, Frankfurt 1961
74. Schroeder, Christa, *Er war mein Chef*, München 1992

75. Schulz, Alfons, *Drei Jahre in der Nachrichtenzentrale des Führerhauptquartiers*, Stein am Rhein 1997
76. Seidler, Franz, *Die Organisation Todt. Bauen für Staat und Wehrmacht 1938-1945*, Bonn 1998
77. Seidler, Franz, *Fritz Todt, Baumeister des Dritten Reiches*, München-Berlin 1988
78. Sereny, Gitta, *Das Ringen mit der Wahrheit: Albert Speer und das deutsche Trauma*, München 1995
79. Shirer, L. Wiliam, *Aufstieg und Fall des Dritten Reiches*, München-Zürich 1963
80. Sonnleithner, Franz von, *Als Diplomat im Führerhauptquartier*, München 1989
81. Speer, Albert, *Erinnerungen*, Frankfurt am Main 1969
82. Stahlberg, Alexander, *Die verdammte Pflicht. Erinnerungen 1932 bis 1945*, Berlin-Frankfurt am Main 1995
83. Steinert, Marlies, *Hitlers Krieg und die Deutschen. Stimmung und Haltung der deutschen Bevölkerung im Zweiten Weltkrieg*, Düsseldorf-Wien 1970
84. Stern, J.P., *Hitler – Der Führer und das Volk*, München-Wien 1981
85. Szynkowski, Jerzy, *Wolfschanze und der 20. Juli 1944. Reiseführer*, Kętrzyn 1993
86. Toland, John, *Adolf Hitler*, Bergisch Gladbach 1977
87. Tuchel, Johannes; Schattenfroh, Reinold, *Zentrale des Terrors. Prinz-Albrecht-Straße 8. Das Hauptquartier der Gestapo*, Berlin 1987
88. Vormann, Nikolaus von, *Der Feldzug 1939 in Polen. Die Operationen des deutschen Heeres*, Weissenburg 1958
89. Warlimont, Walter, *Im Hauptquartier der Deutschen Wehrmacht 1939-1945*, Augsburg 1990
90. Wasilenko, Bogdan, *Polowa główna kwatera Hitlera w Gierłoży pod Kętrzynem*, Kętrzyn 1974
91. Weber, Reinhold, *Masuren. Geschichte – Land und Leute*, Leer 1983
92. Wheeler-Bennett, John W., *Die Nemesis der Macht. Die deutsche Armee in der Politik 1918-1945*, Düsseldorf 1954
93. Wołoszański, Bogusław, *Encyklopedia II wojny światowej. Front*, Warszawa 1997
94. Zeller, Eberhard, *Geist der Freiheit. Der zwanzigste Juli*, München 1965
95. Zitelmann, Rainer, *Adolf Hitler. Eine politische Biographie*, Göttingen 1989
96. Zoller, Albert, *Hitler privat. Erlebnisbericht seiner Geheimsekretärin*, Düsseldorf 1949

VII. WER WAR WER? PERSONENREGISTER

Adam, Arthur, Wachtmeister

Antonescu, Jon, geb. 1882, Kavallerieoffizier, im Ersten Weltkrieg Major, später Militärattaché in Frankreich und England, 1933 Chef des Großen Generalstabs in Rumänien, 1940-1944 Staatsführer Rumäniens („Conducator"), Marschall Rumäniens, am 23. August 1944 als Kriegsverbrecher verhaftet, 1946 hingerichtet

Arndt, Wilhelm, 1944 SS-Hauptscharführer, 1943-1945 Hitlers Kammerdiener, 1945 starb in einer Flugzeugkatastrophe

Assmann, Heinz (1904-1954), Kapitän zur See, Vertreter von Großadmiral Karl Dönitz im Wehrmachtführungsstab

Badoglio, Pietro, geb. 1871, italienischer Offizier und Politiker, 1919 Generalstabschef der italienischen Streitkräfte, 1926 Marschall, 1943-1944 Ministerpräsident, starb 1956

Baur, Hans, geb. 1897, Flugkapitän, SS-Gruppenführer, 1932-1945 Hitlers Chefpilot

Beck, Ludwig, geb. 1880 in Biebrich (Wiesbaden), Generaloberst der Artillerie, 1933-1935 Chef des Truppenamtes, 1934-1938 Chef des Generalstabs des Heeres, Zentralfigur des militärischen Widerstandes, in der Nach-Hitler-Regierung als Staatsoberhaupt vorgesehen, Selbstmord 20. Juli 1944

Behrens, Peter, Ingenieur, Architekt

Below, Nicolaus von, geb. 1907 in Jargerlin (Krs. Greifswald), 1933 Leutnant, 1940 Major der Luftwaffe, 1944 Oberst, 1936-1945 Adjutant der Luftwaffe bei Hitler; 1946-1948 interniert, starb 1983 in Detmold

Berger, Heinrich, Dr., Stenograph im Führerhauptquartier, starb am 20. Juli 1944 an den Folgen des Attentats

Bock, Fedor von, geb. 1880, seit 1940 Generalfeldmarschall, 1939 Oberbefehlshaber der Heeresgruppe „Nord", 1940 Oberbefehlshaber der Heeresgruppe „B", 1941 im Rußlandfeldzug Oberbefehlshaber der Heeresgruppe „Mitte", vom 17. Januar bis Juli 1942 Oberbefehlshaber der Heeresgruppe „Süd", im Mai 1945 gefallen

Bodenschatz, Karl Heinrich, General der Flieger, 1939 Chef des Ministeramts, Verbindungsoffizier Görings beim Führer

Hans Baur

Ludwig Beck

Nicolaus von Below

Fedor von Bock

Bolz, Eugen, Dr., württembergischer Ministerpräsident, Widerstandskämpfer

Borgmann, Heinrich, Oberstleutnant, Adjutant des Heeres bei Hitler

Boris III., König von Bulgarien, starb 1943

Bormann, Albert, NSKK-Gruppenführer, 1941-1945 Hitlers persönlicher Adjutant, Bruder Martin Bormanns

Bormann, Martin, geb. 17. Juni 1900 in Halberstadt, 1927 trat er der NSDAP bei, 1927-1928 Gauobmann bei der NSDAP in Thüringen, 1929 heiratete Gerda Buch (die Tochter des obersten Parteirichters Major Walter Buch), seit dem 25. August 1930 Leiter der Hilfskasse der NSDAP in München, 1933 wurde er Stabsleiter bei Rudolf Heß, nach dessen Flug nach Schottland (1941) Leiter der Parteikanzlei im Rang eines Reichsministers, ab 1933 organisierte die Bautätigkeit auf dem Obersalzberg, 1943-1945 Sekretär des Führers, enger Vertrauter Hitlers, „die graue Eminenz", 1944 Reichsminister ohne Geschäftsbereich, 1946 vom Internationalen Militärtribunal in Nürnberg in Abwesenheit zum Tode verurteilt; erst 1973 wurde festgestellt, daß er nach dem Tod Hitlers bei einem Ausbruchsversuch aus Berlin umgekommen war.

Brandt, Heinz, geb. 1907, Oberst, erster Generalstabsoffizier beim Chef der Operationsabteilung im Generalstab des Heeres, starb am 22. Juli 1944 an den Folgen des Attentats

Brandt, Karl, geb. 1904 in Mühlhausen (Elsaß), Dr. med, Chirurg, seit 1932 in der NSDAP, seit 1934 in der SS als Unterscharführer, 1934-1944 Hitlers Begleitarzt, 1944 SS-Gruppenführer und Generalleutnant der Waffen-SS, seit dem 25. August 1944 Reichskommissar für das Sanitäts- und Gesundheitswesen; von einem amerikanischen Militärgericht zum Tode verurteilt und 1948 durch den Strang hingerichtet

Brauchitsch, Walther von, geb. 1881, seit 1940 Generalfeldmarschall, Oberbefehlshaber des Gruppenkommandos Leipzig, 1938-1941 Oberbefehlshaber des Heeres; 1945 verhaftet, 1948 starb im Gefängnis

Braun, Eva (1912-1945), am 30. April 1945 verheiratet mit Adolf Hitler

Brückner, Wilhelm, geb. 1884 in Baden-Baden, SA-Obergruppenführer, 1930-1940 Adjutant der SA beim Führer; starb 1954 in Herbsdorf bei Traunstein.

Buchholz, Heinz, Stenograph im Führerhauptquartier

Büchs, Herbert, Major des Generalstabs, Luftwaffengeneralstabsoffizier von Alfred Jodl

Karl Bodenschatz

Boris III.

Martin Bormann

Walther von Brauchitsch

Eva Braun

Buhle, Walther, General der Infanterie, Chef des Heeresstabs beim Oberkommando der Wehrmacht (OKW)

Burgdorf, Wilhelm, Generalleutnant, ab Oktober 1944 Chefadjutant der Wehrmacht bei Hitler und Chef des Heerespersonalamts

Bussche-Streithorst, Axel Freiherr von dem, Panzerhauptmann

Cavallero, Ugo Conte, italienischer Marschall

Christian, Eckhard, Generalmajor der Luftwaffe, Hilfsoffizier des Chefs WFStab, 1944/1945 Chef Luft.Führungsstab

Wilhelm Burgdorf

Ciano, Conte Galeazzo, Graf, geb. 1903, seit 1925 im diplomatischen Dienst, 1936-1943 Italiens Außenminister, Schwiegersohn Mussolinis, am 11. Januar 1944 nach einem Scheinprozeß in Verona erschossen

Daranowski, Gerda, 1937-1945 Hitlers Sekretärin

Degrelle, Leon, Jurist, SS-Sturmbannführer, Kommandeur der SS-Freiwilligen-Brigade „Wallonie", starb 1994

Deyhle, Willy, Major des Generalstabs, Adjutant von Generaloberst Alfred Jodl

Joseph Dietrich

Dietrich, Joseph (Sepp), geb. 1892, SS-Oberstgruppenführer, Wachtmeister des 1. Weltkriegs, seit 1926 SS-Führer, seit dem 17. März 1933 Kommandeur der „SS-Leibstandarte Adolf Hitler", Schöpfer der „Wafen-SS" als Militärformation; starb 1966 in Ludwigsburg

Dietrich, Otto, geb. 1897, Dr., Staatssekretär im Propagandaministerium, 1938-1945 Pressechef der Reichsregierung; 1945-1950 im Gefängnis, starb 1952 in Düsseldorf

Karl Dönitz

Dönitz, Karl, geb. 1891 in Grünau bei Berlin, Großadmiral, seit 1939 Befehlshaber der U-Boote, 1943-1945 Oberbefehlshaber der Kriegsmarine, Nachfolger Hitlers als dt. Staatsoberhaupt, 1946-1956 im Gefängnis (Spandau), starb 1980 in Aumühle bei Hamburg

Dorsch, Xaver, Bauingenieur, Gebietsleiter der Organisation Todt, Stellvertreter von Dr. Fritz Todt, ab 1942 Amtschef im Rüstungsministerium

Eckart, Dietrich (1868-1923), Schriftsteller

Georg Elser

Eicken, Karl, Professor, Laryngologe

Elser, Johann Georg, geb. 1903, Möbeltischler, Hitler-Attentäter des 8. November 1939, seit 1939 im KZ Sachsenhausen, 1945 im KZ Dachau erschossen

Engel, Gerhard, geb. 1906 in Rubenz, 1930 Leutnant, 1938-1943 Ordonnanzoffizier und Adjutant des Heeres bei Hitler, 1944 Generalmajor, 1945 Generalleutnant, starb 1976 in München

Exner, Helene Maria von, 1943-1944 Hitlers Diätköchin

Fegelein, Otto Hermann, geb. 1906, seit 1933 Führer einer SS-Reitergruppe, 1941 Führer der SS Kav. Brigade und

Hermann Fegelein

Kommandeur der Kampfbrigade, 1944 Generalleutnant der Waffen-SS, 1944-1945 persönlicher Vertreter des Reichsführers SS im Führerhauptquartier, am 28. April 1945 auf Befehl Hitlers erschossen

Friedrich Fromm

Fellgiebel, Erich, geb. 1886, General, Chef der Nachrichtentruppen des Heeres, am 4. September 1944 hingerichtet

Fick, Roderich, Architekt, 1936 Professor für Bauwissenschaft an der Technischen Hochschule in München

Fischer, Arthur, Professor, Maler

Freisler, Roland (1893-1945), Dr., NS-Jurist, 1925 trat in die NSDAP ein, 1933-1942 Staatssekretär im Reichsjustizministerium, 1942-1945 Präsident des Volksgerichtshofes

Frentz, Walter, Kameramann, Filmberichterstatter im FHQ

Fromm, Friedrich, geb. 1888 in Berlin, Generaloberst, seit 1939 Befehlshaber des Ersatzheeres, nach dem 20. Juli 1944 verhaftet, im März 1945 zum Tode verurteilt und durch den Strang hingerichtet

Reinhard Gehlen

Gehlen, Reinhard (1902-1979), seit 1944 Generalmajor, 1942-1945 Chef der Abteilung „Fremde Heere Ost" im Oberkommando der Wehrmacht, 1956-1968 erster Präsident des Bundesnachrichtendienstes (BND)

George, Stefan (1868-1933), dt. Dichter

Gersdorff, Rudolf-Christoph, Freiherr von, Oberst im Generalstab

Giesing, Erwin, Dr., SA-Obersturmbannführer, Laryngologe im Reservelazarett Lötzen, 1944 Hitlers Arzt; starb 1977

Giesler, Hermann, Architekt, seit 1931 in der NSDAP, 1938 Professor an der Hochschule für Baukunst in Weimar, 1941 Generalbauinspektor für Linz, 1945-1951 interniert

Gisevius, Hans Bernd (1904-1974), Dr., Diplomat und Schriftsteller, 1940-1944 Vizekonsul in Zürich

Joseph Goebbels

Goebbels, Joseph Paul, Dr., geb. 29. Oktober 1897 in Rheydt (Rheinland), studierte Germanistik, Geschichte, Kunstgeschichte und Philosophie in Bonn, Freiburg und Würzburg; 1923 Redakteur bei der Zeitschrift „Völkische Freiheit"; 1924 trat der NSDAP bei und machte Karriere: 1925 Geschäftsführer des Gaues Rhein-Ruhr, 1925 Herausgeber der „Nationalsozialistischen Briefe", 1926 Gauleiter von Berlin, 1927 Herausgeber der Zeitung „Der Angriff", 1928 Reichstagsabgeordneter, 1930 Reichspropagandaleiter der NSDAP, 1933 Reichsminister für Volksaufklärung und Propaganda, 1933 Präsident der Reichskulturkammer, seit dem 22. Juli 1944 Generalbevollmächtigter für den totalen Kriegseinsatz; Hitler ernannte ihn im Testament am 29. April 1945 zum Reichskanzler; am 1. Mai 1945 verübte Goebbels nach Vergiftung seiner sechs Kinder Selbstmord durch Erschießen.

Goerdeler, Carl Friedrich, geb. 1884, 1920-1930 Stellvertretender Bürgermeister von Königsberg, danach Oberbürgermeister von Leipzig, ab 1931 Reichskommissar für die Preisüberwachung, einer der Hauptträger des Widerstandes, in der Nach-Hitler-Regierung als Kanzler vorgesehen, am 2. Februar 1945 hingerichtet

Carl Goerdeler

Gollob, Gordon, Major, später General der Flieger

Göring, Hermann, geb. 12. Januar 1893 in Rosenheim, 1912 Leutnant, ab 1914 bei den Fliegern, 1915 Flugzeugführer, Ende des Ersten Weltkriegs letzter Kommandeur des Jagdgeschwaders »Richthofen«, 1919 Berater in dänischen Flugwesen, 1920-1921 in Schweden als Flug-Chef der »Svenska Luft-Trafik«, 1923 Chef des Oberkommandos der SA, 1923 beim Hitler-Putsch schwer verwundet, 1932-1945 Reichstags-Präsident, 1933 Reichsminister ohne Geschäftsbereich, 1933-1934 Innen-Minister, 1933-1945 preußischer Ministerpräsident, 1933 Reichsminister für die Luftfahrt, 1934 Reichsforst- und Reichsjägermeister, 1934 von Hitler durch einen Geheimerlaß zu seinem Nachfolger im Falle seines Todes bestimmt, 1936 Beauftragter für den Vierjahresplan, 1937-1938 Reichswirtschafts-Minister, 1938 Generalfeldmarschall, 1939 Vorsitzender des Ministerrats für die Reichsverteidigung, seit dem 19. Juli 1940 Reichsmarschall, 1935-1945 Oberbefehlshaber der Luftwaffe. Am 23. April 1945 schloß ihn Hitler aus der NSDAP aus und enthob ihn seiner Ämter. Am 7. Mai 1945 ging Göring in amerikanische Gefangenschaft. Im Nürnberger Prozeß am 1. Oktober 1946 zum Tode verurteilt; er entzog sich am 16. Oktober 1946 der Hinrichtung durch Giftselbstmord.

Hermann Göring

Heinz Guderian

Greiner, Helmuth, 1939-1943 Führer des Kriegstagebuches beim OKW, Chronist der Wehrmacht

Guderian, Heinz, geb. 1888, im 1. Weltkrieg Generalstabsoffizier, 1915 Kapitän, 1920 Major, 1933 Oberst, 1940 Generaloberst, 1941 Oberbefehlshaber der 2. Panzerarmee, ab 1943 Generalinspekteur der Panzertruppen, vom 21. Juli 1944 bis 28. März 1945 Chef des Generalstabs des Heeres, starb 1954 in Schwangau bei Füssen

Otto Günsche

Günsche, Otto, geb. 1917, SS-Hauptsturmführer, später SS-Sturmbannführer, vom Januar 1943 bis August 1943 und vom Februar 1944 bis April 1945 persönlicher Adjutant Hitlers

Haase, Werner, Professor, Chirurg, Leiter der Krankenstation, im April 1945 im Reichskanzlei-Bunker

Haeften, Werner von, geb. 1908, Oberleutnant, ab 1942 in OKW Berlin, ab 1944 Ordonnanzoffizier von Claus Stauffenberg, am 21. Juli 1944 auf Fromms Befehl erschossen

Werner von Haeften

Halder, Franz, geb. 1884, seit 1940 Generaloberst der Artillerie, 1938-1942 Chef des Generalstabs des Heeres, nach dem Attentat vom 20. Juli 1944 im Konzentrationslager, nach dem Krieg in USA, starb 1972

Harpe, Josef (1887-1958), Generalmajor, Kommandeur der 12. Panzer-Division

Hassel, Ulrich von (1881-1944), Diplomat, 1932-1938 Deutschlands Botschafter in Italien, Widerstandskämpfer

Heim, Heinrich, Ministerialrat im Stab von Martin Bormann

Heinrichs, Erik, Chef des finnischen Generalstabs

Hermes, Andreas, Widerstandskämpfer

Herrmann, Matthäus, Widerstandskämpfer

Heß, Rudolf, geb. 1894, seit 1920 in der NSDAP, 1925 persönlicher Sekretär Hitlers, 1933-1941 Stellvertreter des Führers und Reichsminister ohne Geschäftsbereich, 10. Mai 1941 Flug nach England, im Nürnberger Prozeß zu lebenslanger Haft verurteilt, 1987 Selbstmord im Gefängnis (Spandau)

Heusinger, Adolf, geb. 1897 in Holzminden, 1943 Generalleutnant, 1940-1944 Chef der Operationsabteilung im Generalstab des Heeres, 1945-1948 interniert, 1957-1961 Generalinspekteur der Bundeswehr, starb 1982 in Köln

Hewel, Walther, geb. 1904, ab 1942 SS-Brigadeführer, seit 1933 in der NSDAP, 1940-1945 Botschafter und Vertreter des Reichsaußenministers im Führerhauptquartier; 1945 Selbstmord durch Erschießen

Himmler, Heinrich, geb. 7. Oktober 1900 in München, gelernter Landwirt, 1917-1918 Fahnenjunker, 1923 Laborassistent in einer Kunstdüngerfirma, 1923 Teilnahme am Putsch, seit 1925 in der NSDAP und in der SS, 1929-1945 Reichsführer der SS, 1930 Reichstagsabgeordneter, 1936 Chef der Deutschen Polizei, 1939 Reichskommissar für die Umsiedlung, 1943 Reichsminister des Inneren, 1944 Oberbefehlshaber des dt. Ersatzheeres, fanatischer Rassen-Ideologe, Cheforganisator der „Endlösung", 20. Mai 1945 von britischen Soldaten festgenommen, 23. Mai 1945 Giftselbstmord im Gefängnis (Lüneburg)

Hindenburg, Paul von Beneckendorff und von H. (1847-1934), Generalfeldmarschall, 1925-1934 Reichspräsident

Hitler, Adolf, geb. 20. April 1889 in der österreichischen Stadt Braunau am Inn, an der Grenze zu Bayern. Deutscher Reichskanzler und Führer des Dritten Reiches. Ab 1921 Leiter der Nationalsozialistischen Arbeiterpartei (NSDAP); nach mißlungenem Münchener Putsch 1923 Festungshaft; 1924 Neuaufbau der NSDAP; 30. Januar 1933 Ernennung zum Reichskanzler durch Hindenburg; 1934 nach Hinden-

Franz Halder

Ulrich von Hassel

Erik Heinrichs

Heinrich Himmler

burgs Tod auch Reichspräsident; ab 1935 Oberbefehlshaber der deutschen Wehrmacht. Mit dem Überfall auf Polen führte Hitler Deutschland 1939 in die Katastrophe des 2. Weltkriegs; 1941 Oberbefehlshaber des deutschen Heeres; 20. Juli 1944 gescheitertes Attentat auf Hitler; beharrliches Weiterführen des Krieges bis zum unvermeidlichen Zusammenbruch 1945. Als demagogischem Führer ist Hitler die Verantwortung für das Ausufern des totalitären Regimes, für den Massenmord an den Juden und die Greuel des 2. Weltkriegs anzulasten. Am 30. April 1945 um 15.30 Uhr beging er im Führerbunker in Berlin zusammen mit Eva Braun Selbstmord.[73]

Adolf Hitler

Hitler, Eva, siehe Braun Eva

Hoepner, Erich, geb. 1886, Generaloberst, nach dem 20. Juli 1944 verhaftet, zum Tode verurteilt und am 8. August 1944 hingerichtet

Erich Hoepner

Hoffmann, Heinrich, geb. 1885, Professor (ab 1938), im 1. Weltkrieg Bildberichterstatter der bayerischen Armee, 1940-1945 Reichsbildberichterstatter, Hitlers „Leibfotograf"; starb 1957 in München

Horthy von Nagybanya, Nikolaus, geb. 1868, österreichisch-ungarischer Admiral, 1920-1944 Reichsverweser Ungarns, starb 1957 in Portugal

Horthy von Nagybanya

Hotz, Albert, Leutnant, persönlicher Pilot des Ministers Todt

Jacob, General der Pioniere

Jeschonnek, Hans, geb. 1899, Generaloberst, 1939-1943 Chef des Generalstabs der Luftwaffe, 1943 Selbstmord

Hans Jeschonnek

Jodl, Alfred, geb. 10. Mai 1890 in Würzburg, Artillerieoffizier, 1912 Leutnant, im Ersten Weltkrieg Frontoffizier (1914 verwundet), 1917 Oberleutnant, 1920 Ausbildung zum Generalstabsoffizier in München, 1921 Hauptmann, 1931 Major, 1932 zum Reichswehrministerium nach Berlin versetzt, 1933 Oberstleutnant, 1935 Oberst, 1938 Leiter der Abt. Landesverteidigung, seit dem 23. August 1939 Chef des Wehrmachtsführungsamtes im Oberkommando der Wehrmacht, engster militärischer Berater Hitlers, 1940 General der Artillerie, seit dem 1. Januar 1942 Chef des Wehrmachtsführungsstabes im OKW, seit dem 30. Januar 1944 Generaloberst; am 7. Mai 1945 in Reims unterzeichnete Jodl im Auftrag von Dönitz die Kapitulation der Wehrmacht vor den westlichen Alliierten; am 23. Mai 1945 interniert, im Nürnberger Prozeß am 30. September 1946 zum Tode verurteilt, am 16. Oktober 1946 durch den Strang hingerichtet.

John von Freyend, Ernst, Oberstleutnant, Adjutant von Wilhelm Keitel

Alfred Jodl

Junge, Hans Hermann, geb. 1914, SS-Obersturmführer, 1940-1943 Hitlers Diener und Ordonnanz, ab 1943 bei der 12. SS-Panzerdivision „Hitler-Jugend", 1944 gefallen

Junge, Traudl, Hitlers Sekretärin

Kaltenbrunner, Ernst, geb. 1903, Dr., SS-Obergruppenführer, seit 1932 in der NSDAP, 1943-1945 Chef der Reichssicherheitshauptamtes (RSHA) und des SD, im Nürnberger Prozeß zum Tode verurteilt, 1946 hingerichtet

Ernst Kaltenbrunner

Keitel, Wilhelm, geb. 22 September 1882 in Helmscherode (Niedersachsen); im Ersten Weltkrieg der Artillerie- und Generalstabsoffizier, 1914 Hauptmann, 1920-1922 Lehrer an einer Kavallerieschule, 1923 Major, 1930 Chef der Organisationsabteilung im Reichswehrministerium, 1931 Oberst, 1938 Generaloberst, 1933-1934 Infanterieführer in Potsdam und Bremen, 1935 Chef des Wehrmachtsamtes im Reichskriegsministerium, 1937 General, 1938-1945 Chef des Oberkommandos der Wehrmacht (OKW), 1940 Generalfeldmarschall; am 8. Mai 1945 unterzeichnete er im sowjetischen Hauptquartier Karlshorst die bedingungslose Kapitulation der deutschen Wehrmacht; am 13. Mai 1945 verhaftet; im Nürnberger Prozeß am 1. Oktober 1946 zum Tode verurteilt, am 16. Oktober 1946 durch den Strang hingerichtet.

Wilheln Keitel

Kempka, Erich, geb. 1911, SS-Sturmbannführer, 1936-1945 Hitlers ständiger Fahrer und Führer des Kraftfahrzeugparks; starb 1975 in Freiburg-Heutingsheim

Erich Kempka

Kesselring, Albert, geb. 1885 in Marktsteft, General der Flieger, später Generalfeldmarschall der Luftwaffe, ab 1919 Chef der Luftflotte 1, 1940 Chef der Luftflotte 2, 1941 Oberbefehlshaber der Heeresgruppe West, dann Südwest, 1945-1952 im Gefängnis, starb 1960 in Bad Nauheim

Albert Kesselring

Kleist, Ewald von, geb. 1881, Feldmarschall, 1940 Oberbefehlshaber der Heeresgruppe A, 1945 verhaftet, 1954 im Gefängnis gestorben

Kolbe, Oberfeldwebel

Koller, Karl (1898-1951), General der Flieger, ab November 1944 Chef des Generalstabs des Oberkommandos der Luftwaffe

Kordt, Erich (1903-1970), Diplomat, Chef des Ministerbüros im Auswärtigen Amt

Korten, Günther, geb. 1898, General der Flieger, vom August 1943 bis Juli 1944 Chef des Generalstabs der Luftwaffe, Nachfolger des Generalobersten Hans Jeschonnek, starb am 22. Juli 1944 an den Folgen des Attentats

Krause, Karl, geb. 1911, seit 1934 SS-Obersturmführer, 1934-

Ewald von Kleist

1939 Hitlers Kammerdiener, 1939-1943 bei der Marine, 1940 Oberscharführer der Waffen-SS, 1943-1945 an der Front (12. SS-Panzerdivision „Hitler-Jugend"), 1945 SS-Untersturmführer, 1945-1946 interniert

Krebs, Hans, geb. 1898, Oberst, später General der Infanterie, 1940-1941 Stellvertreter d. Militärattachés in Moskau, vom 28. März 1945 Chef des Generalstabs des Heeres, Nachfolger des Generalobersten Heinz Guderian, 1945 gefallen

Kretz, Erich, Leutnant, Chauffeur im FHQ Wolfsschanze

Küchler, Georg von (1881-1968), General

Kvaternik, Slavko, kroatischer Marschall

Lammers, Hans Heinrich, geb. 1879, Dr., SS-Obergruppenführer, seit 1922 Ministerialrat im Reichsinnenministerium, von 1933 bis 1945 Chef der Reichskanzlei (zunächst als Staatssekretär, dann als Reichsminister); starb 1962 in Düsseldorf

Laval, Pierre, geb. 1883, französischer Politiker, 1940 Regierungschef und Außenminister des Pétain-Regimes, 1945 erschossen

Leber, Julius, Dr., Widerstandskämpfer, hingerichtet 5. Januar 1945

Lechler, Otto, Oberstleutnant im Generalstab

Lejeune-Jung, Paul, Dr., Syndikus, Widerstandskämpfer, hingerichtet 8. September 1944

Letterhaus, Bernhard, Widerstandskämpfer

Leuschner, Wilhelm, Gewerkschaftsführer, Widerstandskämpfer, in der Nach-Hitler-Regierung als Vizekanzler vorgesehen, hingerichtet 29. September 1944

Linge, Heinz, geb. 1913, SS-Hauptsturmführer, 1935-1945 Hitlers Diener und Ordonnanz, Chef des persönlichen Dienstes bei Hitler; starb 1980 in Bremen

Loerzer, Bruno, General der Flieger

Loeser, Ewald, ehem. Bürgermeister in Leipzig

Lorenz, Heinz, Adjutant von Dr. Otto Dietrich

Löser, Ewald, Dr., Industrieller, Widerstandskämpfer

Lutze, Viktor (1890-1943), SA-Obergruppenführer, 1934-1943 Stabschef der SA

Mannerheim, Carl Gustav Frhr. von, geb. 1867 in Villnäs (Finnland), im Ersten Weltkrieg Kommandant einer russischer Heeresgruppe, 1933 Feldmarschall und Vorsitzender des Nationalverteidigungsrates in Finnland, 1939-1944 an deutscher Seite gegen die Sowjetunion, 1942 Marschall von Finnland, 1944-1946 finnischer Staatspräsident, starb 1951 in der Schweiz.

Manstein, Erich von Lewinski, geb. 1887 in Berlin, 1939-1940

Erich Kordt

Georg von Küchler

Julius Leber

Carl von Mannerheim

Erich Manstein

Stabschef der Heeresgruppe A, im Rußlandfeldzug Oberbefehlshaber der 11. Armee, seit dem 1. Juli 1942 Generalfeldmarschall, 1943-1944 Oberbefehlshaber der Heeresgruppe Don (später Süd); 1949 verhaftet, 1953 freigelassen, starb 1973 in Irschenhausen.

Kurt Meyer

Manziarly, Constanze, geb. 1920 in Innsbruck, 1944-1945 Hitlers Diätköchin, am 2. Mai 1945 Giftselbstmord

Mertz von Quirnheim, Albrecht Ritter, geb. 1905, Oberst im Generalstab, Chef des Stabes des Allgemeinen Heeresamtes, Widerstandskämpfer, am 21. Juli 1944 auf Fromms Befehl erschossen

Meyer, Kurt, SS-Brigadeführer, 1939 Befehlshaber einer Aufklärungsabteilung, 1941 Chef der 12. SS-Panzerdivision „Hitlerjugend", Direktor des Reichssippenamtes

Michoff, Nikolai, Generalleutnant, bulgarischer Kriegsminister

Milch, Erhard, geb. 1892, seit 1938 General der Flieger, 1938-1945 Generalinspekteur der Luftwaffe, seit dem 19. Juli 1940 Generalfeldmarschall, Staatssekretär im Reichsluftfahrtministerium, 1945-1955 im Gefängnis, starb 1972

Erhard Milch

Möllendorf, Leonhard von, Rittmeister, Hilfsoffizier des Kommandanten des Führerhauptquartiers

Moltke, Helmuth James Graf von, geb. 1907, Rechtsanwalt, 1939-1944 Sachverständiger für Kriegs- und Völkerrecht beim OKW, Widerstandskämpfer, Gründer des Kreisauer Kreises, am 23. Januar 1945 hingerichtet

Morell, Theodor, geb. 1886, Dr. med, ab 1918 Praxis in Berlin, 1936-1945 Hitlers Leibarzt, 1945 interniert, starb 1948 in Tegernsee

Friedrich Olbricht

Mussolini, Benito, Duce, geb. 1883, Gründer und Führer des italienischen Faschismus, 1922-1943 italienischer Ministerpräsident, am 28. April 1945 von Partisanen erschossen, die Leiche am nächsten Tag in Mailand zur Schau gestellt

Nieden, Wilhelm zur, Widerstandskämpfer

Oehquist, Harald, finnischer General, Verbindungsoffizier des Generalstabs

Olbricht, Friedrich, geb. 1888, General der Infanterie, 1938-1940 Divisionskommandeur, dann Chef des Allgemeinen Heeresamtes im OKH, Widerstandskämpfer, am 21. Juli 1944 auf Fromms Befehl erschossen

Friedrich Paulus

Papen, Franz von, geb. 1879, Zentrumspolitiker, 1932 Reichskanzler, 1933-1934 Vizekanzler, 1934-1938 Botschafter in Wien, 1939-1944 Botschafter in Ankara, 1946-1949 im Gefängnis, starb 1969

Paulus, Friedrich, geb. 1890 in Breitenau (Kreis Melsungen), 1910 Berufsoffizier, 1940 Oberquartiermeister des Generalstabs des Heeres, im Rußlandfeldzug Oberbefehlshaber der 6. Armee, 1943 Generalfeldmarschall, 1943-1953 in Gefangenschaft, 1953 ließ sich in Dresden nieder, starb 1957 in Dresden.

Pétain, Henri Philippe, geb. 1856, Marschall von Frankreich, 1940-1944 französischer Staatschef und Ministerpräsident, 1945 verhaftet, 1951 im Gefängnis gestorben

Pick, Oberstleutnant, 1945 Kampfkommandant der Reichskanzlei

Picker, Henry, geb. 1912, Dr., Jurist, Historiker, Oberregierungsrat und juristischer Mitarbeiter im Führerhauptquartier, Herausgeber von „Hitlers Tischgesprächen im Führerhauptquartier"

Popitz, Johannes, geb. 1884, seit 1922 Professor für Steuerrecht Universität Berlin, 1925-1929 Staatssekretär im Reichsfinanzministerium, 1933 Preußischer Finanzminister, Widerstandskämpfer, am 2. Februar 1945 hingerichtet

Puttkamer, Karl-Jesco von, geb. 1900 in Frankfurt, Konteradmiral, 1935-1945 Adjutant der Kriegsmarine bei Hitler; starb 1981 in Neuried

Raeder, Erich, geb. 1876 in Hamburg, ab 1928 Admiral, 1928-1935 Chef der Marineleitung, seit dem 1. April 1939 Großadmiral, 1935-1943 Oberbefehlshaber der Kriegsmarine, 1946-1955 im Gefängnis, starb 1960 in Kiel

Rattenhuber, Johann, SS-Standartenführer, später SS-Obergruppenführer, Chef des Reichssicherheitsdienstes, Hitlers Leibwachenchef; starb 1957 in München-Grünwald

Remer, Otto-Ernst, Major, später Generalmajor, seit dem 1. August 1944 Kommandeur der Führerbegleitbrigade

Ribbentrop, Joachim von, geb. 1893, im 1. Weltkrieg Leutnant, 1930 Eintritt in die NSDAP, ab 1933 Mitarbeiter Hitlers, 1936-1938 deutscher Botschafter in London, 1938-1945 Reichsaußenminister, am 16. Oktober 1946 durch den Strang hingerichtet

Richthofen, Wolfram Freiherr von (1895-1945), Generalfeldmarschall, Kommandeur der Vierten Luftflotte

Rommel, Erwin, geb. 1891 in Heidenheim a.d. Brenz, Generalfeldmarschall (ab Juni 1942), vom 2. September 1939 bis 15. Februar 1940 Kommandant des Führerhauptquartiers, 1940 General der Panzertruppen in Frankreich, 1941 Oberbefehlshaber des dt. Afrikakorps, vom März 1943 Oberbefehlshaber der Heeresgruppe „Afrika", vom August 1943 Oberbefehlshaber der Heeresgruppe B (in Italien), am 17. Juli 1944 in Frankreich verwundet; als Mitwisser des 20. Juli 1944 zum Selbstmord gezwungen (14. Oktober 1944)

Johannes Popitz

Johann Rottenhuber

Otto-Ernst Remer

Joachim v. Ribbentrop

Erwin Rommel

Rosenberg, Alfred, geb. 1893, Theoretiker des Nationalsozialismus, Reichsleiter der NSDAP, 1941-1944 Reichsminister für die besetzten Ostgebiete, im Nürnberger Prozeß zum Tode verurteilt, 1946 hingerichtet.

Rothenberger, Curt Ferdinand (1896-1959), Staatssekretär im Reichsjustizministerium

Rundstedt, Gerd von, geb. 1875 in Aschersleben, 1940 Generalfeldmarschall, 1939-1941 Oberbefehlshaber von Heeresgruppen in Polen, Frankreich und Rußland, seit dem 15. März 1942 Oberbefehlshaber an der Westfront in Frankreich, 1945-1949 im Gefängnis, starb 1953

Sauerbruch, Peter, Oberst im Generalstab

Schacht, Horace G. Hjalmar (1877-1970), seit 1923 Reichswährungskommissar, 1924-1929 und 1933-1939 Reichsbankpräsident, 1935-1937 Reichswirtschaftsminister und Generalbevollmächtigter für die Kriegswirtschaft, 1939-1943 Reichsminister ohne Geschäftsbereich, Widerstandskämpfer, nach dem Attentat vom 20. Juli 1944 im KZ

Schaub, Julius, geb. 1898 in München, SS-Obergruppenführer, Mitglied des Reichstags, Hitlers persönlicher Adjutant und Faktotum, 1945-1949 interniert, starb 1967 in München

Schellenberg, Walter, geb. 1910, seit 1933 in der NSDAP, SS-Brigadeführer, 1939 Leiter der Amtsgruppe IVE (Spionageabwehr Inland), 1941 Leiter des Auslandsnachrichtendienstes des SD, 1945-1951 im Gefängnis, starb 1952

Scherff, Walther (1898-1945), Generalmajor, Kriegsgeschichtler des OKW, Chef der Heeresarchive

Schmidt, Paul (1886-1957), Dr., Chefdolmetscher im Auswärtiges Amt

Schmundt, Rudolf, geb. 1896, Generalmajor der Infanterie, seit dem 28. Januar 1938 bis 1944 Chefadjutant der Wehrmacht beim Führer, 1942-1944 Chef des Heerespersonalamts; starb am 1. Oktober 1944 an den Folgen des Attentats vom 20. Juli 1944

Schörner, Ferdinand (1892-1973), General der Gebirgstruppen, ab 1944 Generalfeldmarschall, Oberbefehlshaber der Heeresgruppe Mitte

Schroeder, Christa, 1933-1945 Hitlers Sekretärin, starb am 18. Juni 1984 in München

Schulenburg, Friedrich Werner Graf von der, geb. 1875; 1934-1941 Botschafter in Moskau, Widerstandskämpfer (Kreisauer Kreis), 1944 hingerichtet

Schulenburg, Fritz-Dietlof Graf von der, geb. 1902, Verwaltungsbeamter, Oberleutnant, Widerstandskämpfer, hingerichtet 10. August 1944

Gerd von Rundstedt

Julius Schaub

Paul Schmidt

Rudolf Schmundt

F. D. v. d. Schulenburg

Schulz, Alfons, 1942-1945 Betriebsfernsprecher im FHQ

Schulze, Richard, SS-Sturmbannführer, vom 6. August 1941 bis zum 12. November 1941 Hitlers Ordonnanzoffizier, ab 27. Oktober 1942 bis zum 12. November 1943 und vom August 1944 bis Dezember 1944 Hitlers Adjutant

Schuschnigg, Kurt Adler von, österreichischer christl.-soz. Politiker, 1934-1938 Bundeskanzler; 6 Jahre in KZ-Haft; ab 1948 Prof. in den USA

Sonnleithner, Franz von, geb. 1905, Dr., Gesandter, Stellvertreter von Walther Hewel

Speer, Albert, geb. 1905 in Mannheim, Professor, Architekt, seit 1931 in der NSDAP, 1937 Generalbauinspektor für die Reichshauptstadt, 1942-1945 Reichsminister für Rüstung und Kriegsproduktion (Nachfolger Todts), 1945-1966 im Gefängnis Spandau, starb 1981 in London

Albert Speer

Sponeck, Hans Graf von, General, Ende Dezember 1941 zum Tode verurteilt

Stahlberg, Alexander, ab 1942 Mansteins persönlicher Ordonnanzoffizier, starb 1995

Stauffenberg, Alexander Schenk Graf von, Claus Stauffenbergs Bruder, nach dem Attentat vom 20. Juli 1944 in verschiedenen Konzentrationslager und Gefängnissen, 1948 auf den Lehrstuhl für Alte Geschichte der Ludwig-Maximilians-Universität berufen, starb 1963

Stauffenberg, Alfred Schenk Graf von, Claus Stauffenbergs Vater

Stauffenberg, Berthold Schenk Graf von, Claus Stauffenbergs Bruder, nach dem Attentat vom 20. Juli 1944 hingerichtet (10. August 1944)

Stauffenberg, Berthold Schenk Graf von, Claus Stauffenbergs Sohn

Stauffenberg, Claus Schenk Graf von, geb. 1907, Oberst im Generalstab, Stabschef beim Befehlshaber des Ersatzheeres – Generaloberst Friedrich Fromm, Attentäter des 20. Juli 1944, am 21. Juli 1944 auf Fromms Befehl erschossen

Stauffenberg, Franz Schenk Graf von, Claus Stauffenbergs Sohn

Stauffenberg, Heimeran Schenk Graf von, Claus Stauffenbergs Sohn

Stauffenberg, Konstanze Schenk Gräfin von, Claus Stauffenbergs Tochter

Stauffenberg, Nina Schenk Gräfin von, geb. Freiin von Lerchenfeld, Claus Stauffenbergs Frau, nach dem Attentat vom 20. Juli 1944 zuerst im Gefängnis (Rottweil, später Berlin), dann im Konzentrationslager in Ravensbrück

Claus von Stauffenberg

Steiner, Felix (1896-1966), SS-Obergruppenführer, General der Waffen-SS

Felix Steiner

Stieff, Helmuth, geb. 1901, Generalmajor, Chef der Organisationsabteilung im Oberkommando des Heeres (OKH), nach dem 20. Juli 1944 zum Tode verurteilt und am 8. August 1944 hingerichtet

Strelow, Hans, Leutnant

Streve, Gustav, Oberstleutnant, vom 31. August 1942 bis 31. Juli 1944 Kommandant des Führerhauptquartiers

Student, Kurt, geb. 1890, Generaloberst, 1938 Chef der 7. Fliegerdivision, am 14. Mai 1940 verwundet, 1945 Oberbefehlshaber der Heeresgruppe H, starb 1978

Stumpfegger, Ludwig, Dr. med, Hitlers Arzt (1945 im Reichskanzlei-Bunker)

Thadden, Hennig von, Generalleutnant, Befehlshaber des Königsberger Wehrkreises

Ludwig Stumpfegger

Thomas, Kurt, Oberst, vom 15. Februar 1940 bis 30. August 1942 Kommandant des Führerhauptquartiers

Tiso, Jozef, Dr., katholischer Geistlicher, 1939-1945 Staatspräsident der Slowakei, als Kriegsverbrecher verhaftet, 1946 hingerichtet

Todt, Fritz, Dr., geb. 1891 in Pforzheim, Tiefbauingenieur, seit 1922 in der NSDAP, ab 1933 Generalinspektor für das deutsche Straßenwesen und Leiter des Hauptamtes Technik der NSDAP, ab 1938 Generalbevollmächtigter für die Regelung der Bauwirtschaft im Rahmen des Vierjahresplan, 1940-1942 Reichsminister für Bewaffnung und Munition, 1941-1942 Generalinspektor für Wasser und Energie, Schöpfer und Organisator der nach ihm benannten Organisation Todt (OT), am 8. Februar 1942 starb in einer Flugzeugkatastrophe bei der Wolfsschanze

Tornow, Feldwebel, Hitlers Hundebesorger

Tresckow, Hennig von, geb. 1901, Freiwilliger im 1. Weltkrieg, 1943 Generalmajor, 1941-1944 erster Generalstabsoffizier im Oberkommando der Heeresgruppe Mitte, Chef des Generalstabes der 2. Armee, seit 1938 Gegner des NS-Regimes und Widerstandskämpfer, Selbstmord 21. Juli 1944

Üxküll-Gyllenband, Nikolaus Graf von, Oberstleutnant, österreichischer Generalstabsoffizier

Vogel, Werner, Oberfeldwebel, Johns Ordonnanz

Voss, Hans Erich, geb. 1897, Konteradmiral, 1943-1945 Marinevertreter im Führerhauptquartier

Wagner, Walter, Gauamtsleiter

Wagner, Wilhelm Tobias, Dr., Leiter der Zahnstation im Führerhauptquartier

Hennig von Tresckow

Walker, Erich, Dr., Oberstabsarzt im Führerhauptquartier

Warlimont, Walter (1894-1977), General der Artillerie, 1939-1944 Chef der Abt. Landesverteidigung im OKW, 1942-1945 Stellvertreter von Generaloberst Alfred Jodl

Wartenburg, Peter Graf Yorck von, Widerstandskämpfer, hingerichtet 8. August 1944

Weichs, Maximilian Freiherr von (1881-1954), Generaloberst, später Generalfeldmarschall, 1940 Oberbefehlshaber der Heeresgruppe B

Weizenegger, Heinz, Oberstleutnant des Generalstabs, Hilfsoffizier von Generaloberst Alfred Jodl

Werra, Franz von, Leutnant der Luftwaffe

Wirmer, Josef, Dr., Rechtsanwalt, Widerstandskämpfer, hingerichtet 8. September 1944

Witzleben, Erwin von, 1940 Generalfeldmarschall, Befehlshaber der 1. Armee in Polen (1939) und Frankreich (1940), Widerstandskämpfer, in der Nach-Hitler-Regierung als Oberbefehlshaber der Wehrmacht vorgesehen, hingerichtet 8. August 1944

Wolf, Johanna, 1933-1945 Chefsekretärin von Hitler

Wolff, Karl, geb. 1900, ab 1937 SS-Obergruppenführer, ab 1942 Generaloberst der Waffen-SS, 1933-1943 persönlicher Adjutant Himmlers, Verbindungsoffizier des Reichsführers SS im Führerhauptquartier, 1945-1971 im Gefängnis, starb 1984

Wünsche, Max, SS-Obersturmbannführer, 1938-1940 Hitlers persönlicher Adjutant

Zeitzler, Kurt (1895-1963), Generalmajor, später Generaloberst, vom 24. September 1942 bis 1944 Chef des Generalstabs des Heeres, Nachfolger des Generalobersten Franz Halder

Erwin von Witzleben

Karl Wolff

LAGEPLAN UND PANORAMA DER WOLFSSCHANZE →

(Sommer 1944)

P. PARKPLATZ. Von hier aus beginnen wir die Besichtigung.
1. SS-Begleitkommando, Reichssicherheitsdienst (jetzt Restaurant und Hotel)
2. SS-Begleitkommando, RSD
3. **LAGEBARACKE**, in der am 20 Juli 1944 das Attentat auf Hitler verübt wurde
4. Reichssicherheitsdienst
5. SS-Begleitkommando, Persönlicher Dienst
6. Gästebunker
7. Stenographenbaracke
8. Hitlers Leibwachenchef Hans Rattenhuber; Poststelle
10. Lagerraum für Vorräte
11. Bormanns Luftschutzbunker
12. Flakbunker
13. **FÜHRERBUNKER**, A. Hitler
14. Löschwasserbecken
15. Reichsmarschallhaus
16. Görings Luftschutzbunker
17. Chef des WFSt., Alfred Jodl
18. Kasino II
19. Chef des OKW, Feldmarschall Wilhelm Keitel
20. Adjutantur, Heerespersonalamt
21. Nachrichtenbunker, Fernschreibvermittlung
22. Garagen
24. Verbindungsstab OKL
25. Verbindungsstab OKM
26. Allgemeiner Luftschutzbunker
27. Führer-Begleit-Bataillon
28. Haus von Albert Speer
29. Verbindungsstab des Reichsaußenministers

Objekte, die in der Wolfsschanze nicht kenntlich gemacht wurden:

A. Kommandant des FHQ
B. Haus von Martin Bormann
C. Kasino WFSt, früher Kurhaus
D. Stab FBB
E. Kasino I und neues Teehaus
F. Friedhof
FBB. Führer-Begleit-Bataillon
H. Krankenstube
L. Wache
M. Kino
N. Nachrichtenbunker
O. Fahrer
R. Reichspressechef
S. Sondersperrkreis
T. Altes Teehaus
U. Gen. Walter Warlimont
V. Verbindungsoffiziere
W. Wehrmachführungsstab
Z. Sauna

Grundlagen:
- Lageplan der Wolfsschanze (La. Wo. 43/II). Bundesarchiv Freiburg
- Peter Hoffmann, *The History of German Resistance, 1933-1945*, London 1977
- *After the Battle*, Nr. 19, London 1977